CURSO DE FILOSOFIA - 2

Coleção FILOSOFIA

- *Antropologia filosófica contemporânea: subjetividade e inversão teórica*, Manfredo Araújo de Oliveira
- *Corpo, alma e saúde: o conceito de homem de Homero a Platão*, Giovanni Reale
- *Cristo na filosofia contemporânea: de Kant a Nietzsche – vol. I*, Silvano Zucal (org.)
- *Cristo na filosofia contemporânea: o século XX – vol. II*, Silvano Zucal (org.)
- *Curso de filosofia – vol. 1*, Battista Mondin
- *Curso de filosofia – vol. 2*, Battista Mondin
- *Curso de filosofia – vol. 3*, Battista Mondin
- *Deus nas tradições filosóficas – vol. 1: Aporia e problemas da teologia natural*, Juan Antonio Estrada
- *Dioniso pseudo-areopagita: mística e neoplatonismo*, Cícero Cunha Bezerra
- *Direito e ética: Aristóteles, Hobbes, Kant*, Maria do Carmo Bettencourt de Faria
- *Educação do homem segundo Platão*, Evilázilo Francisco Borges Teixeira
- *Estética: fundamentos e questões de filosofia da arte*, Peter Kivy (org.)
- *Ética em movimento*, VV.AA.
- *Filosofia da linguagem*, Alexander Miller
- *Filosofia da religião*, Urbano Zilles
- *Filosofia para todos*, Gianfranco Morra
- *Filosofia prática e a prática da filosofia*, Antonio Bonifácio Rodrigues de Sousa
- *Filosofia, encantamento e caminho: introdução ao exercício do filosofar*, Vanildo de Paiva
- *Filosofia: Antiguidade e Idade Média – vol. 1*, Giovanni Reale; Dario Antiseri
- *Filosofia: Idade Moderna – vol. 2*, Giovanni Reale; Dario Antiseri
- *Filosofia: Idade Contemporânea – vol. 3*, Giovanni Reale; Dario Antiseri
- *Filósofos através dos textos (Os): de Platão a Sartre*, VV.AA.
- *Homem, quem é ele? (O): elementos de antropologia filosófica*, Battista Mondin
- *Introdução à filosofia: problemas, sistemas, autores, obras*, Battista Mondin
- *Léxico de metafísica*, Aniceto Molinaro
- *Metafísica: antiga e medieval*, Luciano Rosset; Roque Frangiotti
- *Metafísica: curso sistemático*, Aniceto Molinaro
- *Modelos de filosofia política*, Stefano Petrucciani
- *Natureza humana em movimento: ensaios de antropologia filosófica*, VV.AA.
- *Ontologia em debate no pensamento contemporâneo (A)*, Manfredo Araújo de Oliveira
- *Panorama das filosofias do século XX*, Urbano Zilles
- *Pensamento ocidental. Antiguidade e Idade Média – vol. I*, Giovani Reale; Dario Antiseri
- *Perfil de Aristóteles*, Enrico Berti
- *Por que São Tomás criticou Santo Agostinho. Avicena e o ponto de partida de Duns Escoto*, Étienne Gilson
- *Problema do ser em Aristóteles (O)*, Pierre Aubenque
- *Quem é Deus? Elementos de teologia filosófica*, Battista Mondin
- *Sofistas (Os)*, William Keith Chambers Guthrie
- *Teoria do conhecimento e teoria da ciência*, Urbano Zilles

B. MONDIN

CURSO DE FILOSOFIA

Os Filósofos do Ocidente

Vol. 2

Dados Internacionais de Catalogação na Publicação (CIP)
(Câmara Brasileira do Livro, SP, Brasil)

Mondin, Battista, 1926-
M749c Curso de filosofia / Battista Mondin;
[tradução do italiano de Benôni Lemos; revisão de João Bosco
de Lavor Medeiros]. — São Paulo: Paulus, 1982.
Coleção Filosofia.

ISBN 978-85-349-0624-1
Bibliografia.
Conteúdo: v. 1-2. Os filósofos do Ocidente.
1. Filosofia 2. Filosofia — História I. Título.
II. Título: Os filósofos do Ocidente

82-0812   CDD-100
                                                              -109

Índices para catálogo sistemático:
1. Filosofia 100
2. Filosofia: História 109

Título original
I Filosofi dell'Occidente
© Editrice Massimo, 3ª ed., 1977

Tradução do italiano
Benôni Lemos

Revisão
João Bosco de Lavor Medeiros

Editoração, impressão e acabamento
PAULUS

Seja um leitor preferencial **PAULUS**.
Cadastre-se e receba informações
sobre nossos lançamentos e nossas promoções:
paulus.com.br/cadastro
Televendas: **(11) 3789-4000 / 0800 16 40 11**

1ª edição, 1982
15ª reimpressão, 2018

© PAULUS – 1982

Rua Francisco Cruz, 229 • 04117-091 São Paulo (Brasil)
Fax (11) 5579-3627 • Tel. (11) 5087-3700
paulus.com.br • editorial@paulus.com.br

ISBN 978-85-349-0624-1

INTRODUÇÃO

O homem distingue-se dos animais porque, enquanto estes se limitam a registrar as impressões sensíveis e a seguir os instintos imediatos, ele quer conhecer o *porquê* das coisas e se propõe fins a conseguir. Quando o porquê das *coisas* e os fins assumem um sentido geral, último, absoluto, ultrapassa-se o horizonte do conhecimento comum e científico e penetra-se no campo da filosofia. Esta, apesar de não se referir ao imediato e particular, não é uma pesquisa abstrata e descomprometida, como muitas vezes se pensa, mas diz respeito aos problemas mais concretos, vitais e interessantes. Ela representa o esforço para se chegar a uma explicação exaustiva e concludente da vida, da História, da realidade.

Precisamente ao manifestar-se como reflexão sobre questões vitais e fundamentais, a filosofia refere-se íntima e diretamente a situações históricas, refletindo as instancias que delas emergem para a vida de um povo. A filosofia é a perspectiva da realidade que a humanidade se forma em determinado momento de sua história.

Aos diferentes contextos e situações nos quais a humanidade sucessivamente se encontra correspondem diferentes perspectivas filosóficas. É o que pudemos verificar no primeiro volume ao estudarmos as filosofias grega e medieval.

Durante o milênio de sua história, com o povo grego formaram-se numerosas perspectivas filosóficas (tais como as de Parmênides, Heráclito, Sócrates, Protágoras, Demócrito, Platão, Aristóteles, Epicuro, Zenão, Plotino e outros). Nelas se refletem claramente os grandes problemas metafísicos, gnosiológicos, éticos e religiosos que em épocas sucessivas se propôs um povo dotado de excepcional agudeza racional, de profunda sensibilidade religiosa e de imensa sede de liberdade qual o povo grego. O mesmo podemos dizer das populações cristãs da Idade Média. Também elas, embora profundamente preocupadas com o sobrenatural, com a relação do homem com Deus, com a vida futura e com a salvação eterna, elaboraram interpretações filosóficas bastante diversificadas como as de Agostinho, Boécio, Anselmo, Abelardo, Bernardo, Boaventura, Tomás, Scot, Occam e outros.

Devemos notar, a esse respeito, que os condicionamentos históricos (políticos, sociais, econômicos, religiosos, culturais, psicológicos etc.) não são os únicos fatores que contribuem para o desenvolvimento de uma perspectiva filosófica. Ela é também e (em alguns casos) sobretudo o resultado da personalidade e da genialidade de seus autores. Somente assim se explica como no mesmo período, Sócrates e Protágoras (e, mais tarde, Platão e Aristóteles, Abelardo e Bernardo, Tomás e Boaventura), no mesmo ambiente político e social e com a mesma formação cultural, tenham podido oferecer, para as mesmas problemáticas filosóficas, soluções tão diferentes e contrastantes. Por isso, é somente do estudo em conjunto dos vários contextos históricos e da personalidade de cada autor que se pode compreender o significado do seu pensamento.

A *filosofia moderna* abrange o período que vai do início do século XVI ao fim do século XVIII, período extremamente rico de acontecimentos políticos (fim do significado político do Império e do Papado, afirmação das potências nacionais, primeiro da Espanha, depois da França, da Inglaterra, da Holanda etc., contestação do poder absoluto dos soberanos e introdução dos governos constitucionais etc.); econômicos (descoberta da América, desenvolvimento da indústria e das finanças etc.); científicos (descoberta da imprensa, do telescópio, do microscópio, da eletricidade, da máquina a vapor, da célula etc.); sociais (contestações da separação em classes, primazia da burguesia sobre a nobreza e o clero etc.); religiosos (ruptura da unidade cristã do Ocidente, Reforma e Contrarreforma, fundação de novas ordens religiosas, secularização da sociedade e da cultura, desenvolvimento do ateísmo etc.). Todos esses acontecimentos deram lugar a profundas mudanças e transformações culturais.

A elas a filosofia moderna não permaneceu estranha. Ao contrário, participou delas intensamente, algumas vezes fornecendo-lhes motivações ideais (como no caso da Reforma e da Contrarreforma, do absolutismo político ou da tolerância religiosa, da igualdade das classes sociais e das revoluções políticas) e em todos os casos procurando interpretar seu significado profundo. A filosofia moderna adquire, portanto, em relação à filosofia antiga e medieval, novas dimensões, entre as quais se destacam as dimensões política (Maquiavel, Campanella, HobLes, Spinoza, Locke, Rousseau, Kant), científica (Galileu, Bacon, Pascal, Leibniz, Newton), jurídica (Suarez, Grotins, Vico), pedagógica (Descartes, Rousseau, Kant).

Mas o interesse principal da filosofia moderna permanece voltado para os problemas filosóficos tradicionais: da natureza (cosmologia), de Deus (teodiceia), do conhecimento (gnosiologia), da alma (psicologia), da liberdade e da lei (moral), do ser (metafísica). Os grandes sistemas de Descartes, Spinoza, Locke, Leibniz, BerLeley, Vico, Kant pretendem dar uma explicação global de todos estes problemas.

Considerada em seu conjunto, a filosofia moderna apresenta um aspecto substancialmente unitário. Esta unidade se deve a algumas características que se encontram nos autores. As principais são as três seguintes:

1) A total *autonomia* da pesquisa filosófica em relação à teologia. A filosofia é estudada por si mesma e não mais para fornecer uma base racional à teologia, como na Idade Média.

2) O *pluralismo* bastante acentuado das perspectivas filosóficas. Certo pluralismo já existia no pensamento medieval, mas era um pluralismo mais de métodos do que de conteúdos, uma vez que a subordinação à teologia impunha ao filósofo cristão as conclusões mais importantes. Agora, porém, com a autonomia em relação à teologia, o filósofo moderno sente-se livre para sustentar qualquer sistema que apresente elementos de racionalidade. Assim, encontramos na época moderna sistemas que afirmam a existência de Deus, a criação do mundo, a imortalidade da alma, a liberdade humana, a lei moral etc., e outros que as negam.

3) O progressivo *desinteresse pela metafísica* e uma atenção maior aos problemas gnosiológicos, políticos e éticos. A metafísica, que, no pensamento grego e medieval, era a rainha das disciplinas filosóficas e de todas as ciências, agora já não ocupa o primeiro lugar nem mesmo nos autores que a cultuam (Descartes, Spinoza, Malebranche, Leibuiz, Vico). O primeiro lugar é ocupado, agora, pela epistemologia e pela metodologia, por causa do prestígio adquirido pelas ciências naturais, graças às suas muitas e grandiosas descobertas. Impressionados com o progresso

da ciência, os filósofos pensam em obter resultados semelhantes em suas pesquisas, usando nelas os métodos e os critérios das ciências.

É possível, contudo, identificar, no quadro destas características e dos interesses comuns, várias fases e movimentos filosóficos distintos.

No *século XVI*, temos, de um lado, a *filosofia naturalista,* preocupada com oferecer uma explicação do mundo da natureza (Telésio e Bruno) ou do civil (Maquiavel e Erasmo); do outro, temos a *especulação religiosa* dos reformadores (Lutero e Calvino) e dos Contrarreformadores (Caetano e Suarez), ocupada com a solução dos problemas da Igreja e da fé cristã.

O *século XVII* é dominado pela questão do método e pelo problema crítico, isto é, pelo problema do valor do conhecimento. Da primeira ocupam-se, além de filósofos puros (Bacon, Descartes, Kant), também cientistas-filósofos (Galileu, Descartes, Pascal, Leibniz). O problema crítico apresenta duas soluções antitéticas, das quais se originam dois grandes movimentos filosóficos: o *racionalismo* e o *empirismo.* O primeiro, representado por Descartes, Spinoza, Malebranche e Leibuiz, põe toda a confiança no poder da razão, negando qualquer valor à experiência sensível. O segundo, sustentado por Locke, BerLeley e Hume, aceita como base do conhecimento humano somente a experiência sensitiva.

No *século XVIII*, predomina o *Iluminismo* (com Voltaire, Rousseau, Newton, Wolff, Beccaria e outros). Este movimento filosófico recolhe e unifica a herança do racionalismo e do empirismo, defendendo os direitos supremos da razão humana e exigindo ao mesmo tempo que eles sejam submetidos ao controle da experiência. Na periferia do movimento iluminista elevam-se dois grandes gênios filosóficos: Vico, fundador da filosofia da história, e Kant, criador da filosofia transcendental.

I
OS FILÓSOFOS DA RENASCENÇA

1. Origem e características do pensamento moderno

A Renascença assinala o fim da Idade Média e o início da Idade Moderna, e isto não só no que diz respeito à política e à religião, mas também no que se refere à filosofia, à ciência, à arte, à moral e a toda a cultura em geral. De fato, com a Renascença impõe-se um novo modo de pensar e de agir bastante contrastante com o precedente: antes o centro das preocupações humanas era Deus; agora é o homem. "Na Idade Média a vida do espírito é orientada para o mundo sobrenatural. A existência humana é preparação para a outra vida, na qual se realiza o destino de cada um, e ela se realiza pela virtude sobrenatural da graça de Deus. A natureza é digna de interesse somente enquanto espelho no qual se reflete e se manifesta de certo modo a misteriosa e transcendente realidade de Deus, no qual ela tem seu princípio e seu fim. A Igreja é a depositária da verdade revelada e a indispensável intermediária entre a terra e o céu. Ela tem o poder de desatar e atar; a ela compete formar as almas e ordenar toda a esfera da atividade humana, individual e social. Tal o espírito da civilização, tal a natureza do problema central da filosofia desta época: o crer é posto como condição necessária do entender; a compreensão da fé é o fim da especulação: a filosofia é 'ancilla' da teologia.

"O mundo moderno caracteriza-se justamente pelo oposto: não mais teocentrismo, nem autoritarismo eclesiástico, mas autonomia do mundo da cultura em relação a todo fim transcendente; livre explicação da atividade que o constitui; supremacia da evidência racional na procura da verdade; consciência do valor absoluto da pessoa humana e afirmação do seu poder soberano no mundo. A cultura laiciza-se gradualmente. A vida e a natureza são valorizadas por si mesmas. O homem sente que a sua missão e o seu destino é a posse sempre mais plena deste mundo. A interminável amplidão do universo não faz mais do que estimular a insaciável ambição de conhecer e de poder, através da qual o eu se constitui e se enriquece, e a vida social se organiza cada vez mais firme e variadamente. A consciência desta orientação espiritual tem sua expressão sintético, como sempre, na filosofia. Não que esta se torne necessariamente hostil à religião e à fé; ela pode até admitir o que transcende o homem e o universo. Mas isto é, talvez, o coroamento da livre indagação racional sobre o universo e não — como para a Escolástica — um pressuposto extrafilosófico, determinado em seu conteúdo e que determina antecipadamente os limites e os rumos da reflexão".[1]

As razões determinantes de tão radical mudança de perspectivas são muitas e têm ligação mais ou menos direta com todos os setores da atividade humana: filosofia, política, religião, ciência, literatura e arte.

POLÍTICA

Um primeiro impulso para uma nova concepção do mundo e do homem foi dado pela política. Com a queda da *res publica christiana* (república cristã) e com o enfraquecimento do poder político do papado, surgem, fora da Itália, os Estados nacionais e, na Itália, as repúblicas e as senhorias. Trata-se, nos dois casos, de regimes nos quais se respira mais liberdade e nos quais se procura mais o bem-estar material do que espiritual dos cidadãos. Agora a atenção dos governantes já não está voltada, como na Idade Média, para Deus e para a Igreja, mas para os próprios súditos e, muitas vezes, para o interesse próprio e para a própria família.

Esta nova concepção do Estado tem um teórico genial na pessoa de Maquiavel. Em sua obra O *Príncipe*, ele não se propõe descrever um Estado ideal, nem apresentar o governante como pio executor das vontades divinas, sempre submisso à Igreja, mas descrever a política como resultado da experiência das coisas modernas e da contínua lição das antigas", a fim de descobrir, na infinita variedade dos fatos concretos, os aspectos constantes, os nexos causais, as leis.

Na base da concepção de Maquiavel a respeito do Estado está uma visão pessimista da natureza humana, visão em parte herdada do cris-

---

[1] Lamanna, P., *Storia della filosofia*, Florença, 1947, 2ª ed., I, 547-548.

tianismo e em parte fruto da observação pessoal do autor. Para ele, os homens, em geral, seguem as suas paixões cegamente, "(...) esquecendo-se mais depressa da morte do pai do que da perda do patrimônio». As paixões que se colocam em primeiro lugar são, além da cobiça e do desejo de prazeres, a preguiça, a vileza, a duplicidade, a insolência: "(...) é necessário que quem governa a república e prepara as leis para ela pressuponha que todos os homens são réus e que procedem sempre com malícia em todas as oportunidades que se apresentem".[2] Somente em casos raríssimos o homem se serve da liberdade para fazer o bem, porque "quando há muitas possibilidades de escolha e se pode usar da liberdade, todas as coisas se enchem logo de confusão e de desordem".[3]

Mas, se a maldade humana é a regra, as exceções são sempre possíveis: alguns ou mesmo poucos homens bons, mais zelosos do bem-comum do que do próprio bem, podem, em dadas condições, trazer remédio à universal corrupção; em alguns casos, a própria ambição de poucos, se bem orientada, pode ser útil à coletividade. Ao primeiro grupo pertencem os instituidores de ordens religiosas, os fundadores de reinas e repúblicas e os legisladores. Somente a firme disciplina imposta pela religião (à qual Maquiavel atribui grandíssima importância, embora a considere *instrumentum regni,* instrumento do reino), pelas leis, pela educação e pelos bons costumes é que pode afastar os homens de sua natural ferocidade, tornando-os aptos para uma convivência bem ordenada e fecunda em bons resultados.

Segundo Maquiavel, o remédio mais eficaz contra a corrupção humana — porque condiciona a eficácia de todos os outros — é o Estado. E deve-se entender o Estado, antes de tudo, não tanto como organismo ético quanto como força, como poder de mando e de coerção, como vontade dominadora que se impõe mais pelo temor do que pelo amor, sem ou quase sem consideração pelos valores de ordem superior, graças aos quais o poder político se justifica. Os Estados são criados, todavia, pela "virtude" de poucos homens superiores, virtude que é, ao mesmo tempo, sabedoria capaz de conceber uma ordem política e firme vontade de execução que, empregando qualquer meio, sabe traduzir esta ordem em formas concretas, em instituições úteis e vitais. Esta virtude se co-

---

[2] Machiavelli, *Discorsi sulla prima deca di Tito Livio,* I, 3.
[3] *Ib., ibid.*

munica aos cidadãos ou aos súditos quando eles se tornam cônscios dos seus deveres de membros de uma sociedade civil bem organizada. Existe, portanto, uma virtude originária, de poucos, e uma virtude derivada, de muitos; mas esta, dada a imperfeição humana, tende a diminuir e a corromper-se. Segue-se disso que é necessário, de quando em quando, que os Estados sejam reconduzidos à ordem primitiva ou pela virtude intrínseca de algum cidadão ou por algum feliz acidente externo.

Os Estados são, pois, considerados por Maquiavel como organismos vivos, cuja vitalidade e duração serão tanto maiores quanto mais sólida for a sua estrutura e quanto maior for a virtude cívica dos cidadãos. De qualquer forma, estão destinados a desaparecer mais cedo ou mais tarde.

CIÊNCIA E FILOLOGIA

O século XV é um dos mais ricos da História em decorrência das descobertas científicas e geográficas. Entre as descobertas científicas, a da imprensa teve importância capital porque veio facilitar a difusão da cultura, tornando acessíveis também às classes menos favorecidas as obras dos escritores de todos os tempos. Das descobertas geográficas, a que teve consequências mais importantes foi a do Novo Mundo, consequências que não foram somente de caráter político e econômico, mas também de caráter espiritual, à medida que tal descoberta contribuiu para modificar a concepção do mundo, tornando-a mais vasta e mais grandiosa.

As descobertas, tanto as científicas quanto as geográficas, determinaram notável mudança de interesses e de perspectivas no homem da Renascença. Enquanto as preocupações do homem da Idade Média se voltavam principalmente para a esfera espiritual, para a vida futura e, com isso, para Deus, as atenções do homem da Renascença — que, graças às descobertas científicas e geográficas, vai descobrindo aos poucos a beleza e a grandeza da natureza e do homem — voltam-se para este mundo e para a vida terrena: o mundo e a vida terrena adquirem, aos seus olhos, um valor próprio e não são mais unicamente símbolos ou instrumentos para se chegar a Deus.

Nos séculos XV e XVI a ciência faz progressos não só no estudo da natureza, mas também no do homem e no das suas produções, especialmente na Filologia. Graças aos avanços desta disciplina na Renascença, os autores antigos, especialmente os filósofos, não são mais estudados, como na Idade Média, para serem colocados a serviço da teologia, mas por si mesmos, com a finalidade de se conhecer seu verdadeiro pensamento.

Dentre os filósofos deste período merecem especial menção Zabarella, Pomponazzi e Valla.

JACOBO ZABARELLA

Jacobo Zabarella é tido ainda hoje como um dos melhores comentadores de Aristóteles, do qual oferece uma interpretação que, em substancia, segue Alexandre de Afrodísia. Corno este último, também ele nega a imortalidade da alma individual, porque, admitindo-a como forma do corpo, a considera sujeita ao mesmo destino dele; mas afirma a imortalidade do intelecto agente, que (como Alexandre de Afrodisia) identifica com Deus.

PIETRO POMPONAZZI

Também Pietro Pomponazzi, depois de um estudo filológico das obras de Aristóteles, nega a imortalidade da alma e a Providência divina. Mas, receando entrar em conflito com a Igreja e com o cristianismo, faz uma nítida distinção entre filosofia e religião (retomando assim uma tese cara ao averroísmo latino): a religião serve somente para manter o povo longe dos vícios e para fazê-lo praticar a virtude, ao passo que a filosofia se ocupa da verdade.

LORENZO VALLA

Lorenzo Valla, uma das figuras mais características do humanismo, usou o método filológico para demonstrar a falsidade da doação de Constantino. Em filosofia, por razões em parte filológicas e em parte pessoais, opôs-se asperamente a Aristóteles, ao qual contrapõe Epicuro, chegando assim às mesmas conclusões de Zabarella e Pomponazzi sobre os problemas da imortalidade da alma e da Providência divina. No *De volaptate* (Sobre o prazer), sua obra mais significativa, afirma, com Epicuro, que a ordem das coisas foi disposta pela natureza, de tal modo que visa ao prazer como fim último e que a virtude é serva e não senhora do prazer.

Uma das principais consequências do uso do método filológico no estudo dos autores antigos foi, de um lado, a pouca estima pela produção literária e filosófica da Idade Média e, de outro, a reabilitação da literatura do período clássico. Aos humanistas dos séculos XV e XVI os escritos dos escolásticos, confrontados com os dos gregos e romanos, pareciam rudes e bárbaros. Por isso, por motivos predominantemente literários, os seus modelos não são mais Agostinho, Hilário, Jerônimo ou Tomás, mas Cícero, Ovídio, Virgílio, Lucrécio e Tácito para a língua latina, e Homem, Sófocles, Platão, Plotino e Aristóteles para a língua grega. A reabilitação dos clássicos não se limita ao âmbito da língua e da literatura, mas se estende (como vimos nos casos de Pomponazzi e Valla) também às doutrinas filosóficas e morais. Ao ideal cristão de desapego do mundo, de mortificação do corpo, de domínio das paixões, os humanistas contrapunham o ideal clássico da realização de todas as faculdades humanas, inclusive das paixões, da beleza do corpo, do vigor físico, do gozo alegre dos bens deste mundo.

Nos filósofos da Renascença e da Idade Moderna teremos uma explicitação das novas perspectivas cosmológicas e éticas, tornadas possíveis pelas descobertas científicas e literárias e pela redescoberta do mundo clássico dos gregos e dos romanos.

ARTE

A liberdade e a autonomia, características fundamentais da concepção moderna do homem e do mundo, manifestam-se, além de na esfera política, religiosa e científica, também na estética. Pode-se até dizer que na Renascença a liberdade e a autonomia encontram justamente nesta esfera a sua expressão máxima. A Renascença caracteriza-se, de fato, sobretudo pela descoberta do belo, isto é, da autonomia do mundo estético. Não há dúvida de que também a Idade Média produziu obras de arte, e de altíssimo valor: lembremo-nos, por exemplo, dos monumentos religiosos de Pisa, Sena, Florença; dos afrescos de Giotto e Cimabue, das esculturas de Pisano. Mas, naquele tempo, a arte era entendida mais como ato e valor religioso, enquanto agora é cultivada por si mesma, como ato e valor estético; é apreciada como pura expressão da beleza, julgada e valorizada segundo regras propriamente estéticas e não mais com referência a uma ordem extrínseca a ela, mesmo que esta ordem seja a da religião. Verifica-se neste campo uma explosão de genialidade como poucas vezes se viu no curso da História, explosão semelhante à que se verificara na Atenas de Péricles e na Roma de Augusto.

"Este culto do belo", observa justamente Moroni, "influencia toda a vida civil, enobrecendo os costumes, embelezando as casas, imprimindo sua marca em todas as coisas e em todas as obras do homem. Surgem novos tipos de homem: o *mecenas,* de um lado, o *literato* e o *artista,* do outro. Surge uma sociedade refinada, cujo centro está nas cortes, nas bibliotecas, nas academias, uma minoria aristocrática não mais do sangue e das armas, mas da cultura e da arte. Também a Idade Média tinha os seus doutos, mas tratava-se de uma cultura dominada pela filosofia e pela teologia, ao passo que agora ela é dominada pela literatura, pela filologia, pela arte: na Idade Média, *litterae divinas* (letras divinas); na Renascença, *litterae humanae* (letras humanas)".[4]

FILOSOFIA

Coube logicamente à filosofia, em decorrência da função que lhe é própria, a missão de traduzir em conceitos adequados a nova concepção do homem e das coisas, as novas perspectivas e os novos ideais que vinham amadurecendo na consciência do homem da Renascença e da Idade Moderna. Desempenharam esta missão, como veremos mais adiante, Telésio, Bruno, Erasmo, Campanella e Montaigne, no século XVI; Descartes, Spinoza, Hume e os outros expoentes da filosofia moderna, nos séculos seguintes.

Mas a filosofia neo é somente um espelho do que se passa no agir do homem: ela não se limita a traduzir em forma conceitual as realizações da atividade do espírito. Em sua qualidade de dimensão do espírito, ela se empenha em viver suas crises, suas mudanças e suas transformações. Foi o que ela fez também na Renascença, participando da angústia interior que atormentava o homem daquele tempo, entregue à conquista da própria autonomia e liberdade.

Uma característica importante da filosofia medieval é a sua substancial harmonia com a fé, a sua elaboração à luz e a serviço da fé: *philosophia ancilla theologiae* (filosofia, serva da teologia) é a norma dos pensadores da Idade Média.

Estas relações de harmonia e de serviço da filosofia com a teologia receberam duro golpe no século XIV quando Occam demoliu grande parte da estrutura metafísica que representava o papel de sustentáculo da

---

[4] Moroni, F., *Corso di storia,* Turim, 1961, I, 403.

teologia. As relações entre as duas disciplinas romperam-se totalmente no século seguinte, quando os humanistas, entusiasmados com os métodos filológicos então em voga, aplicaram-no à filosofia e repropuseram como verdadeiro o pensamento de Aristóteles (interpretado segundo Averróis) e de Epicuro. A filosofia conseguiu então plena autonomia em relação à teologia.

Devemos, contudo, precisar que nem todos os filósofos da Renascença propuseram doutrinas incompatíveis com a fé: Campanella, por exemplo (como veremos mais tarde), tinha como objetivo elaborar uma *filosofia cristã*, isto é, uma filosofia plenamente de acordo com os dogmas da Sagrada Escritura.

MARCÍLIO FICINO

Quase um século antes de Campanella, dedicou-se ao mesmo objetivo Marcílio Ficino (1433-1499). Contra muitos de seus contemporâneos, que apelavam para Aristóteles e Epicuro a fim de negarem a imortalidade da alma e a Providência de Deus, Marcílio reevocou a filosofia de Platão, uma filosofia que, segundo ele, está em perfeita harmonia com os ensinamentos do cristianismo e que, ao mesmo tempo, é literariamente superior a todas as outras filosofias clássicas. Mas, se por esta sua preocupação de preservar a harmonia entre o cristianismo e a filosofia, Marcílio ainda se mantém no ponto de vista medieval, quanto à sua concepção do homem ele já é claramente moderno: o homem é considerado por ele como *copula mundi* (nexo do mundo), isto é, como síntese de todas as maravilhas do universo.

Verifica-se assim também na filosofia aquele fenômeno de progressiva libertação e autonomia que caracteriza a história moderna a partir da Renascença. Deste fenômeno temos um indício externo, aparentemente trivial, mas, não obstante isso, significativo, o qual consiste no fato de que a filosofia não é mais tratada junto e dentro da teologia, como na Idade Média, mas separadamente. Agora são escritas obras exclusivamente filosóficas.

RELIGIÃO

Além das vicissitudes políticas dos séculos XV e XVI, contribuíram para criar uma nova compreensão do homem, caracterizada pela liberdade e pela autonomia, também os acontecimentos religiosos.

Na Idade Média, a esfera religiosa estava rigidamente enquadrada dentro de um esquema hierárquico, o qual, se, de um lado, dava concreção, sensibilidade, plasticidade e variedade às relações do homem com Deus, por outro, tornava tais relações muito complicadas e difíceis. Para se chegar a Deus era necessário, de fato, passar por toda uma série de intermediários: pároco, bispo, papa, missa, confissão, comunhão, oração, indulgências, relíquias, rosário, peregrinações, jejuns, abstinências etc. Enquanto os vários elementos deste complexo sistema conservavam intato o seu crédito e o seu prestígio, o cristão não tinha dificuldade em aceitá-los e em servir-se deles para pôr-se em contato com Deus e obter a sua graça. Mas, quando a sua credibilidade começou a vacilar, ganhou terreno nos espíritos a convicção de que a relação com Deus não podia ser dificultada por um sistema tão complicado de estruturas, às vezes muito humanas e até grosseiras.

A credibilidade da estrutura religiosa da Idade Média começou a vacilar já no fim do século XIV, em consequência de uma série de acontecimentos que puseram em crise a autoridade do Papa: o cativeiro de Avinhão, o cisma do Ocidente, em virtude da existência simultânea de dois ou mais papas, a convocação de vários concílios cuja autoridade parecia superior à do Papa, uma vez que tinham a missão de resolver o cisma, decretando a nulidade da eleição de algum papa. Mais tarde, a credibilidade foi gravemente comprometida pelo abuso das relíquias e das indulgências, pela simonia, pelo nepotismo e pela imoralidade do clero.

Assim, a certa altura, Lutero, fazendo-se intérprete de um sentimento bastante difundido em seu tempo, pôde promover uma reforma substancial na Igreja.

*

Depois de termos examinado as condições nas quais se desenvolveu a filosofia da Renascença e de termos mostrado o espírito que a anima, é chegado o momento de tratarmos dos autores em particular. Devemos adiantar, porém, que, apesar de extremamente fecunda nos campos da pintura, da escultura, da arquitetura da literatura e da música, a Renascença não pode gloriar-se de resultados igualmente significativos no campo da filosofia. Neste campo faltam-lhe os Miguelangelos, os Rafaéis, os Leonardos, os Palestrinas; seus filósofos são de estatura modesta, embora tenham desempenhado um papel significativo na história da filosofia, principalmente por terem tomado consciência do valor autônomo do seu saber e por terem procurado alcançar uma compreensão do homem e do mundo em bases exclusivamente racionais.

Nos séculos XV e XVI a Itália destaca-se entre as outras nações europeias tanto na filosofia como nas artes. Italianos são, de fato, os três maiores filósofos da Renascença: Telésio, Bruno e Campanella. Como, porém, a Renascença não foi um fenômeno exclusivamente italiano, mas se estendeu a toda a Europa, o pensamento filosófico renascentista teve alguns intérpretes autorizados também além dos Alpes, especialmente em Erasmo, Thomas Morus e Montalgne.

2. Erasmo de Roterdã

Um dos mais influentes pensadores da Renascença foi Erasmo de Roterdã (1467-1536), filólogo insigne, literato brilhante e bom conhecedor da teologia e da filosofia. Nascido na Holanda, mas levado pela paixão pelos estudos a viver passando de país a país, da França à Inglaterra, da Itália à Suíça e à Alemanha, foi dos que melhor souberam assimilar os elementos vitais do humanismo italiano e dos que mais contribuíram para introduzi-lo nos ambientes cultos da Europa.

Erasmo insiste muitas vezes, em suas obras, na necessidade de se estudar a língua latina e a grega a fim de se tirar delas ensinamentos para a vida do espírito. Para isto é necessário conhecer não só a gramática, enquanto instrumento para a compreensão literária do autor, mas também a natureza, a história e a vida social do tempo. Somente quem não ignora as coisas em cujo meio transcorre a vida é que pode compreender plenamente as representações artísticas da vida que as literaturas antigas nos legaram e, ao mesmo tempo, tirar proveito dessas representações para melhorar a própria existência.

Erasmo não foi um filósofo na acepção mais complexa e completa do termo, mas isso não significa que não tivesse um pensamento inspirado em convicções profundas. A sua vocação foi essencialmente a de literato moralista: as cartas, veículo de civilização e de moral, foram para ele não só uma predileção, mas também uma missão.

A sua obra principal tem como título *Encomiam moriae seu laus stultitiae* (Elogio da Loucura); nela ele celebra as glórias da loucura e do seu séquito. O elogio, em tom jocoso (dedicado a Thomas Morus, ao qual faz alusão a palavra "mória" do título da obra), termina recordando o provérbio segundo o qual "muitas vezes também o louco fala judiciosamente". Além disso, em Erasmo a polêmica contra as exibições e afetações de falsa sabedoria acompanha a pesquisa da verdadeira sabedoria que ele procurou descobrir nos clássicos e nos Padres, cujas obras publicou e cuja doutrina estudou com inteligência e amor.

Erasmo tornou-se célebre entre seus contemporâneos não tanto pelas suas doutrinas filosóficas e teológicas, como pelas suas críticas mordazes às pessoas e aos costumes do seu tempo. Fustigou muitas vezes, e com agrado, também os membros da Igreja (papa, bispos, cardeais e simples sacerdotes). Foi considerado, por isso, precursor de Lutero; mas, embora no começo tivesse encorajado o reformados, mais tarde, recebendo informações precisas sobre as suas ideias, colocou-se aberta e corajosamente contra ele na obra intitulada *De servo arbitrio* (Do servo arbítrio). Neste ensaio reconhece que sem a graça G homem não pode seguir a via do bem nem progredir nela, mas atribui ao homem *studium et conatus* (a procura e o esforço), sem conceber, porém, que ele deva tudo às próprias forças, como queria Pelágio. Atribuir tudo a Deus, como faz Lutero, significa suprimir a possibilidade dos valores morais, tornar o homem escravo de Deus e transformar Deus em tirano cruel. Para a defesa da liberdade, conduzida por Erasmo confluem, de um lado, o ensinamento do Evangelho, dos Padres e da própria Escolástica e, de outro, uma das instancias mais típicas e mais altas do humanismo, do qual Erasmo foi insigne e genial epígono.

3. Thomas Morus

Amigo de Erasmo e, como ele, amante das letras e dotado de finíssima ironia, Thomas Morus (1478-1535) desenvolveu intensa atividade política (foi deputado no parlamento inglês, com apenas vinte e cinco anos de idade, e encerrou sua carreira brilhante no cargo de chanceler-do-reino, a mais alta depois do rei), o que lhe deixava pouco tempo para dedicar-se à composição de obras de literatura e de reflexão.

Com Thomas Morus inicia-se uma tradição que se tornará típica dos pensadores ingleses: a de associar a atividade filosófica à política e a de empenhar intensamente a reflexão filosófica no terreno político.

Desta união entre política e filosofia, Morus deixou um esplêndido exemplo em sua obra mais importante, a *Utopia* (*Libellus vere aureus nec minas salataris quam festinus de optimo reipulolicae statu deque nova insula Utopia*, livrete verdadeiramente brilhante e não menos salutar que oportuno sobre o bom estado da República e sobre a nova ilha de Utopia), obra que quer ser, por um lado, uma severa crítica do sistema social e político inglês e, por outro, uma descrição precisa da estruturação do Estado ideal, um Estado que possa efetirepública têm como escopo principal subtrair todos à sujeição do corpo e proporcionar-lhes aquela liberdade cultural e espiritual permitida pelas necessidades públicas. Nisto consiste a verdadeira felicivamente garantir a plena liberdade do homem: "Os governantes desta dade da vida".

No projeto de Morus o Estado ideal tem o nome de Utopia, que é uma ilha dividida em cinquenta e quatro cidades, todas iguais na estrutura urbanística e nas formas arquitetônicas. A atividade principal dos habitantes da Utopia é a agrícola: toda a terra é dividida em fazendas-modelo, trabalhadas por todos os cidadãos em turnos. As funções públicas são estruturadas sobre as famílias: cada trinta famílias elegem um filarca; cada dez filarcas elegem um protofilarca; filarcas e protofilarcas, em reunião, elegem o presidente, cujo mandato é vitalício. A função principal dos filarcas consiste em prover e cuidar que "ninguém fique ocioso e entregue à preguiça". Na Utopia todos devem trabalhar seis horas por dia, três de manhã e três à tarde. Morus julga que, se *todos* trabalharem seis horas por dia, todas as necessidades econômicas da sociedade serão plenamente satisfeitos. Fora das horas de trabalho, o indivíduo pode dedicar-se a atividades de sua preferência. A vida do indivíduo deve transcorrer, na medida do possível, em ambientes comuns e deve ser orientada para a procura de um equilíbrio harmonioso entre prazeres do espírito e saúde do corpo e para se evitarem todos os comportamentos morais que tenham como fundamento a mortificação do corpo.

A religião dos habitantes da Utopia funda-se na crença numa divindade "incognoscível, eterna, imensa", que cada um tem a liberdade de adorar mediante o culto de sua preferência: o Estado não impõe ao cidadão nenhuma religião, uma vez que a religião se reduz a um fato da consciência, e esta não pode ser violentada. A única coisa que não pode ser tolerada é o ateísmo porque, negando a imortalidade da alma e a existência de Deus, tira as bases morais e espirituais do Estado.

Tais são, em resumo, os temas fundamentais da *Utopia*. Por eles se vê que têm nela uma brilhante expressão as instancias fundamentais da Renascença e da Idade Moderna: a liberdade de qualquer pressão natural, social, política, religiosa; a promoção da cultura e a formação de uma personalidade humana completa, atingida mediante o desenvolvimento harmonioso de todas as faculdades da alma e do corpo.

Ao preferir morrer a reconhecer a supremacia religiosa pretendida por Henrique VIII, Thomas Morus deu esplêndido testemunho do valor supremo da liberdade interior.

4. Michel Montaigne

Michel Montaigne (1533-1592) foi o maior representante do pensamento renascentista francês. Vivendo numa época ensanguentada pelas lutas políticas e religiosas, manteve-se afastado daquele turbilhão de paixões e encontrou na vida interior um refúgio de paz e liberdade. Deste retiro pôde observar o espetáculo da vida humana com a frieza do sábio, isto é, livre de todo temor e de toda paixão, e com a indulgência benévola do homem experiente, que tudo compreende e que com nada se surpreende.

Humanista, compartilha de todos os motivos inspiradores do humanismo: amor à liberdade, valorização da beleza da natureza e da grandeza do homem. Mas, diversamente dos outros humanistas, que, em sua concepção filosófica, se reportam a Aristóteles, Platão e Epicuro, Montaigne reporta-se a Pirro e aos cépticos. No início de 1576 manda cunhar uma moeda na qual uma balança com os pratos em equilíbrio alude à incapacidade da razão para emitir juízos certos; em baixo se lê a inscrição: "Que *sais-je?*" ("Que sei eu?"). É esta, sem dúvida, a melhor divisa do homem e de sua obra. Diante dos horizontes abertos pelas ciências, pelas novas descobertas geográficas e pelas disputas religiosas, também a razão, na qual os estoicos acreditavam (e na qual, em um primeiro tempo, também Montaigne havia acreditado), revela-se pobre e incapaz.

A base sobre a qual Montaigne apoia seu cepticismo é, em parte, ontológica e, em parte, gnosiológica. "O mundo é um interminável suceder-se. A própria constância não é mais do que um ondear mais lânguido. Não posso segurar o meu objeto. Ele caminha como que às cegas, é incerto, vacilante como um bêbado. Considero-o como ele é no instante em que me comprazo em olhá-lo. Não pinto o ser. O que pinto é a passagem. Não a passagem de uma idade para outra, de um ano para outro, mas de dia para dia, de minuto para minuto. Devo adaptar minha história no momento. E poderei mudar logo não só de situação, mas também de intenção. Se a minha alma pudesse firmar-se, não esperaria mais, mas me decidiria; ela está, porém, sempre aprendendo e experimentando".[5]

Logicamente, nesta visão céptica, a única realidade que permanece aberta à pesquisa filosófica é a dos estados de alma do sujeito cognoscente, do *eu*. A esta pesquisa Montaigne entrega-se numa atitude de refinado narcisismo. "Estudo a mim mesmo mais do que a qualquer outra coisa: esta é a minha metafísica e a minha física". O *eu* é o centro de sua reflexão, cujo objeto não é somente descritivo e particular, mas também filosófico e universal. A sua preocupação é descobrir em si mesmo aquela *forme maîtresse* (forma mestra) que, em cada um, permanece imutável sob a contínua mudança dos estados interiores e constitui a marca original e incomunicável de toda individualidade, a lei de sua ação. Esta afirmação da existência de uma *forme morresse* na alma de cada homem é, em Montaigne, a expressão culminante do *individualismo* característico da Renascença, ao qual já demos o devido relevo ao falarmos acima das doutrinas políticas desta época.

5. Os filósofos renascentistas da natureza

Os pensadores dos quais nos ocuparemos nas três seções seguintes deste capítulo são comumente chamados *filósofos renascentistas da natureza*. Eles são considerados como um grupo à parte, distinto dos humanistas, dos platônicos, dos aristotélicos, dos epicuristas e dos cépticos, dos quais falamos até aqui. A designação "filósofos da natureza" sublinha que o interesse fundamental desses homens estava na filosofia e na cosmologia, ao passo que para os pensadores do primeiro humanismo estava na ética e na política. Mas os filósofos da natureza distinguem-se dos outros pensadores da Renascença, além de pela temática geral, tam-

---

[5] Montaigne, *Essais, Paris,* 1932, III, c. II, 28-29.

bém pela atitude que tomam em relação ao pensamento clássico, atitude que não quer ser de imitação, mas de clara contestação: a sua ambição é explorar os princípios da natureza de modo original e autônomo e não no quadro de uma tradição constituída e autoritária. Eles procuravam formular teorias novas e gloriavam-se de se terem libertado das "autoridades" antigas, principalmente de Aristóteles, as quais, no passado, tinham dominado durante séculos a especulação filosófica, especialmente a filosofia da natureza. Esta aspiração transparece em suas polêmicas e, por vezes, até nos títulos de suas obras.

Como é fácil perceber, os novos filósofos da natureza não eram nem originais nem tão autônomos em relação às autoridades antigas como pretendiam ser: do mesmo modo que os que se proclamavam platônicos ou aristotélicos, epicuristas ou cépticos, não eram fiéis, como pensavam, às autoridades por eles preferidas. Encontraremos, muitas vezes, nos filósofos da natureza, reflexos de ideias aristotélicas, platônicas e até pré-socráticas e também de ideias humanísticas que não são apenas resíduos confusos de uma tradição enfim morta, mas também elementos essenciais do novo pensamento. A sua atitude não deixa, contudo, de ser significativa, e é graças à sua posição sem preconceitos, como também às suas teorias específicas, que os filósofos da natureza foram muitas vezes celebrados como precursores da filosofia e da ciência modernas.[6]

BERNARDINO TELÉSIO

Bernardino Telésio foi o primeiro representante importante desta nova e autônoma filosofia da natureza. Nasceu em Cosenza, em 1509, e morreu na mesma cidade em 1588. Com ele se inicia, de certo modo, a série dos filósofos com os quais a Itália meridional

---

[6] P. O. Kristeller nota claramente a diferença entre os filósofos naturalistas do período quinhentista e os cientistas modernos: "O que os distingue dos cientistas modernos (...) é o fato de que eles não encontraram um método firme e válido de pesquisa natural e, sobretudo, o fato de que não compreenderam que, para este método, a matemática era de importância fundamental. Foi por este motivo, e não pelo peso de tradições já então mortas, que as suas brilhantes e sugestivas construções permaneceram mais ou menos isoladas, sem um prosseguimento amplo e sem influenciar o ensino universitário da filosofia natural, que se manteve firme sob o controle dos aristotélicos. A tradição aristotélica da filosofia da natureza não foi abalada pelos ataques externos dos humanistas ou dos platônicos, nem pelas sugestivas teorias dos filósofos da natureza. Ela caiu por terra somente no século XVII, e depois dele, quando a nova ciência de Galileu e dos seus sucessores tinha condições para enfrentar os seus problemas, apoiada em um método solidamente constituído e inexoravelmente superior" (Kristeller, P. O., *Otto pensatori del rinascimento italiano*, Milão-Nápoles, 1970, 106).

afirmou a sua descendência do mundo grego: uma linha ideal que une Telésio a Bruno e Campanella, a Vico no século XVIII, a Croce e Gentile na época atual.

A obra principal de Telésio é o *De rerum natura juxta propria principia*, em nove livros. O tema central do seu pensamento é a autonomia da filosofia em relação à teologia; e por filosofia entende ele, antes de tudo, a filosofia da natureza ou a cosmologia.

O ponto de partida de Telésio é a distinção entre razão e fé, distinção que lhe parece clara por causa da diversidade do objeto de ambas: o da fé são as verdades sobrenaturais, como a transcendência de Deus e a imortalidade da alma; o da razão são as verdades naturais. Uma vez que seus objetos são diferentes, a razão e a fé são independentes uma da outra: são autônomas, e por isso não é possível que surjam conflitos entre elas; logo, deve-se deixar a razão proceder livremente em sua pesquisa.

Telésio distingue entre *mundo físico* e *mundo espiritual* e descobre que eles são formados por princípios diferentes. O mundo físico é constituído por dois princípios: a matéria e a força. Esta se divide, por sua vez, em força de expansão, representada pelo calor, e em força de contração, representada pelo frio. A variedade dos fenômenos físicos é devida ao contraste entre estas duas forças, isto é, entre o quente e o frio.

O mundo espiritual pode ser considerado de dois pontos de vista: *o científico* e o *revelado*.

Do ponto de vista *científico*, o princípio constitutivo do mundo espiritual é o calor. Ele sutiliza a matéria até torná-la viva e espiritual, mas não totalmente imaterial. Um dos principais efeitos produzidos pelo calor é a alma humana, que não é imaterial e, por isso, não pode ser imortal.

Mas, do ponto de vista *revelado*, o homem tem também uma alma imortal. Ela é uma forma *superaddita* (acrescentada), criada por Deus no momento da concepção. A alma não é sujeito da vida psíquica, mas da graça sobrenatural, cujo conhecimento nos é dado pela fé e não pela ciência, motivo pelo qual ela é estranha ao estudo científico.

O *conhecimento humano* é essencialmente um sentir, não sendo a consciência mais do que sensação. O calor do espírito animal determina um movimento que pode ser modificado somente pelo movimento produzido pelo calor de um objeto externo: nesta modificação consiste o sentir. A atividade física não difere da psíquica; também o intelecto é sentido, um sentido mais fraco, que apreende as semelhanças entre as coisas. A lógica pura e a matemática procedem da sensação; os conceitos universais são imagens indeterminadas que nos permitem perceber também as propriedades desconhecidas e, com isso, intuir as coisas em sua totalidade.

Mais do que por estas teorias sobre a natureza e o homem, nas quais, sob muitos aspectos, ecoam as dos pré-socráticos e as dos aristotélicos averroístas, a obra de Telésio é importante pela afirmação da autonomia da filosofia natural e pelo seu programa, que estuda a natureza segundo os princípios que lhe são próprios; logo, não com a fantasia do mago e do astrólogo, nem com os processos abstratamente dedutivos dos aristotélicos.

Com a *"juxta propria principia"* (segundo seus próprios princípios), Telésio indica o objeto da ciência, embora, de fato, ainda não saiba distinguir bem filosofia natural de ciência. Mas, mesmo permanecendo dentro dos limites da filosofia natural, o seu estudo não é mais astrologia nem magia, porque já está em vias de tornar-se pesquisa científica propriamente dita.

Levando-se em conta o programa de Telésio, o seu acentuado sensismo não chega a surpreender: a sua justificação está nas exigências do estudo concreto da natureza, estudo que deve ser empreendido com o auxílio do método experimental. E o sensismo de Telésio tem valor precisamente porque lança as bases deste método.

GIORDANO BRUNO

Giordano Bruno nasceu em Nola (Itália) em 1548. Aos quinze anos entrou para o claustro dominicano de Nápoles. Deixou a Ordem em 1576, por causa de divergências doutrinais. Refugiou-se, por isso, primeiro na Suíça, depois na França, na Inglaterra, na Alemanha e, finalmente, em Veneza. Em 1592 foi preso pela Inquisição, sob denúncia do doge de Veneza. Acusado de heresia, confessou. Transferido para a Inquisição de Roma, permaneceu sete anos no cárcere. Aos repetidos convites para retratar-se de suas teorias, respondeu que não tinha nada de que retratar-se. Em 17 de fevereiro de 1600 foi queimado vivo no Campo dei Fiori, em Roma.

Das numerosas obras de Bruno, merecem destaque as seguintes: *De la causa principio et uno, De l'infinito universo et mondi, La cena delle ceneri* (três diálogos de conteúdo metafísico), *Spaccio della bestia triunfante, Eroici furori* (diálogos de conteúdo moral), *De minimo, De immenso ei innumerabilibus, De monade* (três diálogos de conteúdo metafísico).

Segundo Bruno, a realidade (o mundo) é constituída de dois princípios: o princípio ativo, denominado *alma do mundo,* e o princípio passivo, denominado *matéria.* Não se trata de dois princípios separáveis, mas de dois aspectos da mesma substância, combinados segundo a lei da coincidência dos opostos.

A alma do mundo, que é um princípio inteligente e ordenado, é concebida por Bruno como imanente e como agindo no mundo através das leis mesmas da natureza. Deus identifica-se com esta alma do mundo imutável e infinita, que gera eternamente um mundo infinito, o qual, por isso, está em perpétuo devir. Acima desse Deus imanente, *mens insita omnibas* (mente colocada em todas as coisas), Bruno estabelece um Deus transcendente, isto é, a *mens super omnia* (mente superior a todas as coisas), objeto de fé, inacessível à razão natural, cognoscível somente *per vestigia* (pelos vestígios) e reconhecido pela filosofia apenas como limite intransponível, embora necessário, na qualidade de exigência negativa para se superar o naturalismo.

A origem da multiplicidade das coisas é explicada cabalisticamente. A imitação dos pitagóricos, Bruno deriva o mundo natural da década, isto é, dos dez primeiros números, os quais, por sua vez, se originam da mônada ou unidade. Toda realidade tem um mínimo, uma unidade última e real que constitui a sua essência. Todas as coisas tendem para a conservação do seu mínimo.

Segundo Bruno, podemos ter duas espécies de conhecimento de Deus: o filosófico e o religioso. Expressão do primeiro é a religião interior; expressão do segundo é a religião positiva.

A função da religião positiva é apenas pedagógica, ou seja, "instruir os povos rudes que devem ser governados".[7] Ela consiste num conjunto de superstições contrárias à razão e à natureza: procura fazer crer que é vil e criminoso o que à razão parece excelente e que a ignorância é a ciência mais sublime do mundo.

---

[7] Bruno, G., *De l'infinito universo et mondi.*

A religião interior, ao contrário, é própria do filósofo porque ele sabe que Deus está acima de nossa inteligência e que, por isso, é incognoscível. Deus não é cognoscível nem mesmo como causa; não podemos chegar a ele através de suas obras, como não podemos conhecer Apeles pelas obras que nos deixou.[8] Mais do que um conhecimento teórico de Deus, o que o filósofo procura é uma experiência religiosa de sua presença e transcendência através da natureza: o termo desta experiência é a união mais íntima possível com Deus em sua unidade substancial. Quem chega a esta união vê "a fonte de todos os números, de todas as espécies e de todas as razões, fonte esta que é a mônada, verdadeira essência do ser de todas as coisas. E se não a vê em sua essência, na luz absoluta, vê-a em sua progênie, que lhe é semelhante e que é a sua imagem, porque da mônada que é a divindade procede a mônada que é a natureza, o universo, o mundo, no qual aquela se contempla e se reflete como o Sol na Lua".[9]

O que exalta e diviniza o homem é, acima de tudo, o furor *heroico*, o ímpeto racional pelo qual, após conhecer o bem e o belo, o homem se desinteresse daquilo que antes o mantinha preso e não tende para outra coisa que não seja Deus, "fonte de sua própria substância". Atingindo seu fim último sob o impulso do furor heroico, o homem, "em virtude do contato intelectual com aquela divindade, torna-se um Deus", e "tem o sentimento da divina e interna harmonia e concórdia de seus pensamentos e atitudes com a simetria da lei inserida em todas as coisas". Por isso, o *furioso heroico*, "com as asas do intelecto e da vontade intelectiva, eleva-se à divindade, deixando a forma do sujeito mais embaixo. (...) De sujeito mais vil, torna-se um Deus".[10]

Embora no pensamento de Bruno se encontrem sucessivamente influências várias e pontos de vista diferentes, e embora muitas vezes se choquem entre si, com não leves dissonâncias, várias doutrinas (do monismo dos eleatas ao devir de Heráclito, do atomismo de Demócrito ao panteísmo dos estoicos, do emanatismo dos neoplatônicos ao naturalismo de Telésio), a inspiração fundamental permanece sempre o panteísmo, diversamente colorido e expresso, que lhe inspira um sentido

---

[8] Bruno, G., *De la causa principio et uno.*
[9] Bruno, G., *Eroici furori.*
[10] *Id., ibid.*

místico do todo e torna supérflua, senão contraditório, a admissão do Um sobrenatural: dois ótimos, dois máximos, dois infinitos seriam, além de impensáveis, dificilmente conciliáveis.

A filosofia de Giordano Bruno, precisamente pela sua inspiração notavelmente panteísta, exerceu profunda influência sobre o pensamento imanentista moderno, especialmente sobre o de Spinoza e o de Schelling.

TOMMASO CAMPANELLA

Este filósofo calabrês, frade dominicano, famoso pela sua obra *La città del sole*, em sua juventude aproximou-se da filosofia naturalística de Telésio e, por isso, foi processado, primeiro em Nápoles, em 1592, e depois em Pádua e Roma (1595). Suas crenças mágico naturalistas, expostas nas obras *La città del sole* e *De sensu reram et magia* e a tentativa de insurreição na Calábria motivaram-lhe longo período de prisão, durante o qual o seu pensamento amadureceu e produziu obras notáveis. No fim do capítulo III falaremos mais amplamente de Campanella.

BIBLIOGRAFIA

Estudos gerais:

DE RUGGIERO, G., *Rinascimento, Riforma e Controriforma*, Bari, 1966, 8ª ed.; GENTILE, G., *Il pensiero italiano del rinascimento* Florença 1940, KRISTELLER, P. O. *Otto pensatori del rinascimento italiano*, Milão-Nápoles 1970, MONTANO, R, *Saggi di cultura umanistica*, Nápoles, 1962; VALLESE, G. *Da Dante ad Erasmo*, Nápoles, 1962; DI NAPOLI, G., *L'immortalità déll'anima nel ;inascimento*, Turim, 1963; GARIN, E. *Dal rinascimento all'illuminismo*, Pisa, 1970; DI NAPOLI, G., *Studi sul rinascimento*, Nápoles, 1973.

Sobre Erasmo:

HUIZINGA, J., *Erasmo*, Turim, 1941; PETRUZZELLIS, N., *Erasmo Pensatore*, Bari, 1948; NULLI, S. A., *Erasmo e il rinascimento*, Turim 1955; BUYER, L., *Erasmo tra umanesimo e Riforma*, Brêscia, 1962; MESNARD, P., *Erasmo*, Florença, 1972.

Sobre Thomas Motus:

CASTELLI, A., *Note sull'umanesimo in Inghilterra*, Milão, 1949; BATTAGLIA, F., *Saggi sull "Utopia" di Tommaso Moro*, Bolonha, 1949; HEXTER, J. H., *More's "Utópia". The Biography of an Idea*, Princeton, 1952.

Sobre Montaigne:

VALERI, D., *Montaigne*, Roma, 1925; LUGLI, V., *Montaigne*, Lanciano, 1937; TOFFANIN, G., *Montaigne e l'idea classica*, Bolonha, 1942; MOREAU, P., *Montaigne, l'homme et l'oeuvre*, Paris, 1953; FRAURE, D. M., *Montaigne's Discovery of Man*, Nova Iorque, 1955.

Sobre Bernardino Telésio:

ABBAGNANO, N., *Bernardino Telesio*, Milio, 1941; SOLERI, G., *Telesio*, Bréscia, 1945.

Sobre Giordano Bruno:

OLSCHKI, L., *Giordano Bruno*, Bari, 1927; GENTILE, G., *Bruno e il pensiero del rinascimento*, Florença, 1920; CICUTTINI, L., *Giordano Bruno*, Bari, 1950; HOROWITZ, I. L., *The Renaissance Philosophy of Giordano Bruno*, Nova Iorque, 1952; MICHEL, P. H., *La cosmologie de Giordano Bruno*, Paris, 1962; VECCHIOTTO, I., *Che cosa há veramente detto Bruno*, Roma, 1971.

Sobre Maquiavel:

SPIRITO U., *Macchiavelli e Guicciardini*, Florença, 1968, 3ª ed., GILBERT, F., *Niccolò Macchiavelli e la vita culturale del suo tempo*, Bolonha, 1972, 3ª ed.

II

OS ARTÍFICES DA REFORMA PROTESTANTE E OS SEUS IDEAIS

1. As causas da Reforma protestante

A Reforma protestante é daqueles acontecimentos que assinalam o fim de uma época e o começo de outra. Esta função cabe à Reforma (embora não somente a ela) no que diz respeito ao desenvolvimento daquele novo modo de conceber a realidade e daquele singular tipo de cultura que chamamos "moderno". Por isso, alguns historiadores, não sem razão, colocam o início da época moderna não na descoberta da América (1492), mas na afixação das 95 teses nas portas da Igreja de Wittenberg (1517).

A Reforma protestante foi um acontecimento essencialmente religioso, mas causou ao mesmo tempo profundas transformações políticas, sociais, econômicas e culturais. Também no desenvolvimento da filosofia a sua influência foi decisiva, especialmente na filosofia alemã, mas também na francesa, inglesa, americana, italiana, em uma palavra, em toda a filosofia moderna. Isto justifica e exige um estudo bastante amplo e aprofundado sobre as causas, os autores e os ideais da Reforma protestante.

As suas causas são de ordem religiosa, política, social e ideológica.

No começo do século XVI a necessidade de uma reforma completa dentro da Igreja católica tornara-se mais viva e era reclamada por muitos como remédio urgente para a cura das muitas e graves chagas que afligiam a Igreja, corpo místico de Cristo.

O sopro de renovação trazido pelas ordens religiosas dos franciscanos e dos dominicanos nos séculos precedentes não tinha sido suficiente para reformar os organismos centrais da hierarquia da Igreja: cúria romana, cardeais e bispos eram corruptos, e os próprios papas agiam muitas vezes apenas como soberanos terrenos envolvidos nas lutas políticas, esquecidos de sua missão fundamental, como sucessores de Pedro, de guias espirituais da cristandade.

A ignorância, o laxismo e a superstição alastravam-se entre o povo cristão e o baixo clero; a sutileza e a vacuidade caracterizavam o pensamento dos teólogos, baixezas e grosserias, os sermões dos pregadores, enquanto os artistas e literatos se entregavam à indiferença, à imoralidade, à descrença. Contra este estado de lamentável decadência em vão tinham feito ouvir suas vozes angustiadas de protesto Bernardino de Sena, João de Capistrano, Girolamo Savonarola e muitos outros.

Acrescentemos ainda que no plano ideológico (ou das ideias) se dera a ruptura do princípio de autoridade. Todas as autoridades nas quais se apoiava a visão medieval do mundo e toda a *respublica christiana* (república cristã) estavam em crise: a autoridade de Aristóteles em filosofia, a de santo Agostinho e de santo Tomás em teologia, a de Ptolomeu em ciências, a do Papa e a do imperador em política. Para a criação de uma nova ordem espiritual e civil, as autoridades tradicionais não eram mais suficientes.

Reforma era uma necessidade para todas as nações cristãs: para a Itália como para a França, para a Áustria como para a Suíça, para a Alemanha como para a Polônia, para os Países Baixos como para a Inglaterra. E, no entanto, ela começou na Alemanha e se estendeu somente aos povos de sangue teutônico, porque para eles a reforma se impunha com urgência tanto por motivos religiosos e ideológicos quanto sociais e políticos: havia um anseio geral por libertar-se do jugo do papado e do império, por subtrair-se ao predomínio dos povos latinos e por livrar-se dos "gravamos" da cúria romana.

Graças à convergência dessas várias instancias, a Reforma iniciou-se como movimento religioso, mas logo se transformou numa grande revolução política, social, econômica e cultural.

2. Martinho Lutero

A Reforma protestante tem muitos protagonistas, tanto no campo religioso como no político. Entre todos sobressai a figura de Lutero; ele foi o pai e o principal artífice da Reforma.

Martinho Lutero (1483-1546) nasceu em Eisleben, na Saxônia. Conseguida a láurea em filosofia, começou a frequentar a faculdade de direito quando, abalado por terrível acontecimento (a morte de um amigo, atingido por um raio quando atravessavam juntos um bosque), mudou de ideia e resolveu tornar-se monge. Em 1505 entrou para a Ordem dos Agostinianos, na qual foi ordenado sacerdote dois anos depois de terminados os estudos teológicos. Em 1510 fez parte de uma comissão que foi a Roma para resolver a disputa que dividia os agostinianos em rígida e lassa observância. Em Roma pôde observar a desordem e a corrupção que reinavam na Cúria, mas não se impressionou muito, uma vez que o estado da igreja de Roma não era muito diferente do das outras igrejas. Naquela época o que angustiava Lutero não eram os males da cristandade, mas os problemas pessoais da salvação de sua alma. Apesar de todas as orações, mortificações, penitencias, jejuns e boas obras, a salvação parecia-lhe totalmente impossível. Em 1513 teve uma experiência que o fez mudar completamente de ideia e que o livrou de todos os seus escrúpulos, trazendo-lhe muita paz e profunda alegria. Tinha ele o costume de retirar-se para estudar na torre do castelo do convento. Um dia, estando na torre, ao ler na epístola de são Paulo aos Romanos (1,17): "A justificação procede da fé... como está escrito: 'O justo viverá da fé'", sentiu-se subitamente iluminado sobre a natureza da salvação: ela não é obra do homem, mas exclusivamente graça de Deus. Somente Deus, pelo sacrifício de seu Filho na cruz, torna justo o pecador. As orações, os jejuns, as penitencias, como também os sacramentos, as peregrinações e as indulgências não têm nenhum valor porque a salvação nos vem exclusivamente da infinita misericórdia de Deus. Para Lutero esta interpretação da doutrina da salvação foi como um raio de luz divina que lhe fez ver tudo claro. Agora tudo se tornava simples e fácil. A sua consciência, até aquele momento tão angustiada, porque insatisfeita com tudo o que fazia para se reconciliar com Deus, encontrou finalmente a paz: "e pareceu-lhe que o paraíso estava com as portas escancaradas".

Daí por diante Lutero procurou organizar em doutrina teológica aquela sua excepcional experiência religiosa. O resultado foram dois imponentes comentários às epístolas paulinas: aos Gálatas e aos Romanos.

A pregação das indulgências, ordenada por Leão X para a construção da basílica de são Pedro, deu a Lutero a ocasião de tornar públicas suas convicções pessoais. No dia 31 de outubro de 1517, véspera da festa de Todos os Santos (solenidade que atraía para a igreja de Wittenberg uma imensa multidão, por causa das mais de nove mil relíquias que nela estavam guardadas), Lutero afixou nas portas da igreja *noventa e cinco teses*.

Essas teses que, para o leitor moderno, pouco têm de extraordinário, não podiam deixar de causar surpresa entre os contemporâneos. Inusitadas eram especialmente as seguintes proposições, nas quais *se demolia toda a doutrina das indulgências:*

— O Papa não quer e não pode perdoar nenhuma pena além das que são impostas pela sua vontade ou pelos cânones (n. 5).

— Erram, portanto, aqueles pregadores que dizem que mediante as indulgências papais o homem se torna livre e salvo de toda pena (n. 21).

— É tão raro o verdadeiro penitente como aquele que adquire realmente as indulgências, isto é, é raríssimo (n. 31).

— Qualquer cristão verdadeiramente compungido obtém a remissão plenária da pena contraída por causa da culpa, mesmo sem cartas de indulgências. Qualquer verdadeiro cristão, vivo ou falecido, tem parte, concedida a ele por Deus, em todos os bens de Cristo e da Igreja, mesmo sem cartas de indulgência (n. 36-37).

— É vão confiar na salvação por causa de cartas de indulgências, mesmo que um legado ou até o Papa empenhem por elas a própria alma (n. 52).

— As indulgências, tão exaltadas pelos pregadores, têm apenas um mérito, o de conseguir dinheiro (n. 67).

— É insensatez julgar que as indulgências papais sejam tão poderosas que possam absolver o homem de qualquer pecado. Afirmamos, ao contrário, que o perdão papal não pode cancelar nem mesmo o menor pecado venial quanto à culpa (n. 75-76).

Estas teses despertaram amplos consensos, especialmente aquelas nas quais se punha em causa o Papa pelo modo com que administrava as indulgências, particularmente as teses 50, 82, 86, 89, que têm o seguinte teor:

— Deve-se ensinar aos cristãos que, se o Papa tivesse conhecimento das exações dos pregadores de indulgências, preferiria não ver a basílica de são Pedro construída a vê-la edificada sobre a pele, a carne e os ossos de suas ovelhas (n. 50).

— Por que o Papa, cuja riqueza é maior do que a dos opulentíssimos Crassos, não constrói a basílica de são Pedro com os próprios recursos em vez de querer fazê-lo com os dos pobres fiéis? (n. 86).

— Por que o Papa não esvazia o purgatório por motivo da santíssima caridade e da suma necessidade das almas, que são as razões mais justas de todas, quando livra um número infinito de almas por força do funestíssimo dinheiro dado para a construção da basílica, o que é uma razão fraquíssima? (n. 82).

— Dado que, com as indulgências, o Papa deseja mais a salvação das almas do que o dinheiro, por que suspende as cartas e as indulgências já concedidos quando ainda são eficazes? (n. 89).

Com a publicação das "Noventa e Cinto Teses", Lutero tornou-se imediatamente um símbolo: passou a representar uma nova concepção do cristianismo e da Igreja e, ao mesmo tempo, tornou-se o defensor do povo alemão contra os *gravamina* (impostos) da cúria romana. Daí para frente os acontecimentos impuseram-se às suas intenções e aos seus sentimentos pessoais: Lutero não pôde mais retroceder; a máquina da Reforma tinha sido posta em movimento e ninguém mais era capaz de detê-la.

A publicação das *Teses* alcançou enorme repercussão e recebeu manifestações públicas de aprovação não só entre a nobreza alemã, mas também entre o clero e os monges. Não tardaram também as desaprovações e as críticas. Vários teólogos da Alemanha e da cúria romana tomaram posição contra Lutero, que replicou imediatamente em termos muito duros e agressivos. Também a autoridade eclesiástica empenhou-se em conseguir seu retorno à ortodoxia, mas Lutero, rejeitando as concessões, manteve com firmeza a substancia de sua doutrina: a salvação vem somente da fé (sem as obras).

O NÚCLEO DA TEOLOGIA DE LUTERO EM TRÊS OPÚSCULOS

Para conseguir a adesão das massas populares, o monge agostiniano escreveu, em 1520, três opúsculos, nos quais expunha, de forma clara e eficaz, os elementos essenciais de sua teologia e explicava suas implicações mais imediatas no que se referia à estrutura da Igreja e ao significado dos sacramentos e das boas obras. Os títulos destes três celebérrimos opúsculos, reconhecidos universalmente como os três principais escritos da Reforma, são: *A nobreza cristã da nação alemã, A Liberdade cristã, O Cativeiro babilônico da Igreja*.

No primeiro escrito, *A nobreza cristã da nação alemã* (*An den christlichen Adel deutscher Nation*), Lutero lança-se violentamente contra as três muralhas com as quais Roma se fortificou para exercer um controle seguro sobre toda a cristandade: a submissão do poder secular, a interpretação autêntica da Escritura, o direito de convocar o concílio ecumênico. "Os romanistas", escreve Lutero, "com grande habilidade ergueram em torno de si três muralhas, atrás das quais se defenderam de modo que até agora ninguém pôde reformá-los, e com isso a cristandade decaiu horrivelmente. *Em primeiro lugar*, quando se tentou constrangê-los com o poder secular, estabeleceram e proclamaram que a autoridade secular não tinha nenhum direito sobre eles e que, ao contrário, o poder espiritual era superior ao temporal. *Em segundo lugar*, tentou-se golpeá-los com a Sagrada Escritura, mas replicaram que interpretar a Sagrada Escritura é competência somente do Papa e de nenhum outro. *Em terceiro lugar*, procurou-se ameaçá-los com um Concílio, mas inventaram que ninguém pode convocar o Concílio a não ser o Papa. Assim subtraíram traiçoeiramente todas as três varas e permanecem impunes e, defendidos pelas três firmes muralhas, fazem toda sorte de patifarias e maldades que estamos vendo".[1]

Segundo Lutero, todas as três muralhas são inconsistentes. A última não se sustenta porque "a tese segundo a qual somente o Papa pode convocar ou confirmar um concílio não tem nenhum fundamento na Escritura; isto existe somente nas leis deles". A segunda muralha não se sustenta "porque (os teólogos romanistas) não podem aduzir nem uma sílaba sequer para demonstrar que só o Papa pode explicar a Escritura ou confirmar a interpretação dela; eles se reservaram este poder por conta própria". Também a primeira muralha não tem fundamento: "de fato, sendo as autoridades terrenas batizadas como nós, devemos admitir que tanto bispos como sacerdotes considerem seu ministério como pertencente e útil à comunidade cristã".[2]

Depois de ter demolido as três muralhas, como os eclesiásticos não se importassem com a reforma da cristandade, Lutero dirige um insistente apelo aos príncipes alemães para que se encarreguem de levá-la

---

[1] Lutero, M., *An den christlichen Adel deatscher Nation*, Edição de Weimar, VI, 406ss.
[2] *Id., ibid.*, 408ss.

a termo: avoquem a si todo poder sobre as dioceses, as igrejas, o clero e os fiéis, constituam na Alemanha uma igreja nacional independente, declarem abolidos o direito canônico, os impostos romanos, o celibato eclesiástico, as missas pelos defuntos, as peregrinações, as indulgências, as confrarias e as festas, com exceção dos domingos.

No opúsculo A *liberdade cristã* (De libertate christiana) Lutero apresenta uma ótima síntese da doutrina sobre a justificação, antecipada, aliás, no *Comentário à epístola aos Gálatas*. A justificação, segundo ele, não depende da observância da Lei (esta observância, na verdade, é impossível), nem das boas obras, mas somente da confiança na misericórdia de Deus. A Lei serve para mostrar a nossa fraqueza e para atirar-nos no desespero; mas este é o ponto crítico de onde se desenvolve a confiança em Deus. Daqui a importância capital que o Evangelho assume nesta concepção da salvação: "Nem no céu, nem na Terra existe para a alma coisa alguma em que viver e ser justa, livre e cristã, senão o santo Evangelho, a Palavra de Deus pregada por Cristo. (...) Sabemos, então, que a alma pode prescindir de tudo, menos da Palavra de Deus. Fora dela, nada existe com que auxiliar a alma. Uma vez porém, que a alma possua a Palavra de Deus, de nada mais necessitará, pois na Palavra de Deus encontrará suficiente alimento, alegria, paz, luz, conhecimento, justiça, verdade, sabedoria, liberdade e toda sorte de bens em abundância... Mas como é que, havendo a Sagrada Escritura prescrito tantas leis, mandamentos, obras e ritos, somente a fé pode justificar o homem sem necessidade de tudo aquilo, e, mais ainda, pode conceder-lhe tais benefícios? A esse respeito dever-se-á ter bem em conta, sem jamais esquecer, que só a fé sem obras, justifica, liberta e redime... Uma vez que o homem tenha visto e reconhecido, pelos mandamentos, sua própria insuficiência, será acometido de temor, pensando em como satisfazer às exigências da Lei, já que é mister cumpri-la, sob pena de condenação; e sentir-se-á humilhado e aniquilado, sem encontrar em seu interior algo com que justificar-se. É então que a outra palavra, a promessa divina, intervém e diz: 'Desejas cumprir os mandamentos e ver-te livre da cobiça má e do pecado, como os mandamentos exigem? Crê em Cristo, nele te prometo graça, justificação, paz e liberdade plenas. Se crês, já as possuis, mas se não crês, nada tens'. Porque tudo aquilo que jamais conseguirias com as obras dos mandamentos, que são muitas, sem que nenhuma valha, conseguirás facilmente por meio da fé. Vemos assim que a fé é suficiente ao cristão, sem que precise de boa obra alguma para ser justo. De onde se deduz que se não tem necessidade de nenhuma boa obra, é porque também já está desligado de todo mandamento ou lei; e se está desligado disto, será por conseguinte livre.

Eis a liberdade cristã: ela está na fé única, que não nos converte em ociosos ou maldosos, antes, em homens que não necessitam de obra alguma para obter a justificação e a salvação".[3]

No terceiro opúsculo, de 1520, *O Cativeiro babilônico da Igreja* (De captivitate babylonica ecclesiae), Lutero desenvolve as principais consequências eclesiológicas da sua nova concepção da justificação: sendo esta operada direta, imediata e exclusivamente por Deus, todas as estruturas que na Igreja de Roma eram destinadas a mediar a salvação não têm mais razão de ser. Por isso, nada de Papa, nada de bispos, de santos, de relíquias, de indulgências etc. Também dos sete sacramentos somente dois merecem ser conservados: o batismo e a ceia do Senhor. Sua função, porém, não é causar a salvação, como ensinava a Igreja de Roma, mas somente significá-la. Por isso, sublinha Lutero, o que é mais importante, tanto no batismo como na ceia, não são as cerimônias, mas as palavras com as quais se anuncia a promessa salvífica de Deus.

"No batismo deve-se observar antes de tudo a promessa divina: 'Aquele que crer e for batizado será salvo'. Esta promessa é infinitamente mais importante do que todas as pompas das obras, os votos, as cerimônias religiosas e tudo o que os homens introduziram no sacramento. De fato, a nossa salvação depende totalmente da promessa de Deus: devemos observá-la, acendendo a nossa fé nela sem duvidarmos, depois do batismo, de que seremos salvos. Se esta fé não arder e não for pronta, o batismo não servirá para nada, será, antes, prejudicial, não só no momento em que é recebido, como também por toda a vida".[4]

Também na Ceia o que é mais importante é a palavra do Senhor: Apara se chegar com segurança a compreender livre e plenamente a natureza deste sacramento, é necessário antes de tudo que, fazendo abstração de todas as exterioridades acrescentadas pela devoção e pelo fervor dos homens à primitiva e simples instituição do sacramento, tais

---

[3] *Id., De libertate Cristiano,* Edição de Weimar, VII, 21ss. Cf. *Da liberdade cristã*, Editora Rotermund, São Leopoldo, (RS), 1959 (tradução do Prof. Leônidas Boutin e do pastor Heinz Soboll), 13, 14, 18-19, 20.

[4] Lutero, *De captivitate babylonica ecclesiae,* Edição de Weimar, VI, 527.

como os paramentos sagrados, os ornamentas, os cânticos, as orações, o órgão, as velas e toda a pompa das coisas visíveis, dirijamos o espírito e os olhos para a pura e simples instituição de Cristo e que não nos proponhamos nenhuma outra coisa senso as próprias palavras com as quais Cristo instituiu, realizou e nos recomendou o sacramento. Pois a força, a natureza e toda a substancia da missa estão nas palavras de Cristo e não em outra coisa".[5]

Como se pode ver bem destas palavras, Lutero condenou todas as deformações e incrustações que se tinham introduzido na administração dos sacramentos.

Hoje qualquer criança que se prepare para a primeira eucaristia é logo instruída nessas coisas e sabe que a essência dos dois sacramentos consiste nas palavras de Jesus: "Eu te batizo em nome..." e "Isto é o meu corpo... este é o cálice do meu sangue..."

Em 1520 deu-se a ruptura definitiva de Lutero com Roma. Nos primeiros meses do ano a Cúria já tinha concluído o processo contra os reformados. Na bula "Exurge Domine" (15 de junho de 1520), foram condenadas 41 teses de Lutero, em parte como heréticas, em parte como falsas e escandalosas; foi ordenada a destruição dos seus escritos, e tanto ele como seus seguidores foram ameaçados com a excomunhão, caso não se submetessem dentro de sessenta dias. Mas às decisões de Roma Lutero respondeu violentamente com o escrito "Contra a bula do Anticristo" e selou publicamente a sua rebelião contra Roma, queimando a bula de excomunhão na praça de Wittenberg.

No ano seguinte (1521) Lutero foi convocado pelo imperador Carlos V para a dieta de Worms. Munido de um salvo-conduto, o reformador apresentou-se em Worms no dia 17 de abril e compareceu à dieta no mesmo dia. Convidado a retratar-se, pediu tempo para refletir, mas no dia seguinte declarou que a sua consciência neo lhe permitia retratar-se enquanto não lhe fossem apresentadas provas escriturísticas; afirmou também que o Papa e os concílios podiam enganar-se e concluiu com as palavras solenes do juramento: "Assim Deus me ajude! Amém". Foram estas as suas últimas palavras em relação a uma sua possível reconciliação com Roma.

Banido pelo edito de Worms do imperador Carlos V, foi acolhido no castelo de Wartburg pelo príncipe Frederico da Saxônia e, colocando-

---

[5] *Id., ibid.,* 513.

-se sob a sua proteção, traduziu para o dialeto saxão, que depois se tornou a língua nacional alemã, primeiro o Novo Testamento e depois toda a Bíblia.

As duas concepções da salvação e da Igreja eram antitéticas: a de Roma baseava-se na substancial bondade da natureza, na colaboração do homem e em uma vasta participação de intermediários (sacerdotes, sacramentos, santos, orações, indulgências etc.); a de Lutero apoiava-se na total corrupção da natureza humana, na impossibilidade de qualquer cooperação e, por isso, na inutilidade de qualquer fortuna de mediação.

Não encontrando lugar na Igreja de Roma, Lutero fundou uma nova igreja, à qual procurou dar o caráter universal da primeira, mas não teve êxito. E assim, em vez da suspirada reforma, o que se viu foi uma trágica divisão.

3. Ulrich Zuínglio

O movimento reformista lançado por Lutero não se deteve no Reno, mas se alastrou rapidamente pela Suíça, pela França e pelos Países Baixos. Na Suíça teve valorosos defensores como Ulrich Zuínglio e João Calvino.

Zuínglio (1484-1531) nasceu em Wildhaus (Cantão de São Galo), de família abastada. Fez os primeiros estudos em Basileia e Berna, e os estudos superiores em Viena e depois em Basileia, onde, em 1506, obteve o "Magister Sententiarum" (o título de "Mestre nas Sentenças" de Pedro Lombardo). No mesmo ano foi ordenado sacerdote e destinado à paróquia de Glarona, na qual desempenhou com dedicação suas funções pastorais, sem descurar, por isso, os estudos e os contatos com o mundo da cultura, tornando-se um convicto fautor do humanismo.

Em 1516 foi transferido para a abadia de Einsiedeln como capelão. Naquele santuário, a exuberância das práticas religiosas, que, nos fiéis, raiava pela superstição e, no clero, pelas práticas simoníacas, chocou profundamente o espírito do jovem sacerdote, preparando-o para as ideias da Reforma que não tardariam em vir da Alemanha.

Datam deste período seus primeiros contatos com Erasmo, do qual se tornou grande admirador e em larga escala também seguidor.

Em 1519 foi transferido, como cura da catedral, para Zurique, onde em suas pregações, começou a criticar com insistência as idulgências e a comentar a Sagrada Escritura segundo o "evangelho puro", inspirando-se nos escritos de Lutero, que ele considerava substancialmente na linha do reformismo erasmiano ou pelo menos não em antítese com ele. Mais tarde atacou também o celibato eclesiástico e o jejum e começou a conviver com uma viúva, a qual desposou publicamente em 1524. A partir de 1522 começou a criticar cada vez mais radicalmente a devoção a nossa Senhora e aos santos, a autoridade dogmática e disciplinar dos concílios e dos papas, o culto das imagens, a missa como sacrifício. Em vista disso, o bispo de Constança proibiu-o de pregar, acusando-o de heresia.

Zuínglio defendeu-se em dois escritos, *Commento e prova di 67 conclusioni* (Comentário e prova de sessenta e sete conclusões) e *Breve introduzione cristiana* (Breve introdução cristã, ambos de 1523), nos quais expôs as razões do seu ensinamento. O governo de Zurique colocou-se do seu lado, desobrigou-o da obediência ao bispo de Constança, introduziu a língua alemã na liturgia e aboliu o celibato eclesiástico.

Em 1525 Zuínglio publicou o *Commentarins de pera ei falsa religione* (única exposição sistemática de sua teologia). Nela desenvolve doutrinas já tratadas em obras anteriores, especialmente a sua concepção simbólica dos sacramentos, inclusive do batismo e da eucaristia, negando, quanto a esta última, a presença real de Cristo, mantida por Lutero. A eucaristia é, assim, para Zuínglio, não renovação, mas simples comemoração do sacrifício de Cristo. Em 1526, no *Sermão sobre o Sacramento do Corpo e do Sangue contra os Fanáticos,* Lutero atacou o simbolismo eucarística de Zuínglio. Este, por solicitação dos teólogos de Estrasburgo, desejosos de um entendimento entre os dois maiores expoentes da Reforma, respondeu com moderação em um escrito intitulado *Amica exegesis* (1527). Mas Lutero replicou com muita aspereza. Não conseguiu reaproximá-los nem o debate sobre religião, realizado em Hamburgo em 1529, o qual veio somente confirmar a profunda divergência em relação à presença real que separava os dois "deformadores", que tinham uma formação cultural (nominalista Lutero, realista e humanista Zuínglio) muito diferente para que pudessem entender-se.

Graças, entretanto, ao apoio do governo de Zurique, a doutrina de Zuínglio tinha-se difundido rapidamente também pelos cantões vizinhos: Basileia, Bema, São Galo, Constança, Grisões, Valésia. Mas esta expansão do zuinglianismo, que, sob as vestes de reforma religiosa, pretendia também dar unidade nacional à Suíça, provocou a resistência dos cantões primitivos de Uri, Schwitz e Unterwald e dos de Lucerna e Friburgo, mais firmes em suas tradições religiosas e mais ligados a Roma, os quais se uniram na aliança político militar *Valesia* (1528). Quando as cidades reformadas, sob proposta de Berna, decidiram fechar a importação de víveres para os cantões católicos através de seus territórios, estes recorreram às armas e na batalha de Kappel (11 de novembro de 1531) desbarataram o exército de Zurique, abandonado por seus aliados. No combate caiu também Zuínglio: o seu cadáver foi esquartejado e dado às chamas.

Quanto à visão teológica, a de Zuínglio tem muitos elementos em comum com a de Lutero nas *negações,* mas é muito diferente dela nas *afirmações.* De fato, o motivo que levou Zuínglio à Reforma é exatamente o contrário do de Lutero. Este último era movido por razões fideístas: a incapacidade do homem e a onipotência de Deus, em virtude das quais o homem e Deus estão separados por um abismo tão grande que nenhuma série de intermediários jamais poderá transpor. Zuínglio, ao contrário, apoiava-se em motivos racionalistas e humanísticos: a bondade essencial do homem, que faz com que ele não precise de nenhuma série de impulsos para subir até Deus, porque está em condições de fazê-lo sozinho. A tendência racionalista da reforma zuingliana pode ser notada imediatamente nas seguintes doutrinas: redução do pecado original a um simples vício hereditário não merecedor de condenação eterna e sem diminuição das forças éticas do homem; valor positivo da Lei e não meramente negativo; felicidade eterna acessível também aos sábios pagãos que tivessem praticado a lei moral natural.

Lutero e Zuínglio estão muito longe um do outro tanto pelos motivos teológicos que os inspiraram quanto pelos objetivos que se propuseram com a Reforma: enquanto Lutero quer responder à questão "como serei salvo", Zuínglio se propõe outra: "como será salvo o meu povo?". "A grande preocupação de Lutero, tanto em Erfurt como em Wittenberg, era a salvação de sua alma. Não era certamente uma angústia egoísta, porque se pode dizer que ele tomou sobre si a angústia de toda a sua época. Mas o que constituía o tormento de Zuínglio era a salvação do seu povo".[6]

---

[6] Courvoisier, J., *Zwingli, théologien réformé,* Edições Delachaux & Niestlé e Neuchâtel, 1965, 16.

4. João Calvino

O prematuro desaparecimento de Zuínglio e a dura derrota sofrida por seus seguidores não permitiram que a sua visão teológica se concretizasse em uma igreja, como sucedera com a de Lutero. Tanto mais que apenas um lustro depois de sua morte apareceu na Suíça, sua pátria, a figura de outro grande reformador, Calvino, o qual atraiu logo para a sua órbita os discípulos de Zuínglio.

João Calvino (1509-1564) nasceu em Noyon, na França, de uma família abastada. Estudou teologia e direito em Paris; em 1529 deixou esta cidade e os estudos humanístico teológicos e foi para Orléans, onde encontrou um parente que já tinha abraçado as ideias luteranas, pelas quais também se sentiu logo fascinado.

Em 1531 depois da morte do pai, voltou para Paris, mas pouco tempo depois foi obrigado a afastar-se por causa de sua adesão às ideias reformistas. Refugiou-se em Basileia, onde trabalhou na elaboração de sua obra fundamental, *a Institutio religionis christianae*, terminada em 1536. No mesmo ano iniciou, como que por acaso, a sua atividade pública a favor da Reforma.

No dia 5 de agosto achava-se de passagem em Genebra, onde tinha a intenção de permanecer apenas um dia. Mas o pregador zuingliano Farel soube de sua presença e o esconjurou a pregar o Evangelho às populações ignorantes da Suíça. Calvino procurou eximir-se dizendo-se muito jovem, ao que Farel replicou: "A maldição de Deus te aniquilará se te recusares a prestar-lhe a tua ajuda e procurares mais a ti mesmo do que a sua glória". A ameaça persuadiu Calvino a aceitar o convite. Interrompeu a viagem e se pôs a pregar com energia excepcional e com severidade sem igual. A resistência encontrada fê-lo partir para o exílio, mas pouco tempo depois voltou como dominador. Estabeleceu então uma disciplina férrea e transformou a cidade em centro de elaboração doutrinal e de técnica propagandística, que irradiava para os países empenhados nas lutas religiosas, da França à Holanda, da Escócia à Hungria e à própria Itália, pastares e pregadores, todos formados do mesmo modo.

Moveu luta feroz contra toda espécie de abusos (inclusive ao jogo de cartas e dados e à representação de peças teatrais etc.) e prendeu e condenou à morte não só os papistas como também os livres-pensadores. A luta durou mais de um decênio. Só nos últimos anos, quando a igreja de Genebra e a própria cidade funcionavam perfeitamente de acordo com o seu programa, atenuou ele um pouco seu rigor e aboliu algumas restrições.

Como os outros reformadores, Calvino condenou o celibato eclesiástico e por isso, em 1540, contraiu matrimônio com Idelette von Bueren.

Além de ocupar-se com a organização e a formação da nova comunidade (para a qual escreveu, em 1542, o *Genfer Cathechismus*) e com a sua direção (para a qual redigiu, em 1541, as célebres *Ordonnances ecclésiastiques*), dedicava-se ainda ao estudo da Sagrada Escritura e à composição de numerosos comentários aos livros do Antigo e do Novo Testamentos e à reelaboração das *Institutiones* (da qual a quarta e última edição apareceu em 1560).

O núcleo da teologia de Calvino é a *doutrina da predestinação* ao paraíso ou ao inferno independentemente das boas obras ou de qualquer mérito que o homem possa adquirir nesta vida. Nas *Institutiones* faz um estudo vasto e minucioso sobre a predestinação, mas apresenta-a desde o começo como totalmente óbvia: "É evidente que é por vontade de Deus que sucede que a salvação é concedida a alguns e negada a outros" (*Inst.*, III, 21, 1). Para salvar os predestinados ao paraíso Deus enviou seu Filho ao mundo.

Não é difícil perceber que esta doutrina sobre a predestinação não é mais do que uma radicalização e uma consequência lógica da concepção luterana da salvação como obra conclusiva, direta e imediata de Deus. Calvino dissipou, porém, aquela aura de mistério que Lutero ainda soubera conservar.

Mais radical do que Lutero, na doutrina da justificação, Calvino o é também em outras coisas.

Elimina toda a hierarquia eclesiástica, inclusive os sacerdotes, democratizando completamente a sua estrutura. É a aplicação rigorosa do princípio do sacerdócio universal. Apesar disso, aceita várias funções a fim de assegurar a boa organização da igreja: as funções de pastor, mestre, diácono e ancião. O governo da congregação compete aos anciães, e o de toda a igreja, a um *Concistorium* (Consistório), formado por representantes dos pastares e dos anciães.

Calvino reduz os sacramentos a dois, como fizera Lutero: batismo e ceia. Mas, à diferença deste último, não aceita a presença real de

Cristo na Eucaristia, embora reconheça que na consumação do pão e do vinho, graças à fé do cristão, estabelece-se entre ele e Cristo uma união profunda.

Com referência a Lutero, Calvino acentua o caráter demonstrativo da justificação, que se completa com as boas obras: este é o sinal certo da predestinação. Desta teoria procede aquele tom de marcado puritanismo e moralismo que caracterizava em toda parte a comunidade calvinista. Ela não podia admitir em seu seio nem pecadores, nem hereges, nem livres-pensadores; os seus membros deviam dar-se inteiramente ao trabalho, ao estudo, ao comércio e à mais escrupulosa observância das leis morais e civis.

Esta interpretação ética do princípio da predestinação teve papel importante na origem e no desenvolvimento do capitalismo.[7]

5. Philipp Melanchton

O quarto fundador, pilastra e máximo expoente da Reforma protestante, é Philipp Melanchton (1497-1560). Seu nome de família era Schwarzerd, mas, seguindo a moda dos humanistas, ele o modificou para Melanchton. Philipp nasceu em Bretten, no Palatinado (Alemanha); era filho de um armeiro e bisneto do grande humanista Renchlin.

Depois de ter estudado em Heidelberg e Tubinga, conseguiu, aos 17 anos, a láurea em filosofia. No ano seguinte obteve a cátedra de grego na Universidade de Wittenherg, tornando-se assim colega de Lutero. De grande cultura, de temperamento brando e reflexivo, de excepcional capacidade dialética, o jovem professor tornou-se logo um companheiro inseparável do monge agostiniano e a figura de maior destaque e importância, depois dele, da primeira geração de reformadores.

Depois de ter aderido com íntima convicção às posições de Lutero, a sua importância cresceu tanto que ele veio a ser o autor do primeiro tratado de teologia luterana com os seus *Loci communes reram theologicarum seu hypotiposes theologicae* (1520-1521).

Em 1522 enfrentou em Wittenberg o radicalismo iconoclasta dos anabatistas e de alguns discípulos fanáticos de Lutero que estavam

---

[7] Cf. Tawney, R. H., *Religion and the rise of Capitalism*, Nova Ioque, 1926.

transformando a Reforma em uma completa subversão de todos os valores. Para deter sua ação desagregadora induziu Lutero a sair de seu refúgio de Wartburg para intervir com sua autoridade e com sua energia.

Em seguida Melanchton dedicou-se à organização da Igreja luterana, à reforma dos estudos e à reorganização de muitas escolas e universidades; deu normas para evitar as consequências laxistas do princípio da *sola lides* (só a fé), insistindo na prática das boas obras enquanto ordenadas por Deus, embora não tenham valor salvífico. Esta tendência conservadora pode ser notada de modo bastante significativo também na *Confessio angustana* (Confissão de Augsburgo, 1530), redigida por ele a pedido do príncipe eleitor da Saxônia, para a Dieta de Augsburgo, na qual os pontos de divergência com o catolicismo são silenciados ou dissimulados, e a Reforma é apresentada como de natureza essencialmente prática, enquanto eliminação de abusos que se tinham infiltrado na Igreja católica, especialmente por culpa da Escolástica. O mesmo espírito de conciliação guiará Melanchton em todo o processo de separação entre a Igreja evangélica e a Igreja de Roma.

Entrementes várias e não pequenas divergências surgiram entre ele e Lutero; mas isso não o impediu de permanecer ao lado do pai da Reforma até seu fim (1546). Não lhe coube, todavia, a herança espiritual de chefe da Reforma por causa do seu moderantismo, que o expunha a contínuos ataques e críticas: de um lado era acusado de criptocalvinista (por causa de sua negação da presença real), por outro, de papista (por causa de sua doutrina sobre a justificação e o livre-arbítrio).

A sua doutrina, como a de Lutero, tem como princípio material a justificação sem as obras e como princípio formal a *sola scriptura* (só a Escritura). Ela é principalmente exegese da Bíblia, uma exegese eminentemente literal (em oposição à exegese alegórica, cara aos Padres da Igreja e aos escolásticos).

O distânciamento de Lutero prende-se à interpretação do princípio da justificação sem as obras. Melanchton recusa-se a interpretá-lo na forma de radical determinismo divino em relação à salvação e afirma certa capacidade do livre-arbítrio para fazer o bem. A salvação do homem exige a sua cooperação, embora não se possa propriamente falar de méritos. As boas obras são necessárias para a vida eterna como consequência natural da conversão do pecador.

Apesar das resistências iniciais, foi grande a influência de Melanchton na teologia protestante sucessiva, especialmente durante o período da Ortodoxia (o que vem logo depois do período dos fundadores do protestantismo). Pode-se mesmo dizer que "é Melanchton quem põe as bases da *ortodoxia* luterana como uma exigência da igreja, com referência às profissões de fé, a ser considerada como genuína formulação do pensamento da Sagrada Escritura, norma e limite do ensinamento. Assim, no quadro da reforma luterana, Melanchton impôs a sua personalidade como a do sistemático ao lado da figura de Lutero, que representa nela a do despertador".[8]

6. Síntese crítica da Reforma protestante

Como dissemos no início do capítulo, a Reforma protestante foi antes e acima de tudo um acontecimento religioso. Em consequência disso, ela deve ser estudada e julgada segundo critérios religiosos, mais precisamente, segundo os critérios da fé cristã, cujo espírito original a Reforma se propunha restabelecer.

Positiva em suas intenções, a Reforma infelizmente acarretou para o cristianismo consequências bastante graves, que nem os estudiosos de fé evangélica podem negar. A mais dolorosa de todas foi a ruptura da unidade estrutural da Igreja e da unidade espiritual da Europa. Em sua biografia de Carlos V, o historiador inglês E. Lewis observa que antes de 1517 a Europa era una: "tinha a mesma fé universal, a mesma filosofia, a mesma civilização, os mesmos princípios morais e sociais, os mesmos instrumentos de pensamento e de expressão".[9] Depois de 1517 todo este precioso tesouro espiritual se perdeu, com consequências gravíssimas para a Europa e para o mundo inteiro, contando-se entre as mais desastrosas as seguintes: dois séculos de guerras religiosas na Alemanha, na França, na Inglaterra, na Bélgica e na Holanda, coisa morticínios e ruínas indescritíveis; descristianização da sociedade, primeiro na Europa e depois em todo o mundo, uma vez que a divisão religiosa levou à tolerância, a tolerância ao relativismo e o relativismo ao indiferentismo e ao ateísmo; o malogro da conversão à fé cristã

---

[8] Bendiscioli, M., *"Melantone"* in Enciclopedia cattolica, III, 634.
[9] Lewis, E., *Carlo V,* Dall'Oglio, Milão, 8.

(por causa do desinteresse das nações protestantes por este objetivo) da Índia, da China, do Japão e da África.[10]

Na esfera doutrinal, ao lado de reivindicações legítimas e oportunas como maior pureza da fé, empenho pessoal mais profundo, maior liberdade de consciência, Lutero e os outros reformadores sustentaram teses bastante discutíveis, as quais, em todo caso, conduziram a uma revisão substancial da natureza e da função da igreja, isolando-a completamente do mundo e reduzindo-a a uma associação exclusivamente espiritual.

Com referência à filosofia, quase todos os reformadores demonstraram para com ela forte hostilidade, embora depois, na prática, não tenham podido evitar de servir-se dela na elaboração de suas doutrinas teológicas (na explicação dos mistérios da Trindade e da Encarnação, dos sacramentos etc.). A sua profunda desconfiança na capacidade da razão para alcançar a verdade nas questões mais importantes exerceu papel decisivo na evolução da filosofia moderna: contribuiu para fazê-la redimensionar as pretensões metafísicas da razão, levando-a a desembocar na posição kantiana de redução da área da razão ao campo dos fenômenos. Em resumo, aqueles que vão ser os pontos mais notáveis da filosofia moderna: a autonomia da razão, o espírito crítico e a condenação da metafísica já são vigorosa e explicitamente afirmados pelos reformadores.

Pode-se dizer, finalmente, que a concepção religiosa trazida pela Reforma protestante exerceu influência decisiva na evolução do pensamento moderno, principalmente nos países protestantes. Alguns aspectos do pensamento de Kant, Hume, Fichte, Hegel, Feuerbach, Nietzsche podem ser compreendidos somente se situados na atmosfera espiritual criada pelo protestantismo. Mas, com o passar do tempo, alguns princípios da Reforma (em particular o da liberdade de consciência e o da separação entre a esfera espiritual e a temporal) tornaram-se patrimônio comum de toda a cultura moderna.

---

[10] *Id., ibid.*, 10ss.

BIBLIOGRAFIA

LEONARD E. G., *Storia del protestantesimo* Milão, l971, 4 v.; STROHL, H., *Il pensiero dellá Riforrna*, Bolonha, 1971; EBELING G., *Lutero, un nuovo volto*, Bréscia, 1970; AGNOLETTO, A. *La filosofia di Lutero*, Milão 1961; ISERLOH, E., *Lutero tra riforrna cattolica e protestante*, Bréscia, 1970; COURVOISIER, J., *Zwingii, théologien réformé*, Nenchatel, 1965; FRESCHI R., *Giovanni Calvino*, Milão 1934, 2 v.; NIESEL, W., *The theology of Calvin*, Filadélfia, 1956; LUETHY, H., *Da Cálvino a Rousseau*, Bolonha, 1971; AGNOLETO, A., *Martin Lutero*, Esperienze, 1972.

III
OS FILÓSOFOS DA REFORMA CATÓLICA
OU DA Contrarreforma

1. Os motivos inspiradores da Reforma católica

Examinamos, no início do capítulo anterior, a situação à qual a Igreja tinha sido reduzida e as graves feridas que a afligiam. No começo do século XVI, com Alexandre VI, este fenômeno desolador chegara ao extremo da baixeza.

No século XV, alguns homens da Igreja, cheios de zelo, como Bernardino de Sena e Girolamo Savonarola, pediram, em vão, uma solícita e profunda renovação da Igreja e de suas estruturas e uma conversão interior de todos os seus membros. No início do século XVI, alguns espíritos mais clarividentes e fervorosos procuraram trazer remédio aos males da Igreja fundando novas ordens religiosas: Matteo da Bascio fundou a Ordem dos Capuchinhos, Inácio de Loiola a dos Jesuítas, Caetano de Tiene a dos Teatinos, Antônio M. Zacaria a dos Barnabitas, Jerônimo Emiliano a dos Somascos etc. Mas quando as suas iniciativas tinham apenas começado a dar os primeiros frutos rebentou a reação violenta contra a Igreja de Roma promovida por Lutero e Calvino. Eles se recusavam a reconhecer no Papa, na cúria e em todas as outras estruturas tradicionais (sacramentos, culto dos santos, peregrinações, indulgências etc.) intermediários válidos entre o homem e Deus, proclamavam a liberdade de consciência diante de qualquer doutrina e autoridade eclesiástica e reconheciam a todo cristão o direito de regular diretamente e por si mesmo suas relações com Deus.

A muitos homens da Igreja este remédio parecia, contudo, pior do que o mal que se queria curar. Nos países latinos, nos quais não havia, como nos de língua alemã, motivos para uma oposição política à Igreja de

Roma, procurou-se também reformá-la, mas partindo-se do seu interior. Convocou-se para isso um concílio ecumênico, que se reuniu em Trento e que, em seus vinte anos de intensos e inflamados debates, fixou com firmeza e precisão os pontos fundamentais da fé católica, em particular os mais contestados pelos protestantes: a necessidade dos sacramentos, da hierarquia e do magistério eclesiástico, o valor sacrifical da missa, a importância das boas obras etc.; reafirmou-se a disciplina como clara expressão da vontade de liceus (consolidando-se deste modo, além das bases da Igreja, também as do Estado e fornecendo-se uma motivação teológica ao absolutismo estatal); cuidou-se de melhorar a formação do clero com a criação dos seminários; instituiu-se a vigilância sobre as publicações de livros de caráter religioso e moral, mediante a introdução do *Index* dos livros proibidos.

A Contrarreforma, como é chamada a reforma católica, começada no Concílio de Trento, não teve somente caráter conservador, como pode parecer, à primeira vista, isto é, não se contentou em defender a tradição romana, mas promoveu também alguns valores humanos fundamentais que tinham sido renegados pelos Reformadores. Estes, para celebrarem o poder de Deus, tinham praticamente destruído o homem, negando à razão a capacidade de atingir o transcendente, e privando-o da liberdade. Uma das obras mais importantes de Lutero traz o título muito significativo de "De *servo arbitrio*" (Do servo arbítrio), e uma das teses mais famosas de Calvino é a da "predestinação" de alguns à salvação eterna e de outros à condenação eterna.

Diante de tais aberrações, a Igreja de Roma tomou a defesa da dignidade humana e reconheceu ao homem a capacidade tanto de conhecer a verdade como de praticar o bem. A estes princípios básicos do catolicismo procuraram dar configuração filosófica, desenvolvendo-os especialmente em sentido ético e político, alguns pensadores católicos dos séculos XVI e XVII, particularmente Tomás de Vio, chamado Caetano, Francisco de Vitória, Francisco Suarez e Tommaso Campanella.[1]

---

[1] Neste capítulo incluímos também Campanella — apesar de durante longo período de sua vida ter sido ele mais vítima do que batalhador da Contrarreforma — porque seus escritos mais maduros refletem as instâncias da reforma católica.

2. Caetano (Tomás de Vio)

Tomás de Vio, chamado *Caetano* (1468-1533), nasceu em Gaeta *(Caieta)*; aos 16 anos entrou para a ordem dos dominicanos e começou os estudos em Nápoles, continuando-os em Bolonha e Pádua. Nesta cidade conseguiu o bacharelado e, em 1494, a cátedra de metafísica tomista. Aos quarenta anos foi nomeado Geral de sua ordem. Teve papel importante nos primeiros tempos da Reforma quando foi enviado à Alemanha pelo papa Leão X, na qualidade de legado papal, para discutir com Lutero o problema das indulgências e as outras questões levantadas pelo monge alemão. Mas o encontro neo produziu resultado positivo. Apesar das muitas e pesadas obrigações que lhe impunha o cargo de Geral, encontrou tempo para escrever 157 obras de filosofia, teologia e exegese.

Caetano é conhecido principalmente como comentador de santo Tomás, mas comentou também, amplamente, Aristóteles. Os seus comentários distinguem-se por uma extraordinária agudeza e profundidade. Do ponto de vista teorético, a sua posição é mais próxima da do filósofo grego do que da do doutor cristão como se pode ver claramente pelo modo de tratar o problema da imortalidade da alma e da existência de Deus, problemas para os quais julga ele que não se podem encontrar argumentos apodíticos.

A sua obra mais célebre é o *De nominum analogia,* um tratado sobre a analogia dos nomes divinos. "A compreensão desta doutrina é tão necessária", escreve Caetano, "que sem ela ninguém pode estudar metafísica, e quem a ignora se expõe a muitos erros em outras ciências". Caetano sustenta o caráter analógico da linguagem religiosa e rejeita tanto a posição dos que dizem que as nossas expressões têm um sentido totalmente diferente, conforme sejam aplicadas a Deus ou às criaturas, como a daqueles que sustentam que elas têm o mesmo sentido. A posição dos primeiros leva ao agnosticismo, a dos segundos, ao panteísmo. Afirmando o caráter analógico, Caetano deseja salvaguardar ao mesmo tempo a capacidade da razão humana para falar de Deus de modo significante e da transcendência divina. A analogia consegue isso porque afirma que, quando os nossos termos são aplicados a Deus, correspondem só parcialmente ao sentido que têm quando aplicados às criaturas: a correspondência diz respeito ao conteúdo (perfeição predicado); a dessemelhança, ao modo (de predicar). Entre os vários modos de predicação analógica, o mais apropriado para a interpretação da linguagem religiosa, segundo Caetano, é o da analogia de proporcionalidade. Segundo esta analogia, quando queremos descobrir o sentido, por exemplo, da proposição "Deus é pessoa", devemos construí-la na forma da proporcionalidade, do modo seguinte: o conceito da pessoa está para Deus como está para o homem. De um lado, a proporcionalidade mostra que o termo *pessoa* convém tanto a Deus como ao homem; do outro, permite manter a distância infinita entre o homem e Deus.

3. Francisco de Vitória

Francisco de Vitória (1483-1546), de nacionalidade espanhola, entrou ainda jovem para a ordem dominicana e, terminados os estudos, exerceu a atividade docente em Paris. De 1526 até a morte ensinou em Salamanca irradiando deste centro cultural suas doutrinas ético-jurídicas. A sua obra mais célebre são as *Relectiones theologicae*, coleção de teses que ele, como os outros professores da Universidade, tinha defendido em público uma vez por ano, durante seus vinte anos de magistério.

Sua contribuição mais importante e duradoura situa-se no campo do direito, particularmente do direito internacional, do qual ele é considerado o fundador. A respeito da origem e da natureza do Estado Vitória segue muito de perto Aristóteles e santo Tomás. Atribui ao Estado origem natural porque o homem é tal que não pode conseguir sua plena perfeição a não ser em união e colaboração com seus semelhantes. Quanto à sua natureza, o Estado é sociedade perfeita (perfecta communitas), isto é, plenamente auto suficiente, tem fim próprio (o bem de todos os cidadãos) e meios adequados para consegui-lo (leis, estruturas políticas, jurídicas, penais etc.). Além do bem comum, o Estado deve promover também a virtude dos cidadãos e defender e tutelar os direitos de cada um. Com isso Vitória opunha-se a uma concepção que então se estava formando: a do absolutismo do Estado.

Embora as nações sejam auto suficientes, independentes e soberanas, são obrigadas por direitos e deveres mútuos, os quais procedem, em parte, do direito natural e, em parte, de convenções especiais. O primeiro e fundamental direito de cada nação é o de conservar a própria existência e a própria vida. Por isso, escreve Vitória, se as tribos indígenas da América se achassem em tal estado de civilização, leis, magistrados, recursos econômicos e atividades comerciais que pudessem ser consideradas como verdadeiras nações, auto suficientes e independentes, os espanhóis não teriam podido reduzi-las ao estado de colônias. Outros direitos entre as nações são: a livre circulação dos cidadãos de uma nação para outra e a liberdade de comércio e de navegação. O conjunto de todos os Estados do mundo forma, para Vitória, uma sociedade internacional, à qual é imanente uma verdadeira e própria autoridade de governo. Vitória falou também de uma autoridade internacional, mas não especificou qual fosse ou pudesse ser em concreto seu órgão administrativo.

A violação dos direitos internacionais dá lugar à guerra. Vitória estudou atentamente este problema e foi um dos primeiros a formular o "direito de guerra" (*jus belli*). Afirma antes de tudo que o uso da força deve ser considerado como a *extrema ratio* (a última razão), isto é, que, antes de se optar pela guerra, é necessário envidar todos os esforços para evitá-la. Para decidir sobre a necessidade de se recorrer à força, o chefe do Estado não se deve guiar por motivos pessoais, mas deve proceder a acuradas e longas consultas com homens probos e prudentes. A única causa de guerra justa é a *injuria accepta,* a injúria recebida. Por isso, a única guerra justa é a de legítima defesa. Na guerra, nem tudo é lícito e permitido, mas somente o que repara a ofensa e assegura a paz. Não é permitido matar inocentes, reféns e prisioneiros. Nem saquear e roubar. O direito de represália, embora teoricamente admissível, é perigosíssimo na prática. Ocupar parte do território inimigo e depor e substituir seus governantes, depois de terminada a guerra, só é permitido quando não há outros meios para se assegurar a manutenção da paz.

4. Francisco Suarez

Francisco Suarez (1548-1617) entrou para a Ordem dos Jesuítas quando estudava na universidade de Salamanca. Com apenas vinte anos e antes de terminada sua formação filosófica, lançou as bases de sua grande obra, as *Disputationes metaphysicae,* o primeiro tratado sistemático completo de todas as questões discutidas pela filosofia escolástica, independente tanto da teologia como do texto de Aristóteles. Com esta obra Suarez constituiu a metafísica em sua especificidade e totalidade. A primeira parte trata do ser em geral e das suas causas; a segunda, dos vários seres: Deus, o homem, o mundo.

Suarez é o pensador mais profundo e original da Contrarreforma. Tentando conciliar o tomismo com as doutrinas dominantes depois de Occam e com as novas teorias que o desenvolvimento da ciência moderna vinha evolvendo, inaugura ele um novo tipo de filosofia escolástica, cujo objetivo principal consiste em realizar uma síntese entre as posições de santo Tomás e o pensamento moderno.

Nesta operação eclética, Suarez deve renunciar a alguns pontos-chave da filosofia do Aquinate: abandona o conceito de ser entendido como perfeição absoluta e considera o ser como algo abstrato que não é mais nem físico nem metafísico; rejeita a distinção real entre essência e existência; entende a matéria e a forma como existentes por si mesmas e não como dois princípios essenciais da realidade material e, para explicar a sua união, postura um "vínculo", um "modo" unificador, de modo que a substância hilemórfica não consta de dois, mas de três elementos. Do mesmo modo que entifica a matéria e a forma para uni-las depois, Suarez entifica a substância e o acidente e os une, de a modo" novo, a coisas já existentes, de modo que o acidente não é individuado pela substancia, mas por si mesmo, e no processo do vir-a-ser um mesmo acidente individual pode passar de uma substancia para outra. Assim, ano que concerne aos elementos, por causa do individual, sacrifica-se a individualidade do todo e faz do ser um aglomerado, um mosaico de elementos sem unidade ontológica. O desejo de conciliar o nominalismo e o realismo faz cair nos inconvenientes de ambos; o esforço para seguir santo Tomás o mais fielmente possível leva a traí-lo em dois sentidos, uma vez que se *realizam os* elementos, que, por si, não são, e se *realiza* o todo, o único que é. Tudo isso, *salva reverentia,* e apesar dos prodígios de engenhosidade, é próprio de uma metafísica inegavelmente decadente. Em compensação Suarez teve o mérito de apresentar a sua antologia com amplidão e método, formando um tratado à parte, ao passo que antes dele ela se achava dispersa em tratados especiais, principalmente teológicos".[2]

Como Vitória, também Suarez desenvolve amplamente a filosofia derivada de santo Tomás e enriquecida durante a Renascença. As questões do direito natural, do direito civil e do direito das gentes são tratadas por ele com extensão e profundidade e com um sentido realista das necessidades do seu tempo e de todos os tempos. A organização

---

[2] Sertillanges, A. D., *Il cristianesimo e le filosofia,* Morcelliana, Bréscia, 1954, II, 20.

das Nações Unidas (ONU) deveria incluir Suarez e Vitória entre seus longínquos antepassados.

5. Tommaso Campanella

Tommaso Campanella (1568-1639) nasceu em Stilo, na Calábria (Itália) e ainda muito jovem entrou para a ordem dominicana, trabalhando nos conventos de Nápoles, Roma e Pádua. Suspeito de heresia por se ter aproximado da filosofia naturalista de Bernardino Telésio, foi reenviado para a Calábria. Compadecido do estado miserável das populações calabresas, exploradas pelos espanhóis, tentou, em 1599, sublevá-las para fundar uma república utópica *(La città del sole)*, nos moldes de sua filosofia naturalista, na qual se praticaria uma religião alheia a toda crença sobrenatural. Preso e transferido para Nápoles para ser processado, conseguiu livrar-se da pena capital fingindo-se de louco; ficou encarcerado durante 27 anos. Durante a prisão deu-se a grande mudança que o levou a ver no catolicismo a forma perfeita de religião; quis dar-lhe então uma filosofia própria e levar o mundo inteiro à unidade religiosa e política sob o pontífice romano.

Solto em 1629, procurou obter do papa Urbano VIII a aprovação de suas doutrinas teológicas, não conseguindo-a, porém, por causa das suspeitas e da inveja de muitos de seus adversários.

Exilando-se em Paris e acolhido na corte da França, deu forma definitiva à sua doutrina e às suas obras principais, compostas, em sua maior parte, na prisão.

Morreu em Paris em 1639. Entre suas obras destacam-se: *De sensu rerum et magia libri IV, De gentilismo non retinendo, Instauratio magna scientiarum, De philosophia seu metaphisica, La città del sole.*

No *De gentilismo non retinendo*, Campanella sustenta que os cristãos souberam criar uma arte cristã, uma política cristã e uma literatura cristã, mas não souberam elaborar uma filosofia cristã. Antes tinham tomado de empréstimo a filosofia de Platão, mais tarde tomaram a de Aristóteles, ambas pagãs, principalmente a segunda.

O aristotelismo é pagão porque coloca a filosofia em oposição à fé, enquanto, segundo Campanella, entre a fé e a filosofia existe profunda harmonia porque a verdade de fé e a verdade filosófica são irradiações da mesma e única Verdade.

Esta íntima harmonia foi perturbada com a introdução do pensamento aristotélico na filosofia cristã; é absolutamente necessário por isso expurgar o aristotelismo do cristianismo e dar a este uma filosofia própria, cristã.

Segundo Campanella, a tentativa feita por Tomás de Aquino neste sentido não foi bem-sucedida, nem poderia sê-lo, porque entre paganismo e cristianismo existe heterogeneidade radical.

A aceitação de Aristóteles, no tempo de Tomás de Aquino, justificava-se por circunstâncias inelutáveis (necessidade de dar uma sistematização às verdades reveladas, ignorância de Platão, irrupção do aristotelismo através dos árabes etc.); mas, em sua época, pensa Campanella, isto não é mais admissível porque o aristotelismo nega verdades fundamentais do cristianismo e está em conflito com as novas descobertas da ciência.

É necessário, por isso, elaborar uma filosofia nova, uma filosofia cristã: é o que Campanella se propõe fazer em suas obras.

Um dos elementos mais interessantes desta filosofia é a doutrina do conhecimento de si, do mundo e de Deus. O conhecimento de si precede e condiciona qualquer outro conhecimento, porque, antes de conhecer as outras coisas, o homem conhece a si mesmo. "A alma e todos os outros seres conhecem originariamente a si mesmos, ao passo que todas as outras coisas eles as conhecem secundária e acidentalmente".[3] O conhecimento imediato que o homem tem de si é inato *(sensus innatus ou inditus).*

Sob o influxo das modificações sensoriais o homem adquire também o conhecimento das coisas. Com isso ele se torna alheio a si, dispersa-se no conhecimento objetivo, no qual ele se considera um objeto como os outros, perdendo a consciência da própria superioridade. O conhecimento que ele tem de si se obscurece e o seu *sensus inditus* (sentido inato) torna-se *sensus ardias* (sentido oculto).

A sabedoria filosófica consiste em reaver o conhecimento de si. Como conseguir isso? Pondo em dúvida os conhecimentos objetivos. Na dúvida o homem encontra a sua certeza: si *fallor, sum* (se me engano, existo); chega-se desse modo à autoconsciência, ao conhecimento certo do próprio ser.

---

[3] Campanella, T., *De philosophia seu metaphisica,* VI, 8, 14.

Na autoconsciência o homem apreende o próprio ser em suas qualidades fundamentais de poder (correspondente ao ato vital de existir), de sabedoria (correspondente ao ato vital de conhecer) e de amor (correspondente ao ato vital da vontade).

O conhecimento do mundo, das coisas, não é imediato, mas mediato.

Os homens conhecem «todas as outras coisas ao conhecerem a si mesmos mudados e tornados semelhantes às coisas pelas quais foram mudados. Por isso, o espírito, ao sentir, não sente o calor, mas a si mesmo em primeiro lugar; sente o calor através da mudança e enquanto é mudado pelo calor".[4]

A percepção das coisas distintas de nós nos é dada por um raciocínio instantâneo.

Das coisas do mundo podemos conhecer somente a existência, não a essência. De fato, o nosso conhecimento é sempre abstrato, e não é possível um conhecimento verdadeiro da essência das coisas mediante conceitos abstratos.

Do conhecimento de si mesmo e do mundo chega-se ao conhecimento de *Deus per viam causalitatis* (pela via da causalidade). Conhecemos que nós e as coisas somos imperfeitos e limitados; a finitude e a imperfeição do homem e das coisas postula a existência do Infinito como causa deles.

Per viam causalitatis conseguimos alcançar não só o conhecimento da existência de Deus, mas também o de sua natureza. Deus como causa 'pré-contém' as perfeições dos seus efeitos. E, observando que nas coisas existe poder, sabedoria e amor, concluímos que Deus é sumo poder, suma sabedoria e sumo amor.

O conhecimento filosófico de Deus prepara o conhecimento revelado, o qual nos faz saber que o poder é o *Pai*, a sabedoria, o *Filho* e o amor, o *Espírito Santo*.

Deus é o ser puro, sem limites, infinito, sem princípio e sem fim; as coisas são compostas de ser e não ser e, por isso, são limitadas e imperfeitos.

Tanto o ser como o não ser são constituídos por três propriedades transcendentais, definidas por Campanella como *primariedades*.

---

[4] *Id., ibid.*

As primariedades do *ser* são: *poder, sabedoria, amor.*
As primariedades do *não ser* são: *impotência, insipiência, ódio.*

Enquanto têm ser, todas as coisas têm poder, conhecimento e amor; enquanto têm não ser, as coisas não podem tudo o que é possível, não conhecem tudo o que é cognoscível e são dotadas não só de amor, mas também de ódio.

A relação do homem com Deus chama-se religião. Campanella distingue três formas de religião: *religio indita* (religião inata), amor natural que impele a alma para Deus; *religio addita* (religião acrescentada), as várias religiões inventadas pelos povos para honrarem a Deus; *religio addita a Deo* (religião acrescentada por Deus), a religião cristã revelada por Crista.

A exigência natural pode encontrar plena satisfação somente no cristianismo, religião sobrenatural: somente nele a *religio indita se reencontra e se aperfeiçoa.*

Com a doutrina que acabamos de expor, Campanella realiza o esforço supremo para compreender a relação entre natureza e sobrenatureza, entre filosofia e religião, segundo a nova sensibilidade naturalista: a sua solução delineia-se em sentido oposto às de Pomponazzi, Telésio e Bruno aproximando-se das de Agostinho de Hipona, Ficino e Pico della Mirandola. Mas, enquanto a visão de Agostinho é fortemente embebida de pessimismo, a de Campanella (como as de Ficino e de Pico della Mirandola) é, segundo as exigências naturalistas e humanísticas da Renascença, toda permeada de otimismo.

É conhecido o pensamento de Campanella a respeito do Estado ideal, pensamento que ele expôs na obra *La città del sole.* Nesta obra propõe uma sociedade universal, perfeitamente comunista, na qual não existe propriedade privada e, por isso, nem guerras nem contendas. Comuns são também as mulheres e as crianças. O governo é teocrático, como perfeita fusão do poder político com o religioso; na chefia do Estado está um *príncipe-sacerdote.*

Como se pode ver, nesta concepção Campanella tomou muito de Platão. Não se deve esquecer, por outro lado, que o significado filosófico de sua obra não está na *Città del sole,* obra pela qual ele é conhecido do grande público e que deve ser considerada um episódio imaturo de sua juventude, mas nas doutrinas que apresentamos acima, nas quais se exprime a plena maturidade do seu pensamento.

BIBLIOGRAFIA

DE RUGGIERO, G., *Rinascimento, riforma e controriforma*, Bari, 1966, 8. ed., PETROCCHI, M., *La controriforma in Italia*, Florença, 1947; GIACON, C, *La seconda scolastica. I, I grandi commentatori di san Tommaso; 11, Precedente teoretiche ai problemi giaridici; III, I problemi giaridico-politici*, Milão, 1944-1950; SOLANA, M., *Historia de la filosofia espanhola en el siglo XVI*, Madri, 1940; GIACON, C., *Suarez* Bréscia, 1945; ITURRIOZ, J., *Estudios sobre la metafísica de F. Suarez*, Madri, l949; SEIGFRIED, H., *Wahrteit und Metaphysik bel Suarez* Bonn, 1967; HENNIG, G., *Cajetan und Luthér*, Estocarda, 1966; CALOGERO, G., *Tommáso Campanella, Prometeo del Rsnascimento*, Messina, 1961; BADALONI, N., *Tommaso Campanella*, Milão, 1965.

IV
FRANCISCO BACON E GALILEU GALILEI

1. A autonomia da ciência e o método científico

O início da Idade Moderna registra um dos acontecimentos mais importantes da história do pensamento: a proclamação e a realização da autonomia da ciência em relação à filosofia e à teologia.

Vimos no capítulo anterior que uma das conquistas mais significativas da Renascença foi a autonomia da filosofia em relação à teologia. Vimos também que esta separação não era um fato isolado, mas parte de um movimento mais amplo que vinha promovendo a independência de todas as atividades humanas em relação à religião. Ora, enquanto foi fácil para algumas atividades alcançar a independência neste vasto movimento revolucionário, para a atividade científica foi muito difícil, e a Renascença terminou antes que ela o tivesse conseguido.

Na Antiguidade e na Idade Média, a pesquisa científica e a filosófica eram uma coisa só; a filosofia era, de fato, não só a rainha das ciências, mas a "ciência": ela abrangia, em conformidade com a distinção aristotélica, a matemática, a física e a metafísica.

Na Idade Média, o estudo da natureza fez alguns progressos, graças sobretudo a Alberto Magno, a Rogério Bacon e a Avicena, sem conseguir, porém, ser considerado diferente do da filosofia.

Progressos mais rápidos fez o estudo da natureza durante a Renascença, principalmente nos ramos da alquimia e da astronomia, mas nem neste período ele se constituiu como disciplina independente, diverso da filosofia.

O germe da autonomia da pesquisa científica em relação à filosófica encontra-se em Telésio; todavia a sua preocupação maior não é proclamar a independência da ciência em relação à filosofia (com a qual ela, de fato, ainda é confundida), mas sustentar a autonomia da filosofia em relação à teologia.

O mérito de ter assegurado à ciência plena autonomia tanto em relação à teologia como em relação à filosofia, dando à primeira um método e uma finalidade diversos dos das duas últimas, compete a Bacon e a Galileu. Eles têm, por isso, um lugar importante não só na história da ciência, como também na história da filosofia. Veremos, com efeito, que todos os filósofos modernos, dominados e iludidos pelo progresso da ciência e convencidos de que ele se deva exclusivamente à perfeição do método científico de Bacon e de Galileu, procurarão obter os mesmos resultados no campo filosófico, ou transferindo diretamente para ele o método científico ou elaborando novos métodos mais adequados às exigências da indagação filosófica.

Toda a filosofia moderna se caracteriza, além de pela atitude crítica, também por uma soberana confiança no método. Esta mentalidade se inicia com Descartes, o qual, convencido de que os homens, todos iguais quanto à inteligência, obtêm resultados diversos unicamente por causa da diversidade do método empregado, elabora o seu método 'sintético--analítico'. Depois de Descartes e seguindo suas pegadas, Spinoza e keibniz, racionalistas como ele, criam dois métodos 'matemático-dedutivos'. Aos métodos dos racionalistas, Pascal e Vico opõem respectivamente o método do coração e o método histórico. Ultrapassado o racionalismo, Hume apresenta o método associativo. Finalmente Kant, com os juízos sintéticos *a priori*, repropõe, de forma original, o método 'sintético--analítico'.

Em vista da influência que exerceram na filosofia moderna, Bacon e Galileu merecem ser estudados atentamente.

2. Francisco Bacon

O melhor juízo sobre a vida de Bacon foi emitido por ele mesmo. "O meu maior erro consiste em que, embora sabendo que nasci mais para escrever do que para agir, ocupo-me continuamente com assuntos do Estado, para os quais a natureza não me criou". O seu gênio o chamava, de fato, para a filosofia e a ciência; vemo-lo, contudo, durante toda a sua vida entregue à política e às ocupações. Neste ponto Bacon não é diferente dos outros filósofos ingleses: todos eles, de Hobbes a Locke, de Hume a Mill, sabem unir habilmente à vida especulativa uma intensa vida ativa, que os leva muitas vezes a ocuparem altos cargos públicos.

Francisco Bacon nasceu em 1561, em Londres, no seio de uma família que pertencia à alta burguesia. Com o favor de Isabel I e, mais ainda, de Jaime I, galgou os mais altos postos do governo. Barão de Verulam em 1617 e grão-chanceler em 1620, levou para este cargo o espírito cortesão e oportunista que lhe valera brilhante carreira. Acusado de corrupção, foi processado e condenado à prisão e à multa, mas escapou de uma e outra pela intervenção do rei. De 1621 em diante viveu retirado em sua propriedade, na qual faleceu em 1626.

Bacon tinha projetado uma grande obra, que deveria ter como título *Instauratio magna,* uma enciclopédia de todas as ciências, para renovar completamente a pesquisa científica, colocando-a em base experimental. A obra devia constar de seis partes, mas ele conseguiu terminar somente as duas primeiras: o *De dignitate et augmentis scientiarum* e o *Novum organum.* Das outras restam apenas poucos fragmentos.

No *De dignitate* Bacon trata de questões fundamentais sobre a natureza da pesquisa científica e sobre a divisão, o objeto e o fim da ciência.

A propósito da natureza da pesquisa científica Bacon diz que o comportamento que se deve seguir não é o da aranha que tece a teia tirando o material de seu próprio corpo (assim fazem os escolásticos que empregam o método dedutivo também para as ciências experimentais); não é também o da formiga, que armazena o material como o encontra e depois o consome, sem selecioná-lo nem limpá-lo (assim fazem os empiristas: eles acumulam observações, sem nunca chegarem à descoberta da causa). O modo certo de agir é o da abelha, que primeiro colhe o material de fora e depois o transforma em mel por meio de seu organismo.

Também o cientista, por meio da experiência, deve recolher informação suficiente (o material) e, depois, mediante suas faculdades espirituais (a razão), deve procurar elaborar noções gerais e leis universais.

Bacon divide as ciências em três grupos: as que se baseiam na *memória* (história natural e civil); as que se baseiam na *fantasia* (poesia em suas várias formas); as que se baseiam na *razão* (filosofia e ciências experimentais).

O *fim* da ciência, segundo Bacon, é prático e não especulativo. A ciência deve ajudar o homem a adquirir um controle mais perfeito sobre a natureza. As especulações dos escolásticos são estéreis em obras e distantes da prática e sem nenhum valor para a parte ativa. "O fim desta nossa ciência não é descobrir argumentos, mas artes".

O objeto da ciência é a causa das coisas naturais. Bacon faz seu o princípio: *Vere scire est per causas scire"* (saber verdadeiramente é saber pelas causas) e aceita até a distinção aristotélica das quatro causas: material, formal, eficiente e final, mas elimina logo a causa final como aquela que mais prejudica do que ajuda a ciência. A descoberta dos fins pode servir para dar louvor a Deus, não para conquistar o domínio do mundo.

Das outras causas aristotélicas Bacon julga que a eficiente e a final são superficiais e inúteis para a verdadeira ciência.

Resta a *forma* (causa formal), que Bacon entende de modo totalmente diferente de Aristóteles. Mas o mais difícil para a crítica é descobrir o que ele entende por forma. Segundo alguns (Copleston, Collins), a forma, para ele, seria a lei que une os elementos constitutivos de uma coisa. Para outros (Abbagnano), apesar do que Bacon diz em contrário, o seu conceito de forma não parece ser diferente do de Aristóteles (*actus primus corporis physici,* ato primeiro do corpo físico). "Não há dúvida de que Bacon opôs seu conceito de forma ao do aristotelismo escolástico, mas a forma, no sentido em que foi entendido por ele, a saber, como princípio estático e dinâmico, corresponde exatamente à autêntica forma de Aristóteles: à substância como princípio do ser, do devir, da inteligibilidade das coisas reais".[1]

Em todo caso, uma coisa é certa também para Bacon: a descoberta da forma é um empreendimento difícil. Para facilitar o trabalho, Bacon dá algumas sugestões, que ele chama de *subsídios.*

Como subsídios aos sentidos, sugere ele os instrumentos científicos. Como ajuda à memória, sugere que se anotem e classifiquem os resultados. Como ajuda à razão, sugere as tábuas da indução.

As obras lógicas de Aristóteles foram reunidas num todo chamado *Organon* (instrumento); a obra na qual Bacon opõe à lógica aristotélica, essencialmente dedutiva, uma nova lógica, essencialmente indutiva, traz a designação oportuna de *Novum organum* (Novo Instrumento).

---

[1] Abbagnano, N., *Storia della filosofia*, Turim, 1966, 2ª ed., II, 163.

Esta obra se divide em duas partes: a primeira, geralmente chamada *pará destruens* (parte destrutiva) tem por finalidade demolir os obstáculos que podem impedir a pesquisa científica; a segunda, geralmente chamada *pars costruens* (parte construtiva), indica o modo de proceder para se chegar à descoberta de determinadas verdades.

Na *pars destruens* Bacon mostra que até então a ciência não tinha feito progressos porque vinha seguindo um método inadequado, o dedutivo. Este método, útil em outros campos, é muito perigoso e até prejudicial, se empregado sozinho, no campo científico. De fato, em vez de interpretar a natureza, procura antecipá-la, prescindindo do experimento e, baseando-se em axiomas generalíssimos e abstratos, julga tudo e pretende fornecer uma explicação para todas as coisas.

A via de antecipação é estéril porque os axiomas por ela estabelecidos não servem para inventar nada. É preciso por isso mudar de método e adotar um que não antecipe, mas interprete a natureza. Tal é o método indutivo, o qual penetra com ordem na experiência e sobe, sem saltos e por degraus, do sentido e das coisas particulares aos axiomas mais gerais. O método indutivo é fecundo porque dos axiomas formados com ordem das coisas particulares facilmente brotam novos conhecimentos que tornam fecunda a ciência. Trata-se evidentemente de uma indução diferente da aristotélica, completa por simples enumeração dos casos particulares; desta última diz Bacon: "É pueril e conclui sempre precariamente; está sempre exposta à ameaça de uma instancia contraditória".

Não se pode, contudo, fazer um uso do método indutivo enquanto a mente estiver entulhada de preconceitos e erros. É necessário, portanto, antes de se começar a pesquisa científica, reduzir a mente a uma *tabula rasa*, eliminando-se todos os preconceitos. Bacon chama os preconceitos de *idola* (ídolos) os divide em quatro grupos: *idola tribus* (ídolos da tribo), *idola specus* (ídolos da caverna), *idola fori* (ídolos do mercado), *idola theatri* (ídolos do teatro).

Os *idola tribus* são causados pelas falhas e insuficiências dos sentidos; os *idola specus*, pela educação e pelas inclinações pessoais; os *idola fori* (os prejuízos do mercado), pela tirania da linguagem; os *idola theatri*, pelo respeito exagerado para com a autoridade.

Segundo Bacon os sistemas filosóficos mais importantes estiveram, todos eles, sujeitos a preconceitos: o teologismo, por exagero dos seres superiores; o empirismo, por exagero da experiência; o racionalismo por exagero da razão.²

No segundo livro do *Novum organum*, eliminados os preconceitos, Bacon passa ao estudo das várias fases do método indutivo.

Começa com a coleta e a descrição do material. Para isso servem as *tábuas*, que são coordenações das instancias, isto é, das vezes em que um fato se repete.

Bacon sugere três espécies de tábuas: das presenças, das ausências e dos graus. As tábuas das presenças servem para a reunião dos casos nos quais se apresenta determinado fenômeno, mesmo que em circunstâncias diferentes. As tábuas das ausências servem para a indicação dos casos nos quais o mesmo fenômeno não está presente, mesmo que isso aconteça em condições e circunstâncias próximas ou semelhantes às notadas nas tábuas das presenças. As tábuas dos graus ou tábuas comparativas são as que reúnem os casos nos quais o fenômeno se apresenta em graus decrescentes.

Recolhido material suficiente, pode-se formular uma primeira hipótese *(vindemiatio prima,* primeira colheita) a respeito da natureza do fenômeno estudado. 12 uma hipótese provisória, que guia o desenvolvimento ulterior da pesquisa. A indução deverá proceder pondo à prova a hipótese formada em sucessivos experimentos, que Bacon chama de *instâncias prerrogativas.* Ele enumera muitas espécies dessas instancias; a decisiva é a *instancia crucial* porque permite reconhecer a causa verdadeira do fenômeno.³

Bacon tem o grande mérito de ter sido o primeiro a pôr-se de modo sistemático o problema do método próprio das ciências experimentais, do seu objeto e do seu fim.

O seu método, apesar de ainda muito imperfeito nos pormenores (por exemplo, insiste muito na fase inicial, isto é, na da coleta do material), corresponde, em substancia, às exigências das ciências experimentais, que têm na experiência seu ponto de partida e de chegada.

Quanto ao objeto, vimos que Bacon não chegou a resultados satisfatórios: ele ainda situa o objeto da ciência no estudo das formas e das essências, como Aristóteles e os escolásticos.

---

² Bacon, F., *Novum organon*, II, 41-61.
³ *Id., ibid.,* II, 36.

Quanto ao fim da ciência, Bacon observa, com razão, que ele consiste em estudar a natureza não para contemplá-la, mas para modificá-la e torná-la útil ao homem: "A meta verdadeira e legítima das ciências não é outra senão esta: que se cuide de prover a vida humana de invenções e riquezas".[4] A ciência deve servir ao progresso da civilização, não a discussões estéreis. Segundo esta nova ética da pesquisa científica, a verdade de uma doutrina coincide com a sua utilidade prática, com a sua contribuição para o bem-estar da humanidade.

A importância de Bacon para a história do pensamento consiste na elaboração do método indutivo e na determinação do fim da ciência. Embora não tendo dado nenhuma contribuição para o progresso desta ou daquela ciência em particular, o seu trabalho merece ser recordado porque fez progredir a ciência como tal.

3. Galileu Galilei

As peripécias da vida de Galileu Galilei têm um interesse tão grande que se pode dizer que pertencem mais à História da Humanidade do que à História da Filosofia. Remetemos, por isso, àquela, porque nos seria impossível narrá-las no espaço de poucas linhas. Recordemos apenas que Galileu nasceu em Pisa, em 1564, e morreu em Arcetri, em 1642.

Criador da nova física e, de modo geral, do método experimental em suas aplicações práticas, Galileu não foi um filósofo no sentido mais complexo e completo do termo, mas teve o grandíssimo mérito de ter afirmado a autonomia da ciência, de ter precisado seu objeto e seu fim, de ter feito a descrição completa do método da pesquisa científica e de tê-lo aplicado magnificamente, obtendo resultados maravilhosos (telescópio, satélites de Júpiter, termômetro, microscópio, relógio de pêndulo, leis da queda dos corpos etc.).

De suas obras são de especial interesse para a filosofia *Il saggiatore* (1623), livro polêmico escrito contra o jesuíta Orazio Grassi, e o *Dialogo supra i due massimi sistemi* (1632), que deu ocasião ao segundo processo da Inquisição contra ele.

Mérito insigne de Galileu é o ter mostrado com clareza e precisão a distinção entre filosofia, ciência e religião, fazendo ver que o objeto

[4] *Id., ibid.*

específico delas é essencialmente diferente: o da religião são as verdades religiosas; o da filosofia são as verdades ontológicas, isto é, as essências das coisas; o da ciência são as verdades naturais, isto é, as leis ou as relações que ligam os fenômenos entre eles.

Em consequência disso, o estudo científico dos fenômenos naturais mantém-se livre e não pode contradizer nem a religião nem a filosofia. Segue-se que, no debate científico, não se pode apelar nem para a autoridade dos filósofos nem para a Bíblia. Nada é mais vergonhoso, diz Galileu, do que, nas discussões científicas, recorrer a textos que muitas vezes foram escritos com outra intenção e pretender responder com eles a observações e experiências diretas. Os que, para resolverem questões científicas, apelam para a autoridade de Aristóteles ou da Bíblia preferem voltar os olhos para um mundo de papel e deixar o mundo verdadeiro e real que, feito por Deus, está sempre diante de nós para nosso ensinamento. Os ensinamentos diretos da natureza não podem ser sacrificados nem às afirmações dos textos sagrados.

"A Sagrada Escritura e a natureza procedem ambas do Verbo Divino, aquela como ditado do Espírito Santo, esta como prestantíssima executora das ordens de Deus; mas a palavra de Deus precisou adaptar-se ao limitado entendimento dos homens aos quais se endereçava, enquanto a natureza é inexaurível e imutável e jamais ultrapassa os limites das leis que lhe foram impostas porque não se preocupa se as suas recônditos razões são ou não compreendidas pelos homens.

"Por isso, o que a sensata experiência nos revela sobre a natureza ou o que as demonstrações necessárias nos levam a concluir sobre ela não pode ser posto em dúvida, mesmo que não pareça de acordo com alguma passagem da Sagrada Escritura".[5]

A ciência distingue-se inegavelmente da filosofia e da religião não só pelo objeto, mas também pelo método.

Segundo Galileu, o instrumento da ciência é a experiência, não o raciocínio, nem a lógica, nem a dialética. O raciocínio serve só para estender a experiência e para supri-la onde ela não pode chegar, não para substituí-la. Muito menos pode substituí-la a lógica, que serve somente para ajudar a conhecer se os discursos e as demonstrações já feitos e encontrados procedem retamente. Quanto à dialética, a sutile-

---

[5] Carta à grã-duquesa Cristina.

za do engenho e o poder de persuasão estão fora de lugar nas ciências naturais; nelas Demóstenes e Aristóteles devem ceder o passo mesmo a uma inteligência medíocre que tenha sabido descobrir algum aspecto real da natureza.

A experiência é a revelação direta da natureza. Ela não nos engana; mesmo quando o olho faz ver quebrado o bastão imerso na água, o erro não é do olho, que recebe de fato a imagem quebrada e refletida, mas do raciocínio, que ignora que a imagem se refrange ao passar de um meio transparente a outro.

Mas a experiência, que se ocupa somente de casos particulares, não pode dar origem à ciência, que se interessa exclusivamente pelas leis universais. O problema consiste, portanto, em saber como a ciência tira leis universais da experiência de casos singulares.

Para isso Galileu propõe um método ao qual se costuma chamar de "método indutivo-dedutivo".

Diversamente do método baconiano, que consta de três fases (análise da experiência, hipótese e verificação) e é essencialmente indutivo, o de Galileu consta de quatro fases: análise da experiência, hipótese, confirmação da hipótese mediante fenômenos provocados artificialmente e dedução de novas leis da lei estabelecida.

Como se vê, também no método de Galileu a indução ocupa lugar importante, mas sem ser totalmente separada da dedução, como pretendia Bacon, uma vez que a indução e a dedução entram, por assim dizer, em medida diferente, no processo da pesquisa científica.

O método de Galileu difere do de Bacon também porque este insiste muito na reunião e na catalogação das experiências como se a descoberta da lei resultasse mecanicamente deste trabalho; Galileu, por seu lado, insiste mais no exame dos fenômenos, mesmo que poucos. A «sensata experiência" da qual fala Galileu não pára na pura e simples percepção das coisas, mas passa para o filtro da razão os dados que reúne. A observação vulgar é desordenada e procede ao acaso: deixa-se impressionar pelos fatores qualitativos, subjetivos e variáveis. O processo científico, segundo Galileu, exige a aplicação do método resolutivo, que resolve os dados observados nos seus elementos e em relações matemáticas. Este é outro ponto no qual o método de Galileu supera o de Bacon: o uso da matemática nas ciências experimentais. Bacon não chegou a perceber a importância da aplicação da matemática à ciência; Galileu compreende a necessidade de fazer uso da matemática tanto para dar uma formulação inequívoca às leis descobertas como para delas deduzir outras.

Para o desenvolvimento da ciência, o método de Galileu foi mais útil do que o de Bacon. "A ciência", diz Abbagnano, "foi totalmente dominada pelas intuições metodológicas de Galileu, ao passo que quase ignorou o experimentalismo de Bacon".[6]

Estrênuo defensor da autonomia da ciência, Galileu jamais se deixou enganar sobre as suas possibilidades. Diversamente de muitos cientistas dos séculos XVIII e XIX, não acredita no poder ilimitado da ciência, a qual, para ele, tem limites precisos e intransponíveis. Esses limites decorrem do próprio instrumento do qual se serve a ciência, isto é, da experiência. Ela não apreende a essência das coisas, mas limita-se a captar algumas de suas qualidades: o lugar, o movimento, o número, a figura, o tamanho, a distância, isto é, as *qualidades primárias*. Outras qualidades, como o odor, a cor, o som, o sabor etc., que Galileu chama de *secundárias*, não interessam propriamente à experiência porque não pertencem às coisas, mas aos órgãos do sujeito que conhece, sendo, por isso, subjetivas.

Que significa esta distinção entre qualidades primárias e secundárias e, o que é mais, que coisa justifica a classificação de objetividade aplicada somente às primeiras? São elas conclusões tiradas da experiência ou hipóteses ditadas por uma concepção filosófica da realidade?

A experiência mostra, sem dúvida, que as qualidades primárias são mais estáveis e mais constantes, e que as secundárias são mais variáveis, mais mutáveis. Mas este fato, por si só, não é suficiente para que se dê a classificação de objetividade às primeiras e de subjetividade às segundas. Parece, portanto, que neste ponto as teses de Galileu são ditadas mais pela sua concepção filosófica das coisas do que pelo testemunho da experiência. De fato, funda as duas teses no seguinte raciocínio: uma vez que a substancia corpórea pode ser concebida como limitada, provida de figura e tamanho, determinada, situada em certo lugar e em certo tempo, imóvel ou em movimento, enquanto pode muito bem ser concebida como desprovida de cor, de sabor, de som e de odor, deve-se concluir que as coisas são constituídas exclusivamente pelas qualidades primárias, isto é, pelas determinações quantitativas dos corpos, e que as qualidades secundárias são puramente subjetivas.

---

[6] Abbagnano, N., *Storia deita filosofia*, cit., II, I parte, 164.

Esta redução da realidade material aos aspectos meramente quantitativos terá consequências bastante graves porque conduzirá ao mecanicismo filosófico, isto é, ao sistema que afirma que a realidade consta exclusivamente de extensão (massa) e de movimento (energia). No caso de Galileu, devemos precisar, todavia, que se trata mais de mecanicismo metodológico e científico do que filosófico, porque, se ele reduz a realidade aos aspectos quantitativos, é somente para torná--la acessível à ciência, que estuda somente os aspectos mensuráveis do mundo físico, não por excluir outros, mas porque estes são os únicos que ela pode apreender.

BIBLIOGRAFIA

Sobre Bacon:

Rossi, M. M., *Saggio su Francesco Bacone*, Nápoles, 1935; Casellato, S., *Francesco Bacone*, Pádua, 1941; De Mas, E., *Francesco Bacone da Veralamio o la filosofia dell'uomo*, Turim, 1964; Farrington, B., *Francesco Bacone, filosofo dell'età sndr`striale*, Turim, 1967; Anceschi, L., *Da Bacone a Kant* Bolonha, 1972; Anderson, F. H., *The Philosaphy of Francis Bacon*, Chicago, 1948; Idem, *Francis Bacon: bis Career and bis Thought*, Los Angeles, 1962.

Sobre Galileu:

Gentile, G., *Studi sul rinascimento*, Florença, l936, 2ª ed.; Vanni Rovighi, S., *Galilei*, Bréscia, 1943; Caramella, S. *La vita e il pensiero di G. Galilei*, Catânia, 1945; Banfi, A., *Galileo Gablei*, Miião, 1949; Aliotta, A-Carbonara, C., *Galilei* Milão 1949; Crombe, A. C., *From Augustine to Galileo*, Londres, 1952; Koyrè, A. *Galiléo et ia rérolution scientifique du XVIIe siècle*, Paris, 1955; Geymonat, L., *Galileo Galilei*, Turim, 1969.

V
DESCARTES

Com Descartes a filosofia registra uma reviravolta decisiva, recebendo uma colocação nova, substâncialmente diferente da que tivera na Antiguidade e na Idade Média. A sua orientação era então essencialmente ontológica, tendo como objetivo constante e primário a investigação da razão última das coisas (do homem, do mundo, de Deus). Só acidental e ocasionalmente se tomava em consideração o problema do conhecimento, cujo valor, em todo caso, quase sempre era dado como fora de dúvida. Com Descartes a filosofia recebe uma colocação crítica e gnosiológica: o que se quer verificar em primeiro lugar é o valor do conhecimento humano.

Por que esta mudança radical?

A razão deve ser procurada na falta de resultado de dois mil anos de investigação ontológica: constatada a impossibilidade de se conseguir, pelo processo especulativo, um acordo definitivo sobre a natureza das coisas, percebe-se a urgência de deslocar a pesquisa para o instrumento do qual ela se servira, de verificar o seu valor e de se excogitar um método válido para a pesquisa filosófica.

A colocação crítica da pesquisa filosófica justifica-se por motivos não só históricos, como também teóricos. De fato, nenhuma construção científica ou filosófica pode ter firmeza sem antes deixar estabelecido que o homem tem a capacidade de atingir a verdade mediante suas faculdades cognitivas. Somente depois que se tiver demonstrado que o homem pode atingir com certeza a verdade das coisas é que a pesquisa ontológica pode proceder com segurança.

Como dissemos, esta grande importância dispensada ao método e ao valor do conhecimento, que será a característica constante de toda a filosofia moderna (especialmente em Spinoza, Leibniz, Locke, Berkeley,

Hume, Kant e Hegel), tem seu início em Descartes, que é considerado, por isso, o "pai da filosofia moderna".

1. A vida e as obras

René Descartes nasceu em 31 de março de 1596, em La Haye, na província da Turena (França), de família bem-estabelecida: seu pai era presidente do parlamento da Bretanha. Fez os primeiros estudos num dos mais famosos colégios para nobres, o *La Flèche,* dirigido pelos jesuítas. Em breve se deu conta da vacuidade das doutrinas científicas correntes e não tardou em apontar o método aristotélico e a física de Aristóteles como responsáveis pela falta de progresso das ciências. Aborrecido com esta situação, deixou o colégio, em 1612, para abraçar a carreira das armas. Alistou-se nas tropas de vários generais e participou de numerosas campanhas, segundo suas próprias palavras, "mais para conhecer o mundo do que para combater".

No inverno de 1619, forçado a permanecer em casa, começou a refletir seriamente sobre a finalidade de sua vida. Sonhou três vezes que a sua vocação consistia em reformar a ciência e em procurar a verdade, apoiando-se apenas na razão: "Procurar o verdadeiro método para se chegar ao conhecimento de todas as coisas" que a mente humana pode conhecer.[1] Mas continuou na carreira militar até 1624.

Em 1625 foi a Roma para o ano santo e fez uma peregrinação a Loreto. Voltando a Paris, foi encorajado pelo cardeal De Bérulle a dedicar-se ao estudo da ciência. Adquiriu uma casa na Holanda para a qual se retirou a fim de viver longe das distrações da vida mundana de Paris. Lá dedicou-se principalmente ao trabalho da redação definitiva de sua primeira obra filosófica, as *Regulae ad directionem ingenii.* Mais tarde concluiu o *Traité du monde,* no qual sustentava teorias científicas novas, mas, tendo tido conhecimento da condenação de Galileu, julgou prudente não publicá-lo. Em 1636 publicou alguns ensaios, antepondo-lhes, como prefácio, o *Discurso sobre o método.* No ensaio principal, sobre a geometria, Descartes coloca as bases da geometria analítica: Uma originalidade dos ensaios é terem sido publicados em francês, quando até então a língua usada nas obras filosóficas, científicas e teológicas era a latina.

---

[1] Cf. Descartes, *Discurso sobre o método,* II.

Em 1641 publicou as *Meditações*, sua principal obra filosófica. O padre Mersenne, amigo do autor, para difundir as ideias deste, enviou exemplares da obra às maiores personalidades do mundo filosófico e científico do tempo, pedindo apreciações. As objeções dos filósofos e dos teólogos, especialmente de Hobbes, Arnauld e Gassendi, acompanhadas da resposta de Descartes, foram publicadas, em apêndice, com as *Meditações*. Boécio, reitor da Universidade de Utrecht, moveu contra Descartes violenta campanha, acusando-o de ateísmo. Tendo o filósofo respondido aos ataques no mesmo tom, foi denunciado à autoridade civil e por pouco não acabou na prisão.

Em 1644 publicou os *Princípios de filosofia*, nos quais faz uma síntese de todo o seu saber filosófico.

Sua fama difundira-se, entretanto, por toda a Europa; para conservá-la e aumentá-la, contribuía a vastíssima correspondência por ele mantida com as personalidades mais ilustres do seu tempo (a metade da sua *Opera omnia*, Obras completas, é constituída pelo *Epistolário*).

Solicitado pela rainha Cristina, da Suécia, a compor uma dissertação sobre o sumo bem, escreveu o *Tratado sobre as paixces da alma*. A rainha o convidou depois a radicar-se na Suécia e aí fundar a "Academia de Ciências". O filósofo atendeu ao convite em 1649, mas encontrou na Suécia um clima desfavorável à sua já precária saúde. Em 1650, tomado pela febre, expirou ao cabo de duas semanas. Na ocasião, um discípulo escreveu desconsolado a Paris: "No dia 11 de fevereiro perdemos Descartes. Entristeço-me ainda, ao escrever-vos, porque a sua doutrina e a sua mente superavam até mesmo a candura e a simplicidade, a bondade e a inocência de sua vida".

As obras mais célebres de Descartes são o *Discurso sobre o método* e as *Meditacaes*. A segunda aprofunda as questões tratadas na primeira.

O *Discurso* é uma obra de proporções modestas, mas rica em conteúdo. Nela são tratados todos os problemas filosóficos de importância: do lógico ao ético, do metafísico ao teológico, do cosmológico ao antropológico. É uma obra célebre pela sua insuperável clareza, pela simplicidade do estilo e pela beleza das imagens. Por isso, na exposição do pensamento de Descartes, referir-nos-emos a ela constantemente.

2. Colocação gnosiológica da investigação científica

Descartes sempre teve consciência da importância da colocação gnosiológica da investigação filosófica, a qual deve iniciar-se não pelo estudo das coisas, mas pelo da mente humana. Em sua primeira obra, *Regulae ad directionem ingenii*, escrita ainda na juventude, declara: "Parece-me digno de admiração que grande número de pessoas indague diligentissimamente sobre os costumes dos homens, as virtudes das plantas, os movimentos dos astros, as transformações dos metais e sobre os objetos de outras disciplinas semelhantes, e que ninguém se lembre de dirigir o pensamento para a mente reta, isto é, para esta sabedoria universal, uma vez que todas as outras coisas são dignas de apreço não tanto por si quanto porque pagam tributo a ela Nós, por certo não incorretamente, propomos, antes de todas, esta regra, uma vez que nada nos afasta mais da reta via da procura da verdade do que dirigir os estudos não para este fim geral, mas para algum fim particular. (...) Se, pois, alguém deseja investigar seriamente a verdade das coisas, não deve escolher uma ciência particular, já que todas são ligadas entre si e dependentes umas das outras; mas pense somente em aumentar a luz natural da razão, não para resolver este ou aquele problema de escola, mas para que em cada acontecimento da vida o intelecto aponte à vontade o que ela deve escolher; e em pouco tempo verá, maravilhado, que fez progressos muito maiores do que aqueles que se ocupam de casos particulares, e que conseguiu não só aqueles resultados pelos quais os outros anseiam, mas também resultados superiores aos que eles podem esperar".[2]

Mais adiante, na mesma obra, Descartes volta a referir-se a esta convicção nos seguintes termos: "Na verdade não se pode procurar nada mais útil do que o que seja o conhecimento humano e até onde ele se estenda. Por isso, tratamos agora desse problema em uma única questão, a qual pensamos deva ser examinada antes de qualquer outra; e julgamos que isso deva ser feito pelo menos uma vez na vida por aqueles que pouco se preocupam com a verdade, já que nesta procura estão compreendidos os verdadeiros instrumentos do saber e todo o método Além disso, nada me parece mais insensato do que discutir acelerada-

---

[2] Descartes, *Regulae ad directionem ingenii*, I.

mente sobre os arcanos da natureza, os influxos dos astros sobre este nosso mundo, a predição dos acontecimentos futuros e sobre outras coisas semelhantes, como fazem muitos, e nunca perguntar-se se a razão humana tem capacidade para desvendar essas coisas".[3]

Mas, absolutamente falando, o estudo do conhecimento, embora fundamental, não é o primeiro: antes dele há outro, o do método adequado e fecundo para o desenvolvimento deste estudo. Para que serve, de fato, tomar consciência da importância de um problema se não se sabe *como* resolvê-lo?

3. O método

Desde as primeiras páginas do *Discurso* Descartes sublinha a importância capital do método para a aquisição da ciência. De fato, argumenta ele, do ponto de vista da inteligência, os homens são todos iguais: "A faculdade de julgar retamente e de distinguir o verdadeiro do falso, que é o que propriamente se chama bom-senso ou razão, é naturalmente igual em todos os homens. Assim, a diversidade de nossas opiniões não procede de serem uns mais inteligentes do que outros, mas somente de conduzirmos nossos pensamentos por caminhos diferentes e de não considerarmos as mesmas coisas: o que é mais importante é aplicá-las bem"[4].

No começo da segunda parte, Descartes insiste de novo na importância do método, observando que as obras em muitos tomas e escritas por muitos mestres são muitas vezes mais imperfeitos do que as que foram escritas por um só Assim se vê que os edifícios construídos por um só arquiteto costumam ser mais belos do que aqueles que muitos procuraram adaptar usando pedras, colunas, estátuas já usadas em outros edifícios. O mesmo se pode dizer das ciências e da política: a razão pela qual existe tanta imperfeição nas ciências e nas constituições é que elas são produto de muitas mãos e de muitos métodos diferentes

Na opinião de Descartes, a falta de progresso e a grande confusão que reina no campo filosófico se devem principalmente ao emprego de métodos que não são bons, ou que são muito complicados (como

---

[3] Descartes, *Regulae ad directionem ingenii*, VIII.
[4] Descartes, *Discurso sobre o método*, I.

o geométrico), ou que são estéreis (como o método silogístico de Aristóteles).

A respeito do método de Aristóteles, Descartes já havia escrito nas *Regulae* que ele pode servir quando muito para exercitar a mente dos meninos para a discussão e para estimulá-los à emulação, não sendo, porém, de nenhuma valia para a descoberta da verdade.

É necessário, por isso, encontrar um método novo, menos complicado do que o geométrico e mais fecundo do que o silogística. Mas, como encontrá-lo?

Sabemos que, em última análise, os métodos possíveis são dois: o indutivo e o dedutivo. O primeiro parte da experiência, o segundo de princípios universais Na opinião de Descartes, somente o segundo pode levar-nos ao progresso do saber e à descoberta da verdade O motivo é o seguinte: "A experiência das coisas é falaz, ao passo que a dedução, isto é, a simples ilação de uma coisa de outra, pode certamente ser omitida, se não for percebida, mas não pode ser malfeita por um intelecto que tenha alguma capacidade de raciocínio E parece-me que, neste particular, pouco adiantam as argumentações dos dialéticos, com as quais eles pensam governar a razão humana, embora não queira negar que elas possam ser bastante aptas para outros usos. Na verdade, os enganos que podem acontecer aos homens, não aos animais, não procedem nunca de ilação má, mas unicamente de serem supostas certas experiências pouco compreendidas ou de serem emitidos juízos irrefletidos e sem fundamento".[5]

Justificada assim a escolha do método dedutivo, Descartes passa a fixar suas regras fundamentais, as quais ele reduz a quatro:

— Primeira regra: "Não incluir nos meus juízos nada além daquilo que se apresenta à minha inteligência tão clara e distintamente que exclua qualquer possibilidade de dúvida".

— Segunda regra: "Dividir todo problema que se tem de estudar em tantas partes menores quantas forem possível e necessárias para melhor resolvê-los".

— Terceira regra: "Conduzir meus pensamentos com ordem, começando pelos objetos mais simples e mais fáceis de conhecer, para subir aos poucos, como por degraus, ao conhecimento dos mais complexos, e

---

[5] Descartes, *Regulae ad directionem ingenéi*, regra II.

supondo uma ordem também entre aqueles dos quais uns não procedem naturalmente dos outros".

— Quarta regra: "Fazer sempre enumerações tão completas e revisões tão gerais que tenha a segurança de não ter omitido nada".[6]

Estas regras, às quais Descartes não dá nenhuma denominação específica, costumam ser designadas pelos estudiosos como intuição, análise, síntese e enumeração.

É na regra da intuição que Descartes enuncia seu célebre critério da verdade: o da *clareza* e da *distinção*. A intuição, que, segundo ele, é uma das duas únicas formas de conhecimento isentas de erro[7], verifica-se de fato somente quando a ideia tem estas duas notas: clareza e distinção. Mas que entende ele exatamente por clareza e distinção? Explica-o ele nos *Princípios de Filosofia:*[8] "Chamo *clara* uma percepção *(perceptio)* que está presente e é aberta à mente atenta; do mesmo modo dizemos que vemos com clareza quando as coisas, presentes ao nosso olho, nos movem forte e abertamente. Chamo *distinta* aquela percepção que, sendo clara, é tão disjunta e separada de todas as outras que não contém em si nada além do que é claro".

Que dizer da clareza e distinção como critério supremo da verdade? São elas conotações tais que garantem uma distinção exata entre os nossos conhecimentos de modo que aqueles conhecimentos que as tiverem sejam verdadeiros e os que não as tiverem sejam duvidosos ou inapelavelmente falsos?

Dois grandes filósofos, Pascal e Vico, cronologicamente próximos de Descartes, opuseram-se a ele, principalmente nesse ponto, observando que conhecimentos que podem parecer claros e distintos (como o de que o Sol gira em redor da Terra) são falsos, enquanto outros são obscuros e confusos apesar de serem profundamente verdadeiros (como os conhecimentos de ordem moral, metafísica e religiosa). Vico observou também

---

[6] Descartes, *Discurso sobre o método*, II.

[7] Na Regra III Descartes reconhece dois tipos de conhecimento isentos de engano: a *intuição* (conhecimento intuído) e a *dedução*, e afirma que as características da intuição são a clareza e a distinção. Trata-se, de fato, de "um conceito da mente pura e atenta, tão *óbvio* e *distinto* que, em nosso parecer, não resta mais em torno dele nenhuma dúvida". É interessante observar que entre os "templos de intuição Descartes inclui também o *cogito:* "Qualquer um pode intuir com a mente que ele existe, que ele pensa".

Estas teses relativas ao conhecimento perfeito constituem a base de todo o edifício gnosiológico cartesiana. Delas nascem, como consequência lógica, a rejeição do conhecimento sensitivo, o inatismo e o racionalismo.

[8] I, 45.

que a clareza e a distinção são propriedades mais do sujeito do que do objeto, não constituindo por isso nenhuma garantia de conhecimento verdadeiro. Pascal e muitos outros depois dele notaram que a clareza e a distinção são propriedades da matemática e da geometria e censuraram Descartes por tê-las transferido para os outros campos do saber. Na verdade, tanto na escolha da clareza e da distinção como critério quanto na do método dedutivo, Descartes foi vítima das duas disciplinas nas quais mais se comprazia, a matemática e a geometria, e se enganou pensando que poderia obter resultados semelhantes na filosofia, aplicando-lhe o mesmo critério e o mesmo método.

A segunda regra, a da análise, torna possível a intuição de ideias simples. Esta regra se aplica fazendo-se simultaneamente uma crítica laboriosa de todas as opiniões incertas, aceitas pela tradição e pelo meio ambiente e mostrando-se como se chegou aos primeiros princípios e às definições. A originalidade de Descartes consiste em ter atribuído grande importância à análise com a finalidade de preparar o terreno para a síntese e a dedução. A *dúvida metódica,* que é um dos pontos mais originais do pensamento cartesiana, é também um momento essencial da análise.

As duas últimas regras dizem respeito aos momentos mais importantes da dedução: a síntese torna possível a enumeração completa de ideias complexas.

Uma comparação entre o método de Descartes e os de Bacon e Galileu mostra que eles são antitéticos: os de Bacon e Galileu, essencialmente indutivos, são indicados sobretudo para as ciências experimentais; o de Descartes, totalmente dedutivo, presta-se perfeitamente para a matemática e a geometria, disciplinas das quais ele o tirou.

4. O fundamento da filosofia cartesiana: o "cogito"

De posse de um método seguro, Descartes prepara-se para construir seu edifício filosófico. Mas, de onde partir? Existirá algum fundamento sólido, algum princípio certo que possa servir de base para a construção?

Antes de tudo é instrutivo observar o procedimento de Descartes. Fazendo obra de filósofo, não examina nenhuma realidade particular, nem o mundo, nem o homem, nem Deus. A sua primeira preocupação não é perscrutar as coisas com a finalidade de adquirir delas um conhecimento completo, exaustivo, absoluto. Era desse modo que se estudava filosofia até a Idade Moderna: era ela essencialmente objetiva e metafísica. Para Descartes, o problema inicial é outro e diz respeito ao conhecimento, porque é somente depois de se ter segurança em relação ao valor do conhecimento que se pode passar ao estudo das realidades particulares.

Ora, para ele o melhor caminho para se estabelecer o valor do conhecimento é o da dúvida: submetamos ao crivo da dúvida todos os nossos conhecimentos até aparecer um que seja absolutamente certo. *Logo, a dúvida é o método adequado para a descoberta da verdade.* Aplicando a dúvida metódica, Descartes põe de lado como não certos os conhecimentos obtidos por meio dos sentidos, porque os sentidos, muitas vezes, nos enganam. Renuncia por isso a todos os conhecimentos adquiridos na escola ou mediante o raciocínio: aos primeiros porque para cada teoria há uma teoria contrária; aos segundos porque, muitas vezes, erramos no raciocínio. Em conclusão: não existe conhecimento particular que possa resistir à prova da dúvida. Mesmo quando se trata das coisas mais evidentes, das verdades mais simples, é possível que nos enganemos. De fato, tudo o que experimentamos acordados, podemos experimentar dormindo, em sonho, e não temos nenhum critério para estabelecer quando estamos acordados e quando dormindo. E mesmo que se admita que pudéssemos fazê-lo, poderia muito bem acontecer que algum espírito maligno, algum demônio, nos confundisse, fazendo-nos, por exemplo, acreditar que duas vezes dois são seis e não quatro.

É evidente, a esta altura, que a dúvida já se impôs a todos os nossos conhecimentos. Agora é preciso duvidar de tudo. De tudo? Não, isto é impossível. Exprime-o bem Descartes: "Refleti então que, enquanto queria pensar que tudo era falso, era necessário que eu, que o pensava, fosse alguma coisa. E, notando que esta verdade *'eu penso, logo existo'* era tão firme e certa que não seriam capazes de abalá-la nem as mais extravagantes suposições dos cépticos, julguei que poderia aceitá-la sem receio como o princípio de filosofia que eu procurava".[9]

Que valor tem o fundamento da filosofia cartesiana, o famoso *cogito* (penso)?

---

[9] Descartes, *Discurso sobre o método*, IV.

A propósito do *cogito, ergo sum* (penso, logo existo), convém notar, antes de tudo, que não se trata de uma demonstração, mas de uma intuição; o *logo* não tem valor de consequência, é simplesmente pleonástico. Se o *cogito* fosse a conclusão de uma demonstração — de um entimema —, seria necessário subentender uma premissa universal (p. ex., todo aquele que conhece, existe), e então não se poderia mais considerar o *cogito* como a primeira verdade metafísica.

Quanto à existência provada pelo *cogito, só* pode ser a existência do pensamento, da realidade pensante *(res cogitans)*, não da realidade distinta do pensamento.

Assim, no tocante à substância intuída no *cogito*, deve-se repetir que ela também só pode ser o próprio pensamento, e não alguma coisa distinta dele e colocada sob ele.

Dizendo que o pensamento é substância, Descartes afirma que o pensamento é algo que existe por si, independentemente da realidade corpórea. De fato, este "existir por si" é a *substâncialidade.*

É esse o motivo pelo qual as expressões *cogito* (penso) e *cogitatio* (pensamento) são substituídas por *substantia cogitans* (substância pensante) ou *res cogitans* (coisa pensante) *(res cogitans* que é contraposta à *res extensa* [coisa extensa] ou *substância corpórea).*

Além disso, a existência que Descartes prova com o *cogito* é somente a que ele tem *hic et nunc* (aqui e agora); nada é provado em relação à sua existência no passado e o futuro.

Por isso, o *cogito* é critério da verdade só em sentido muito restrito; melhor, não é bem critério da verdade, mas uma ilustração do critério da verdade. Com efeito, para Descartes, o critério da verdade são a *clareza* e a *distinção*. Ele tem valor como exemplificação e, mesmo assim, neo um valor tão exclusivo como pensava Descartes. Há muitos outros princípios (como o de não-contradição, no qual a verdade brilha imediatamente) que podem ser tomados como ilustração do critério da verdade.

Muitas vezes se compara o *cogito* de Descartes com o *si faltar* de Agostinho de Hipona. Tanto Descartes como Agostinho fizeram uso da dúvida metódica, mas de modo diferente e, por isso, o *cogito* tem sentido diferente do *si fallor.*

O *si fallor* visa antes de tudo à superação do cepticismo e não constitui para Agostinho a primeira e única certeza. O *cogito* não visa tanto à superação do cepticismo quanto ao fundamento da verdade e constitui a primeira certeza.

5. A metafísica: a alma, o mundo, Deus

Estabelecido o princípio fundamental, Descartes reconstrói com admirável clareza e simplicidade todo o universo da metafísica clássica, seguindo de perto Platão e Agostinho. Começa provando que a essência do homem é a alma; depois, com a experiência da imperfeição e com a ideia de perfeição, demonstra a existência de Deus; finalmente mostra que o mundo é essencialmente extensão.

a) *A essência do homem consiste no pensamento.* Descartes chega a esta conclusão mediante o princípio infalível do *cogito.* Vê-se do exame do *cogito* que o seu ser é pensante, é ser de algo que pensa: o seu ser revela-se como pensamento. Só o pensamento lhe é essencial para ser. De fato, diz Descartes: N Posso muito bem fingir que não tenho corpo, mas não posso fingir que não existo, porque, do fato de eu duvidar da verdade das outras coisas segue-se evidentíssima e certissimamente que existo; mas, se eu deixasse de pensar, mesmo que tudo o que imaginei fosse verdadeiro, não teria nenhuma razão para acreditar que existo. Segue-se que sou uma substância cuja essência ou natureza é pensar e que, para existir, não depende de nenhum lugar e de nenhuma coisa material. De modo que este eu, isto é, a alma, pela qual sou o que sou, é inteiramente distinta do corpo e pode ser conhecida mais facilmente do que ele; e mesmo que o corpo não existisse, não deixaria de existir o que existe".[10]

Mas, se a essência do homem é a alma, qual é a relação dela com o corpo? Descartes considera o corpo uma substância completa, existente por si, diversa da alma e oposta a ela: o corpo é constituído pela *res extensa* (coisa extensa), ao passo que a alma é constituída pela *res cogitans* (coisa pensante). No homem essas duas substâncias, se bem que radicalmente diversas, encontram-se unidas. Esta união não é tão profunda como pensava Aristóteles, para o qual a alma e o corpo seriam partes de uma única substância, mas também não tão superficial como

---

[10] *Id., ibid.*

pensava Platão, que comparava a alma ao cavaleiro e o corpo ao cavalo. Para Descartes, a alma e o corpo estão unidos, mas apenas num ponto: na glândula pineal.

Quanto ao corpo, afirma ele que não há nenhuma diferença entre o homem e os animais: uns e outros não passam de autômatos ou máquinas semoventes.

O movimento é causado pelos espíritos animais, "que são como um vento sutilíssimo ou, melhor, como uma chama puríssima e vivíssima, que, subindo continuamente em grande abundância do coração para o cérebro, passa dali, através dos nervos, para os músculos e comunica o movimento a todos os membros".[11]

O que distingue o homem dos animais é a alma. Os animais não têm alma, nenhuma alma; o homem tem uma alma criada por Deus.

Na prática, sendo a alma invisível, o homem distingue-se dos animais por duas características: os animais jamais poderiam servir-se da palavra ou de outros sinais, compondo-os como nós o fazemos para comunicar aos outros os nossos pensamentos; e, mesmo que fizessem bem ou melhor do que alguns de nós muitas coisas, serrariam infalivelmente em outras, pelas quais se descobriria que não agem racionalmente, mas só por disposições dos órgãos".[12]

b) *Natureza da alma e das ideias.* No fim da quinta parte do *Discurso*, Descartes examina brevemente a natureza da alma e as suas propriedades. Ela é espiritual e, como tal, não pode ser tirada da potência da matéria, como as outras coisas deste mundo, mas é criada diretamente por Deus.

Nas *Meditações* é afirmada explicitamente a imortalidade da alma. "Não temos nenhum argumento e nenhum exemplo que nos persuada de que a morte ou o aniquilamento de uma substância como o espírito deva seguir de uma causa tão superficial como a mudança de figura, que é um modo do corpo, não do espírito (...). Não temos mesmo argumentos ou exemplos que possam sequer convencer-nos de que existam substâncias espirituais sujeitas a ser aniquiladas".

Ainda nas *Meditações,* nas quais a alma é tratada de modo muito mais extenso do que no *Método,* Descartes atribui a ela três faculda-

---

[11] *Id., ibid.,* V.
[12] *Id., ibid.,* l. c.

des: sensação, imaginação ou fantasia e razão; e divide as ideias em três grandes grupos: *adventícias* (as que dependem dos sentidos), *fictícias* (as que dependem da fantasia) e *inatas* (as que dependem exclusivamente da razão e que, não podendo ser produzidas pela experiência, necessariamente são inatas). Eis o célebre texto no qual ele elabora e justifica esta classificação: "Das ideias, algumas parecem-me nascidas em mim, outras parecem-me estranhas e vindas de fora, outras parecem-me formadas e encontradas por mim mesmo. De fato, a faculdade de conceber aquilo que em geral se chama coisa ou verdade ou pensamento parece-me que eu a tenho não de outro, mas de minha própria natureza; mas, ao ouvir um rumor, ao ver o Sol, ao notar a cor, julguei até agora estas sensações procedentes de alguma coisa fora de mim; parece-me finalmente que as sereias, os hipogrifos e todas as quimeras semelhantes são ficções e invenções do meu espírito. Mas posso talvez persuadir-me de que todas essas ideias são do gênero daquelas que chamo estranhas e que me vêm de fora ou que nasceram comigo, ou que todas elas são produzidas por mim, já que ainda não encontrei a sua origem". Esta redução de todas as ideias a uma só classe não é admissível porque várias razões me induzem a aceitar que pelo menos algumas ideias neo são criações da minha fantasia ou do meu raciocínio. Antes de tudo, "sinto que algumas ideias não dependem da minha vontade porque se apresentam muitas vezes contra ela, como agora que, querendo ou não, sinto calor". Em segundo lugar, há certas ideias que têm certas qualidades das quais não posso privá-las, e outras, outras qualidades. "Com efeito, as que me representam substâncias certamente são mais e contêm, por assim dizer, mais realidade objetiva, isto é, participam, por representação, de mais graus de ser e de perfeição do que as que me representam somente modos ou acidentes". Para se explicar a sua origem não bastaria pensar que são produzidas por outras ideias, e não por alguma realidade estranha ao mundo das ideias? A esta dificuldade Descartes responde: "Embora possa acontecer que uma ideia produza outra, isto não pode continuar indefinidamente, mas é necessário chegar a uma ideia primeira, cuja causa seja como que um modelo ou um original, no qual esteja contida formal e virtualmente toda a realidade ou perfeição que só objetivamente ou por representação se encontra nas outras ideias. Assim a luz natural faz-me conhecer com evidência que as ideias estão em mim como quadros ou imagens que, na verdade, podem facilmente não alcançar a perfeição das coisas das quais procedem, mas que não podem conter nada maior ou mais perfeito"

Nem todas as ideias se originam das coisas ou da fantasia; ideias como "perfeito", "infinito", "eterno" e semelhantes não podem ser explicadas segundo estes modos e, por isso, devem ser tidas, em última análise, como *ideias inatas*.

Com esta teoria do *inatismo* Descartes procurou dar solução ao problema que levara Platão a postular a reminiscência, Aristóteles, o intelecto agente e Agostinho, a iluminação.

c) *A existência de Deus*. Até aqui Descartes estabeleceu que há uma verdade que não pode, de forma alguma, ser posta em dúvida, o *cogito*, e que o homem é essencialmente pensamento. A reflexão sobre estes primeiros resultados mostra que é fácil chegar à prova da existência de um ser perfeitíssimo, Deus. Realmente, "refletindo sobre o fato de que eu duvidava e de que, por isso, o meu ser não era todo perfeito, porque via claramente que conhecer era maior perfeição do que duvidar, propus-me procurar como teria aprendido a pensar alguma coisa mais perfeita do que eu, e conheci com evidência que devia tê-la aprendido de alguma natureza que, na realidade, fosse mais perfeita. (...) Porque não há menos repugnância em que o mais perfeito seja uma consequência e uma dependência do menos perfeito do que em admitir que do nada proceda alguma coisa (...). De modo que ela só podia ter sido colocada em mim por uma natureza verdadeiramente mais perfeita do que a minha, e não só isso, mas também que tivesse em si todas as perfeições das quais eu pudesse ter alguma ideia, isto é, para explicar-me numa palavra, que Deus existe".[13]

A existência de Deus pode ser provada, além do processo indutivo, também pelo dedutivo, mediante um raciocínio ontológico. Basta examinar a ideia de perfeito, que, como dissemos, está presente em nossa mente pelo próprio fato de nos reconhecermos imperfeitos. Ora, "voltando a examinar a ideia que eu tinha de um ser perfeito, via que a existência estava compreendida nele do mesmo modo, e até com maior evidência, que na ideia de triângulo está compreendido que os seus três ângulos são iguais à dois retos ou, na esfera, que todas as suas partes são equidistantes do centro, e que, por conseguinte, é igualmente certo, o

---

[13] Descartes, *o. c.*, IV.

quanto pode sê-lo qualquer demonstração da geometria, que Deus, que é este ser perfeito, é ou existe".[14]

Existe, pois, o ser divino e é perfeitíssimo. A sua perfeição máxima é a liberdade, uma liberdade absoluta, não sujeita a nenhuma limitação ou coação. Também as verdades eternas, apesar de sua aparente necessidade, são tais somente porque Deus assim o quis. As verdades eternas não antecedem nem seguem, ontologicamente, a vontade de Deus; uma vez que Deus as tenha querido, ele as quer para sempre Embora sejam fruto da liberdade divina, elas têm valor absoluto: não há perigo de erro em aceitá-las.

Deus é pois, perfeitíssimo, livre e criador das verdades eternas.

Ele é também criador do mundo; tira-o do nada e o governa. E cuida principalmente do homem: é Deus quem põe as ideias na sua mente, e é precisamente pelo fato de as ideias provirem de Deus que é veraz, que o homem pode ter plena confiança no seu conhecimento.

d) *O mundo físico*. Em suas obras mais importantes *(Discurso, Meditações, Princípios)*, Descartes apresenta ensaios de sua filosofia do mundo. Também nesta parte da filosofia segue o método analítico que empregara na psicologia para determinar a natureza do homem e na teologia natural para provar a existência de Deus. O ponto de partida é a ideia clara e distinta da essência do mundo. De acordo com esta ideia, segundo Descartes, os elementos constitutivos do mundo são somente dois: extensão e movimento. Ele mostra, contra a metafísica clássica, que, para se explicar a natureza das coisas materiais, das plantas e dos animais, inclusive do corpo humano, não se exigem qualidades secundários, nem formas, nem almas; bastam simplesmente a extensão e o movimento, o qual confere diferentes formas à extensão e, desse modo, dá origem às várias coisas. Das qualidades que atribuímos às coisas só as primárias (espaço, figura e número) são objetivas; as secundárias (cor, odor, sabor etc.) são subjetivas. Assim é fácil constatar, por exemplo, em um pedaço de cera colocada no fogo, que a cor se modifica, que o odor desaparece etc., e que permanece somente uma coisa que ocupa espaço, que tem figura e que pode ser dividida.

---

[14] *Id. ibid.*, 1. c. Nos *Princípios de filosofia*, Descartes traz uma prova ontológica da existência de Deus baseada não na ideia de *infinito*, mas na de *perfeito*. Eis, em resumo, o seu argumento: a ideia que nós temos de uma substância infinita não pode ser produzida por nós, que somos substâncias finitas; deve, por isso, ser produzida pela própria substância infinita.

6. A herança de Descartes

Descartes deixou para a posteridade uma preciosa herança no tocante à colocação da pesquisa filosófica (colocação antes prática do que metafísica) e ao método (que é o sintético analítico e não o dedutivo dos escolásticos). Pouco invejável, porém, é a sua herança no que se refere à metafísica, na qual ele agitou muitos problemas, mas não os resolveu.

Entre os que provocaram debates mais inflamados entre seus discípulos estão os seguintes: a substancialidade dos seres finitos, as relações entre a alma e o corpo e o conhecimento do mundo físico.

a) *Problema da substâncialidade dos seres finitos.* Descartes definira a substância como *"res quae ita existir ut nalla alia re indigeat ad existendum"* (coisa que existe de tal modo que não necessita de nenhuma outra coisa para existir). Esta definição se aplica só a Deus; mas Descartes sustentou também que os seres finitos são substâncias, embora de modo imperfeito. Partindo da definição cartesiana de substância, Spinoza concluirá que só Deus é substância e que consequentemente existe só uma substância. O desenvolvimento da ideia cartesiana levou ao *panteísmo*

b) *O problema das relações entre alma e corpo.* Descartes dividira o real em dois gêneros de substância *res cogitans* e *res extensa* (coisa pensante e coisa extensa), totalmente diferentes uma da outra e, por isso, sem nenhuma relação mútua, mas sustentara também que as duas substâncias se encontram no homem, no qual se influenciam mutuamente.

Desenvolvendo logicamente a doutrina cartesiana do *dualismo psicofísico,* Malebranche concluirá que a substância corpórea e a substância pensante não podem agir uma sobre a outra; o que para nós é ação recíproca, não passa de coincidência.

O desenvolvimento da doutrina cartesiana do dualismo psicofísico levou ao *ocasionalismo.*

c) *O problema do conhecimento do mundo físico.* Nos *Princípios de filosofia,* Descartes concluirá que todas as ideias são inatas, mas sustentara também que algumas ideias nos representam o mundo físico e que, assim, podemos conhecê-lo, visto que Deus não nos engana.

O desenvolvimento da doutrina das ideias inatas levou à desvalorização do conhecimento sensitivo, à supervalorização do poder da razão *(racionalismo)* e à negação do mundo físico *(idealismo).*

A conclusão da doutrina cartesiana sobre o conhecimento levou, pois, ao *racionalismo* e ao *idealismo*.

7. Os seguidores de Descartes: Nicolau de Malebranche

A influência de Descartes sobre seus seguidores e sobre os pósteros foi enorme, especialmente na França, onde durante cerca de dois séculos a sua filosofia foi moda. Ela encontrou acolhida especialmente nos ambientes eclesiásticos. Muitos membros das novas congregações religiosas, surgidas no clima da Reforma e da Contrarreforma e, por isso, mais abertas às exigências do tempo, apreciavam na síntese cartesiana o aspecto crítico e a colocação rigorosa, que constituíam de fato a sua novidade e a sua modernidade e que melhor se prestavam para o escopo apologético para o qual se voltavam seus esforços comuns. Esses seguidores de Descartes defenderam suas doutrinas contra aqueles que, como Gassendi e Pascal, mostravam a fragilidade do sistema cartesiano e que o acusavam, senão de ateísmo, pelo menos de indiferentismo religioso.

O mais célebre desses defensores de Descartes, foi Nicolau de Malebranche (1638-1715), padre do Oratório. Discípulo de Descartes, Malebranche aceita as teses fundamentais do mestre em metafísica (também para ele o real se divide em pensamento e extensão) e em epistemologia (admite também como critério supremo da verdade a ideia clara e distinta). Mas o discípulo vai além do pensamento do mestre em dois pontos: no problema do conhecimento e no da causalidade.

Com referência ao conhecimento humano, Descartes chegara à conclusão de que ele é inato, mas não esclarecerá em que consiste este inatismo. E no tocante à causalidade, na questão das relações entre alma e corpo, a teoria cartesiana era ainda menos satisfatória porque, de um lado, parecia excluí-la, afirmando que alma e corpo são duas substâncias completas totalmente diferentes, enquanto de outro, a admitia explicitamente, dizendo que entre ambos existe um nexo causal.

A propósito do *inatismo*, Malebranche precisa que ele não pode ser de inspiração platônica nem agostiniana. Se fosse de inspiração platônica, seria necessário admitir a reminiscência e, com esta, a preexistência da alma. Se fosse de inspiração agostiniana, seria necessário postular a iluminação divina, privando-se assim o homem de sua atividade mais própria. O único inatismo admissível, segundo Malebranche, é o ontológico, isto é, o que afirma que vemos as ideias no próprio intelecto de Deus: nós temos a intuição da mente divina, verdadeiro lugar das ideias. Mas, se é assim, qual é a função da experiência? Segundo Malebranche, ela tem a função de ocasião: quando nos encontramos diante de certas coisas, intuímos com Deus certas ideias. A visão das ideias em Deus é possível porque ele é imediatamente presente ao nosso espírito. Malebranche nota, contudo, que, malgrado esta íntima presença de Deus ao nosso espírito, nós não o vemos diretamente. Fiel a este testemunho da consciência, mas alarmado com o perigo do panteísmo, ao qual o expõe o ontologismo, afirma que a natureza divina como tal é absolutamente incognoscível. Contrariamente ao que sustentara seu mestre, diz não ser possível formar uma ideia clara e distinta do infinito. Malebranche procura assim evitar o panteísmo, mas depois se expõe novamente a ele com a teoria do *ocasionalismo,* segundo a qual Deus age diretamente em todas coisas.

Malebranche usa o princípio do ocasionalismo principalmente para resolver o problema das relações entre alma e corpo. Para ele, essas relações não podem ser enquadradas no esquema da causalidade eficiente. Em primeiro lugar porque entre os seres finitos não podem verificar-se relações causais. Para ele, como para santo Agostinho, a causalidade é propriedade exclusiva de Deus. Em segundo lugar porque, como ensinou Descartes, a alma e o corpo pertencem a duas ordens totalmente diferentes e não pode haver ação recíproca entre realidades que diferem *toto genere* (totalmente quanto ao gênero). É necessário reconhecer, por isso, não só que a alma não exerce nenhuma influência sobre o corpo e que o corpo não exerce nenhuma influência sobre a alma, mas também que os seres criados jamais são causa de suas ações. Eles são apenas ocasiões para a ação de Deus, que age diretamente em todas as coisas como *agente único.*

A filosofia de Malebranche representa, portanto, o desenvolvimento lógico do pensamento de Descartes. Os princípios estabelecidos por este para explicar o mundo do pensamento, aquele os estende à esfera do ser. Assim, no sistema de Malebranche, Deus torna-se a causa suprema e exclusiva não só do conhecimento racional, mas também de toda forma de agir que se encontra no mundo das criaturas. As causas naturais são somente ocasiões para as intervenções divinas, como, para

Descartes, as sensações não passam de ocasiões para a manifestação das ideias inatas.

Mas, se Malebranche é o fiel continuador de Descartes, é também o precursor ideal de Spinoza, antecipando sua visão panteísta do universo. Com efeito, se se priva a natureza de toda iniciativa, de toda atividade, de toda autonomia, como o faz Malebranche, não existe mais razão para uma distinção real entre o mundo da natureza e Deus. Logicamente Spinoza a fará desaparecer, identificando a natureza com Deus.

8. Exame crítico do pensamento cartesiana

Descartes é chamado pai da filosofia moderna. A razão deste título está no fato de que a tendência característica da filosofia moderna, *isto é*, a sua orientação epistemológica (a da filosofia antiga era ontológica), tem precisamente nele o seu iniciador. Ele foi o primeiro a emprestar prioridade ao problema epistemológica (isto é, ao problema do valor do conhecimento) sobre todos os outros e a iniciar a pesquisa filosófica pelo estudo do conhecimento.

Esta afirmação poderia ser contestada porque também Aristóteles começa sua pesquisa metafísica com um problema epistemológica (o do valor do princípio de não-contradição). Mas mesmo o mais tenaz seguidor de Aristóteles reconhecerá que não se encontra nele uma discussão sistemática do problema epistemológico e muito menos a subordinação de qualquer outra parte da filosofia à epistemologia.

A inovação de Descartes não é pequena e basta por si só para justificar a concessão a ele do título de pai da filosofia moderna.

Convém observar, contudo, que não é só pelos méritos, mas também pelos, deméritos (especialmente pelo subjetivismo e pelo racionalismo) que ele é pai da filosofia moderna. Esta, na verdade, assumiu com ele todos os seus traços característicos: as marcas profundas do racionalismo e do subjetivismo, o fato de ocupar-se principalmente de problemas epistemológicos (cf. Locke, Hume, Kant, Hegel).

Entre os méritos de Descartes inclua-se a tentativa de salvar a filosofia clássica mediante seu novo método científico. Mas também esta tentativa terá consequências funestas: exporá continuamente a filosofia ao perigo de ser confundida com as ciências ou de ser olhada com comiseração por não ter um método fecundo como elas.

O erro fundamental de Descartes, erro que Pascal e Vico não tardaram a mostrar, consiste na supervalorização do racional, na idolatria da razão, elevada à categoria de medida de todas as coisas.

As consequências deste erro serão catastróficas. Já em Descartes tudo o que não é racional, mesmo que não seja negado, é relegado para segundo plano (a poesia, a história, a Revelação). No século XVIII, com a aplicação rigorosa do princípio da soberania da razão, a negação da tradição, da Revelação, do sobrenatural será considerada não só legítima, mas também necessária. O Iluminismo será a consequência natural do racionalismo cartesiano.

Outro erro que teve mais tarde consequências funestas (porque abriu as portas ao mecanicismo, que tentou explicar também a vida pelas leis da matéria) é a doutrina cartesiana sobre a natureza dos corpos animal e humano, entendidos como um mecanismo automático.

BIBLIOGRAFIA

OLGIATI, F., *La filosofia di Descartes,* Milão, 1937; CARLINI, A., *Il problema di Cartesio,* Bari, 1948; BERTI, G., *Introduzione al pensieio religioso di René Descartes* Pádua, 1964; MESNARD, A. C., *Cartesio,* Milão, 1972; LABERTONNIÈRE, L., *Etudes ser Descartes,* Paris, 1935; SMITH, N. K., *New Studies in the Philosophy of Descartes* Londres, 1952; GOUHIER, H., *Les premières pensées de Descartes,* Paris 1958; IDEM, *La pensée méttaplysique de Descartes, Paris,* 1962; DE MARIA, A., *Antropologia é teodicea in Malebranche,* Turirn, 1970.

VI

BLAISE PASCAL

A influência de Descartes sobre os seus contemporâneos e sobre os pósteros foi enorme, especialmente na França, onde, nos séculos XVII e XVIII, se viveu quase exclusivamente de sua herança. Nos salões, nos seminários, nos conventos, nas universidades, seus livros eram lidos e suas teorias estudadas e achadas dignas de admiração e de adesão. Houve, porém, exceções, e não desprezíveis, especialmente nos ambientes científicos. Entre os adversários mais irredutíveis de Descartes figura um gênio igualmente multiforme, Blaise Pascal.

Cientista. matemático. apologista e filósofo, Pascal moveu guerra encarniçada ao racionalismo do autor do *Discurso sobre o método*. À especulação lógica, fria, clara e precisa deste opôs uma reflexão vivaz, apaixonada, intuitiva e dialética. Ao *esprit de géometrie* (espírito geométrico) contrapôs o *estrit de finesse* (espírito afetivo).

1. A vida e as obras

Blaise Pascal teve vida breve, mas rica de acontecimentos que interessam diretamente à história religiosa do seu país e que, indiretamente, têm importância também para a história da filosofia, porque a estes acontecimentos se acham estreitamento ligados os desenvolvimentos do seu pensamento.

Pascal nasceu em Clermont-Ferrand no dia 16 de junho de 1623. Aos 7 anos de idade foi para Paris com o pai, alto magistrado e homem de vasta cultura, dado especialmente aos estudos científicos, matemáticos e físicos. Estudante precoce e em grande parte autodidata, Pascal, aos 12 anos, descobriu sozinho (porque o pai, para obrigá-lo a estudar latim privara-o dos livros de matemática) as 32 primeiras proposições da geometria de Euclides. Aos 16 anos, escreveu um *Tratado das Seções Cônicas*. Aos 18, teve a primeira ideia da máquina de calcular e quis construí-la para ajudar o pai em seus cálculos. Por volta desse tempo confirmou as descobertas de Torricelli. Mas o trabalho excessivo minou a sua saúde, débil por constituição, e ele caiu gravemente enfermo.

Em 1648 frequentou, com sua irmã Jacqueline, os seguidores de Saint-Cyran, que o levaram ao misticismo de Port-Royal. Depois da morte do pai, seu fervor religioso arrefeceu um pouco, iniciando-se o chamado *período mundano* de Pascal, devido em parte à proibição médica de dedicar-se a trabalhos intelectuais, prejudiciais à sua saúde, e, em parte, de praticar exercícios de penitência. Madame Perier, sua irmã, observa, porém, que neste período, "por graça de Deus, Pascal manteve-se longe dos vícios".

A crise mundana foi superada na noite de 23 de novembro de 1654, graças a uma espécie de visão mística. Em recordação daquela noite, Pascal escreveu o seguinte *Memorial:*

> Ano da graça de 1654,
> segunda-feira, 23 de novembro, dia de são Clemente,
> papa e mártir, e de outros no martirológio.
> Vigília de são Crisógono, mártir, e de outros.
> Das dez horas e meia da noite, mais ou menos,
> até cerca de meia-noite e meia.
> Fogo.
> "Deus de Abraão, Deus de Isaac, Deus de Jacó",
> e não dos filósofos e dos sábios.
> Certeza, certeza, sentimento, alegria, paz.
> Deus de Jesus Cristo.
> *Deum meum et Deum vestrum* (Meu Deus e vosso Deus).
> Esquecimento do mundo e de tudo, menos de Deus.
> Não se encontra fora das vias ensinadas no Evangelho.
> Grandeza da alma humana.
> "Pai justo, o mundo não te conheceu, mas eu te conheci".
> Alegria, alegria, alegria, lágrimas de alegria.
> Eu me separei dele.
> *Dereliquerunt me fontem aquae vivae* (Abandonaram a mim,
> [fonte da água viva).

"Abandonar-me-eis vós, meu Deus?"
Que eu não me separe dele pela eternidade.
"A vida eterna é esta: que eles te conheçam
a ti, o Deus único e verdadeiro e aquele que enviaste, Jesus
[Cristo".
Jesus Cristo.
Jesus Cristo.
Eu me afastei dele, evitei-o, reneguei-o,
crucifiquei-o.
Que eu jamais me separe dele.
Não se conserva senão pelas vias ensinadas no Evangelho.
Renúncia total e doce.
Submissão completa a Jesus Disto e ao meu diretor.
Alegria eterna por um dia de provação na Terra.
Non obliviscar sermones tuos. Amen (Não me esquecerei das
[tuas palavras. Amém).

Depois da conversão, documentada de forma comovente no *Memorial*, Pascal faz grandes progressos na vida espiritual como se pode ver também pela *Oração para pedir a Deus a graça de fazer bom uso das enfermidades,* escrito muito edificante. A conversão seguiu-se o reatamento de relações, cada vez mais frequentes e intensas, com Port-Royal, que, por esta época, tinha recebido dentro de seus muros um pequeno grupo de leigos, desejosos de uma vida de penitência e de santificação.

Em 1656 foi chamado a Port-Royal em auxílio de Arnauld, ameaçado de excomunhão por causa de suas posições jansenistas, e para defender o jansenismo dos ataques dos jesuítas. Pascal atendeu ao convite e escreveu as *Cartas Provinciais,* que fez circular anônimas, nas quais, com dialética habilíssima e com ironia ora sutil, ora dura, abordava os aspectos discutíveis da Companhia de Jesus.

Mais tarde veio-lhe a ideia de escrever uma *Apologia da Religião Cristã,* projeto que não pôde realizar em virtude de sua morte prematura. Os fragmentos desta obra foram reunidos no volume intitulado *Pensées* (Pensamentos). Pascal morreu em Paris, aos 19 de junho de 1662, depois de atrozes sofrimentos, que soube suportar com grande resignação. Suas últimas palavras foram: "Que Deus jamais me abandone!".

2. Crítica a Descartes

Dos *Pensamentos*, quatro (76-79) são contra Descartes. No pensamento 76, propõe-se escrever contra Descartes por causa da importância excessiva dada por este à ciência. No pensamento 77 declara não poder perdoar a Descartes o ter dado pouco espaço a Deus em sua filosofia. No pensamento 78 afirma de modo lapidar que Descartes é "inútil e incerto". Finalmente, no pensamento 79 sustenta que não vale a pena perder tempo com a filosofia de Descartes.

Em muitos outros pensamentos Pascal crítica Descartes, sem citá-lo. A sua crítica é dirigida especialmente contra o *método geométrico* cartesiano e contra a mentalidade geométrica do seu autor, que pretende reduzir tudo a ideias claras e distintas. Segundo Pascal, o método geométrico é válido para as ciências exatas, não para as humanas — filosofia, moral, religião — nas quais, em vez de ideias claras e distintas, prevalecem ideias complexas, mas carregadas de verdades. Pascal não condena totalmente o método geométrico; rejeita apenas a pretensão de aplicá-lo a qualquer verdade, em especial às da esfera religiosa. Segundo ele, o método geométrico neo tem valor absoluto nem mesmo no reino da ciência, já que os primeiros princípios dela não são claros e distintos, mas confusos e obscuros; eles são apreendidos mais pelo coração do que pela razão. Em conclusão, o erro de Descartes consiste em ter exagerado o fator intelectivo (negligenciando completamente o fator afetivo) e a importância da razão e da especulação (subestimando a contribuição do coração).

Ao método geométrico de Descartes *(estrit de géometrie)*, Pascas opõe o método afetivo *(esprit de finesse);* às ideias claras e distintas, as *ideias emocionantes;* à precisão da razão, o *entusiasmo do coração*.[1]

O coração está na fonte dos conhecimentos humanos de maior valor, conhecimentos que a razão não pode compreender nem justificar: as verdades da moral, da religião e da filosofia. A razão pertencem os conhecimentos científicos.

---

[1] Cf. Pascal, B., *Pensées*, n. 1ss.

3. Ponto de partida da apologética de Pascal

O ponto de partida da apologética de Pascal (ou seu *cogito*) é a constatação da dualidade da natureza humana: o homem é um amontoado de misérias e de grandezas. Um rei sem trono, mas sempre um rei. Um caniço, mas um caniço pensante. O homem é um complexo de bem e de mal, digno ao mesmo tempo de respeito e de desprezo.

Ao dualismo cartesiano de pensamento e extensão, Pascal opõe o dualismo de grandeza e miséria.²

A dúvida metódica de Descartes opõe uma desconfiança total na razão, no tocante à salvação eterna, que anão se encontra fora das vias ensinadas no Evangelho. (...) Que não se conserva senão pelas vias ensinadas no Evangelho. (...) Submissão completa a Jesus Cristo (...)"³.

À razão pode, sem dúvida, tomar conhecimento da dualidade que dilacera a vida humana até em suas manifestações mais íntimas, mas não pode fazer nada para superá-la. Somente a fé cristã pode explicar ao homem a origem desta ruptura e dar-lhe a graça de saná-la. Com isso Pascal neo quer afirmar que a razão não tenha nenhum valor. Ele não ensina o fideísmo, como se vê claramente pelo uso frequente que faz de argumentos racionais para defender o cristianismo. Ele prova, por exemplo, a verdade do cristianismo mostrando que o dogma do pecado original é a única explicação suficiente para todos os males que afligem a humanidade. Prova, em outro lugar, a existência de Deus, aplicando a ela o *cálculo das probabilidades*. O argumento, em resumo, soa assim: ninguém pode evitar o dilema: ou Deus existe ou não existe. É um problema que diz respeito à vida, não um problema puramente especulativo, uma vez que é necessário agir ou como se Deus existisse ou como se não existisse. A neutralidade é impossível: "É necessário apostar; não está em nosso arbítrio; somos obrigados; que alternativa escolhemos?"

Consideremos o dilema como um jogo no qual sairá cara ou coroa. "Em qual apostaremos?" Segundo a razão, não se pode apostar nem em uma nem em outra porque, segundo a razão, nenhuma das alternativas pode ser excluída. Apostaremos na que corresponde melhor aos nossos interesses. "Admitamos que Deus existe. Que coisa nos arriscaremos a

---

² *Id., ibid.*, n. 60.
³ *Id., Memorial* (transcrito às pp. 80-81).

perder se vivermos como se Deus existisse? Os prazeres e os bens do mundo, isto é, bens finitos. Que coisa ganharemos? Um bem infinito". Então, se ganharmos, ganharemos tudo, e se perdermos, não perderemos nada. Só nos resta, pois, apostar sem hesitação que Deus existe. Mesmo que se admitissem infinitas possibilidades negativas contra uma só favorável, ainda seria melhor apostar na existência de Deus, porque se tem pela frente uma eternidade de vida e de felicidade. Mas, na realidade, as probabilidades são finitas e o que se arrisca é finito em face de uma infinidade de vida infinitamente feliz. "Isto encerra o jogo: quando se trata do infinito e quando não existe infinidade de probabilidades de perda contra as de ganho, não há igualdade: convém dar todos os bens deste mundo pela vida eterna".[4]

Deste argumento e do tom geral da filosofia de Pascal segue-se que, mais do que opor a razão ao coração, ele quer integrar a razão com o coração; mais do que negar valor à demonstração, ele deseja completar a demonstração dialética com a dedutiva.

BIBLIOGRAFIA

SERINI, P., *Pascal,* Turim 1943; SCIACCA, M. F. *Pascal,* Milão, 1962, 3ª ed.; MARTINO, V., *Biagio Pascal néll'unità del suo pensieró,* Lecce, 1962; PAREYSON, L., *L'etica di Pascal,* Turim, 1966, CHEVALIER, J., *Pascal,* Paris, 1922; JOVY, E., *Etudes pascaliennes,* Paris, 1928-1932, 8 v.; BRUNSCHVIG, L., *Pascal,* Paris, 1932; BAUDIN, E., *La philosophie de Pascal,* Nenchatel, 1947, 3 v.; FOREST, A., *Pascal ou l'intériorité révélante,* Paris, 1971; GUARDINI, R, *Chrisiliches Bevuasstsein. Versuch Der Pascal,* Mônaco, 1959, 3ª ed.

[4] *Id., Pensées,* 233.

VII
BARUCH SPINOZA

Depois de sua morte, Spinoza permaneceu quase totalmente ignorado durante cerca de um século, quando então foi descoberto pelos pensadores alemães (Lessing, Jacobi, Mendelssohn, Herder, e pelos idealistas) que se tornaram seus admiradores fervorosos e lhe asseguraram um lugar entre os maiores pensadores de toda a História.

1. A vida e as obras

Baruch (Benedito) Spinoza nasceu em Amsterdã, aos 24 de novembro de 1632, de uma família hebreia que se vira forçada a abandonar a Espanha por causa da intolerância religiosa daquele país. Foi educado na comunidade israelita de Amsterdã.

Seu pai, querendo que ele se tornasse rabino, mandou-o para a escola da sinagoga. Além das Sagradas Escrituras e dos rabinos, Baruch estudou também filosofia (Giordano Bruno, Bacon e, principalmente, Descartes) e a teologia protestante. Convenceu-se lentamente de que a interpretação tradicional da Sagrada Escritura estava errada. Em 1656 foi excomungado pela comunidade israelita e expulso por causa de "heresias praticadas e ensinadas"; deixou então Amsterdã e retirou-se para Leida, onde, para ganhar a vida, trabalhou como polidor de lentes ópticas. O tempo livre de que podia dispor passava-o estudando filosofia. Neste período, Spinoza, de saúde fraca, mas cioso de sua independência espiritual, levou vida modesta, tranquila e reservada.

Quando seu amigo e discípulo, Simão de Vries, quis conseguir-lhe uma pensão de 500 florins anuais, Spinoza disse que era muito e aceitou só 300.

Em 1658 escreveu seu primeiro livro, *Breve tratado sobre Deus, sobre o homem e sobre a felicidade*, que só foi publicado dois séculos mais tarde. Em 1663 publicou *Renati Cartesii principia philosophiae. Cogitata metaphisica.*

Em 1670 apareceu, anônimo, o *Tractatus theologico-politicus*, no qual sustentava que "numa comunidade livre deveria ser permitido a cada um pensar o que quisesse e dizer o que pensasse". O livro foi logo condenado pelas Igrejas protestantes e Católica.

Antes desta, Spinoza terminara sua obra principal, *Ethica origine geométrico demonstrata*, mas adiara sua publicação, temendo ser condenado. A *Ethica* foi publicada em 1677, logo depois da morte do autor, junto com o *Tractatus politicus* e o *Tractatus de emendatione intellectus*, ambos incompletos.

Spinoza morreu tuberculoso no dia 21 de fevereiro de 1677.

2. Caráter ético-matemático da filosofia de Spinoza

O título da obra principal, *Ethica ordine geometrico demonstrata*, ia mostra o caráter ético e matemático da filosofia de Spinoza. Em primeiro lugar, tem ela *caráter ético* porque seu objetivo principal é ensinar a viver corretamente e a conseguir a felicidade. Em segundo lugar, tem ela *caráter matemático* porque Spinoza se propõe atingir seu objetivo principal não como pregador e mestre espiritual, usando exortações mais ou menos oportunas, mas usando um método vigorosamente científico, isto é, o método matemático.

Estes dois caracteres essenciais podem ser notados já na estrutura da *Ethica*. A preeminência do caráter ético decorre de ser reservada à moral a última parte do tratado; a ela estão subordinadas as partes que expõem a *metafísica* e a *psicologia*.

O caráter matemático pode ser visto facilmente pelos títulos. Corro na geometria de Euclides, os títulos trazem os nomes de definições, axiomas, proposições, corolários, escólios, lemas.

Notemos, entretanto, que o caráter matemático da filosofia de Spinoza não é puramente externo, metodológico, formal; ele é, ao contrário, a configuração da concepção que Spinoza tem da realidade. Para ele, toda a realidade está sujeita a rígidas regras matemáticas; tudo está perfeitamente ordenado, nada acontece por acaso ou arbitrariamente.

Enquanto Descartes limitara o mecanicismo e a necessidade à substância extensa, Spinoza tenta reduzir a uma e mesma ordem necessária também a substância pensante. Ele julga dever fazer isso porque pensa que a realidade só pode ser compreensível se obedecer a leis fixas, inderrogáveis. É a exigência racionalista que leva Spinoza a conceber toda a realidade do ponto de vista matemático.

A Ethica divide-se em cinco partes: a primeira, *De Deo,* trata de Deus como "substância"; Spinoza dá a definição de Deus e estuda suas propriedades principais: *causalidade, unidade, simplicidade, necessidade, liberdade, teleologia* etc. A segunda parte, *De natura et origine mentis,* trata da natureza do homem e, de modo particular, de sua parte espiritual, a alma, da qual estuda primeiro a natureza, em seguida as relações com o corpo e, finalmente, o problema de suas faculdades e da liberdade da faculdade volitiva. A terceira parte, *De origine et natura affectuum,* trata da origem e da natureza das paixões humanas. A quarta parte, *De servitute humana, seu de affectuum viribus,* trata da força das paixões e da sujeição do homem a elas. A quinta parte, *De potentia intellectus, seu de libertate humana,* trata da liberdade que o homem pode conquistar, submetendo as paixões ao domínio da razão. Contra os que afirmam o livre-arbítrio, Spinoza demonstra que é possível pôr um freio às paixões só com a razão, sem a vontade e o livre-arbítrio. Uma vez subjugadas as paixões, o homem está em condições de conseguir a felicidade, a qual consiste no *amor intellectualis Dei* (no amor intelectual a Deus).

A *Ethica* é edificada sobre oito definições, cujo conhecimento é indispensável. São elas:

— por *causa de si mesmo* (*causa sui*) entendo aquilo cuja essência implica a existência, isto é, aquilo cuja natureza não pode ser concebida a não ser como existente;

— diz-se *finita* no seu gênero aquela coisa que pode ser limitada por outra da mesma natureza;

— por substância (*substantia*) entendo aquilo que é em si e que é concebido por si, ou aquilo cujo conceito *(conceptus)* não precisa do conceito de nenhuma outra coisa para ser formado;

— por *atributo* entendo aquilo que a mente apreende da substância como constitutivo de sua essência;

— por *modo* entendo as afecções da substância, ou seja, aquilo que subsiste em outra coisa e que é pensado por meio dela;

— por *Deus* entendo um ser absolutamente infinito, ou seja, uma substância constituída de infinitos atributos, cada um dos quais exprime a sua essência eterna e infinita;

— diz-se *livre* aquela coisa que existe simplesmente por força da necessidade de sua natureza e que é determinada para agir só por si mesma. Diz-se *necessária,* ou melhor, coagida, aquela coisa que é determinada para agir e para operar segundo uma razão fixa *(certa)* e determinada;

— por *eternidade* entendo a própria existência enquanto concebida como resultante da simples definição da coisa eterna.[1]

3. Deus ou substância

Postas estas definições, Spinoza passa a tratar, na primeira parte da *Ethica,* da "substância", isto é, de Deus, de suas propriedades, de seus atributos e modos.

Sua primeira preocupação é esclarecer a natureza de Deus e de suas relações com o mundo. Para isso ele não segue as vias indutivas de Aristóteles e Tomás de Aquino, nem as vias da negação e da eminência, da patrística grega e de Maimônides; esses procedimentos não exprimem a ideia que Spinoza tem de Deus e de suas relações com as coisas. Sobre dois pontos ele tem certeza: a) que a realidade suprema é Deus: nada pode existir sem ele e fora dele; tudo procede dele e reflete, de algum modo, a sua natureza. Para Spinoza, os únicos conceitos que exprimem adequadamente esta situação são o de substância, para Deus, e o de modo, para as coisas; b) que para se dar expressão científica a esta visão é necessário proceder dedutivamente (como na matemática) e não indutivamente (como fizeram Aristóteles e Tomás), ou seja, é necessário partir do conceito de substância, mostrar que ela implica a existência e depois demonstrar que dela procedem todas as modificações que constituem o mundo.

A *Ethica* abre-se, portanto, com uma demonstração ontológica da existência da substância. Sendo a substância, por definição, uma realidade que existe em si mesma e que é concebida por si mesma, não pode ter uma causa externa, mas deve ser *causa sui* (causa de si), isto é, deve ser uma realidade cuja essência implica a existência.

---

[1] Spinoza, B., *Ethica origine geométrico demonstrata,* I, *Definitiones.*

Como se vê, seguindo o exemplo de Descartes, que demonstrara a existência de Deus ontologicamente, partindo do conceito de perfeito, Spinoza prova a existência da substância partindo de sua definição.

Depois de ter estabelecido a existência da substância e de tê-la identificado com Deus, ilustra a sua natureza, mostrando que ela é, por direito, infinita, única, livre, imutável, eterna.

Deus é *infinito* porque não pode ser limitado por nenhuma outra coisa da mesma natureza. É *único* porque, além dele e fora dele não pode existir nenhuma outra coisa. Tudo o que existe, existe em Deus. O mundo deve, portanto, ser "deduzido" dele. Ele é causa infinita de efeito infinito, causa e efeito entendidos no sentido lógico de princípio e consequência. O mundo procede de Deus, "segue" de Deus como da definição de triângulo "segue-se" que a soma de seus três ângulos internos é igual a dois ângulos retos, ou como do espaço infinito se formam as infinitas figuras geométricas. Por isso, o processo causativo divino tem, para Spinoza, os seguintes caracteres: a) é fora do tempo: entre Deus e o mundo não existe relação de antes e depois; a gênese deste por aquele é um processo eterno, como eterna é a substância que nele age; b) a causalidade divina não é transitiva, mas imanente, isto é, o produto não está fora do agente, como algo distinto dele (como no conceito bíblico de criação), mas está nele, ou melhor, identifica-se com ele. A sua atividade é análoga não à atividade pela qual um ser vivo gera outro ser vivo, mas à atividade pela qual as várias cores são produzidas pela luz e as figuras geométricas são geradas pelo espaço. O mundo é, pois, pela sua própria essência, idêntico a Deus (panteísmo). Deus e mundo, causa e efeito, não são duas realidades, mas uma só, a realidade universal, a natureza (que significa "genitora", produção). Mas, considerada como infinita atividade produtora, a natureza é *natura naturans* (natureza criadora, Deus); considerada como infinito produzido é *natura naturata* (natureza criada, o mundo); Deus não é senão a natureza enquanto causa de si mesmo (como substância e atributos), e o mundo não é senão Deus como efeito de si mesmo, como modificação de si mesmo, como sistema de "modos".[2]

Deus é livre porque "age segundo as leis da sua natureza e não é obrigado a agir por ninguém".[3] Fazendo a liberdade consistir no "agir

---

[2] *Ib., ibid., "propositio"* XXIX, *"scholion"*.
[3] *Id., ibid., "propositio"* XVIII.

segundo as leis da própria natureza" e não na "deliberação meditada" (Aristóteles) ou na "escolha entre várias possibilidades" (Tomás de Aquino) ou na "indeterminação" (Descartes), Spinoza afasta-se decididamente de toda a tradição filosófica precedente. Ele tem consciência disso e tenta explicar o seu passo revolucionário. No apêndice da primeira parte, procura mostrar que a crença comum, segundo a qual Deus agiria com livre-arbítrio, se deve à ignorância das verdadeiras causas dos fenômenos e ao antropomorfismo.

Mas, se a liberdade divina consiste em agir segundo as leis de sua própria natureza, é óbvio que Deus é imutável. De fato, "as coisas não poderiam ter sido produzidas por Deus em ordem ou em modo diversos daquele no qual foram produzidas".[4] As coisas procedem necessariamente da natureza divina e são determinadas à existência e à ação pela necessidade da natureza de Deus.[5]

Que Deus seja eterno resulta do fato que, como *causa sui* (causa de si) e tendo em si mesmo não só a razão do seu ser, mas também o fundamento de tudo o que existe, ele não pode ser pensado sem que se tenha a certeza de sua existência. Este existir necessário e infinito de Deus constitui a sua eternidade.[6]

Até aqui, do ponto de vista metodológico, a "teologia" de Spinoza não apresenta novidades apreciáveis com referência às exposições tradicionais (de Aristóteles, Tomás de Aquino, Scot e Descartes): como estas, também a dele se divide em duas partes, uma dedicada à demonstração da existência de Deus e a outra ao estudo de sua natureza; esta última contém, entre outras coisas, a demonstração de que Deus é infinito, único, livre etc. Mas, enquanto nas exposições tradicionais, a infinidade, a unidade, a liberdade etc. eram consideradas como os principais atributos de Deus, Spinoza não as vê como atributos, mas como simples propriedades. Ele dá uma definição nova de *atributo:* "Por atributo entendo aquilo que o intelecto apreende como constitutivo da essência da substância".

Para ele, Deus tem a possibilidade de exprimir a sua essência em um número infinito de aspectos, cada um com a capacidade de representá-

---

[4] *Id., ibib., "propositio"* XXXIII.
[5] *Id., ibid., "demonstratio"*.
[6] *Id., ibid., "definitio"* VIII.

-la exaustivamente. Deus pode, portanto, ter infinitos atributos. Mas somente dois são acessíveis ao intelecto humano: o *pensamento* e a *extensão*, porque a realidade nos apresenta somente estas duas ordens de determinações, pensamentos e corpos.

Como se vê, com os atributos do pensamento e da extensão, Spinoza retoma o dualismo cartesiana, mas transforma-o de dualismo de ordens de substâncias em dualismo de aspectos da Substância única.

Os dois atributos estão em relação de perfeito paralelismo um com o outro: o atributo do pensamento reflete, ponto por ponto, exatamente tudo o que está contido no atributo da extensão; e só pode ser assim porque cada atributo reflete toda a perfeição da Substância, do seu ponto de vista, e não pode fazer isso senão representando perfeitamente tudo o que se encontra nos outros atributos.

Spinoza chama "modos" às coisas produzidas pela Substância (Deus). A sua definição de modo é a seguinte: "Por modo entendo as modificações da Substância, isto é, aquilo que existe em outra coisa através da qual também pode ser conhecido".

Os modos da Substância são inúmeros.[7] Uns são finitos, outros infinitos. Os modos infinitos são quatro: dois deles são produzidos por Deus imediatamente: o movimento *(motus)* e o intelecto infinito *(intellectus absolute infinitus,* intelecto absolutamente infinito), e dois mediatamente: a configuração de todo o universo *(facies totius universi,* a face de todo o universo), produzido mediante o movimento e a ideia de Deus *(idea Dei),* produzida mediante o intelecto infinito.

O número dos modos finitos não tem limites: eles não são senão as coisas particulares, finitas. Cada modo é repetido em cada um dos atributos. Existe, por isso, um paralelismo perfeito entre os modos como entre os atributos.

Os modos têm as seguintes propriedades: a) não têm em si a explicação do seu ser (mediante definição); b) no modo há distinção entre essência e existência porque o modo não é causa do seu próprio ser;[8] c) os modos, isto é, todas as coisas particulares finitas, vêm ao ser necessariamente. "No mundo das coisas *(in rerum natura)* não há nada contingente; todas as coisas são determinadas a existir e a operar de certo

---

[7] Cf. *Id., ibid..,* "*propositio*" XVI.
[8] Cf. *Id., ibid..,* "*propositio*" XXIV.

modo pela necessidade da natureza divina".[9] Por isso, a contingência é fruto da ignorância e da fantasia como o é também o livre-arbítrio.[10]

Considerando-se as coisas *sub specie aeternitatis* (do ponto de vista da eternidade), torna-se fácil compreender que não há nada contingente, mas que tudo é necessário.[11]

4. O homem

Estudada a questão sobre Deus e suas relações com o mundo, Spinoza passa a examinar a natureza do homem, a realidade à qual, depois de Deus, ele dedica mais atenção. Ora, aqui, mais do que em qualquer outro lugar, a sua exposição é artificiosa e abstrata: de fato, em vez de sua descrição da natureza humana ser fruto de um exame fenomenológico da situação, é consequência dos conceitos e das premissas postas na primeira parte.

Este processo dedutivo leva Spinoza antes de tudo a negar que o homem seja substância. "A substância", diz ele, "não é a forma do homem; de fato, a essência da substância implica a existência; ora, se a substância fosse a forma do homem, este deveria existir necessariamente. Mas isto é absurdo".[12]

Não sendo o homem uma substância, é necessário concluir que ele é um modo, ou melhor, a síntese de duas modificações da substância divina: da modificação do atributo do pensamento e da modificação do atributo da extensão. A modificação do pensamento é a alma, a qual, segundo Spinoza, "não é senão a ideia de uma coisa individual existente de fato".[13] A modificação da extensão é o corpo, que é "o objeto da ideia que constitui a essência da mente".[14]

A alma não age sobre o corpo, nem o corpo sobre a alma. Mas tudo o que acontece no corpo acontece paralelamente na alma e vice-versa. Tudo o que acontece no objeto da ideia, que constitui a mente humana, deve ser conhecido pela mente; deve encontrar-se na mente a

---

[9] *Id, ibid..*, "*propositio*" XXIX.
[10] Cf. *Id.*, "*Ethica*", II, "*propositio*" XLIV, *cor.* 1.
[11] Cf. *Id., ibid.*, "*propositio*" XLIV, *cor* 2.
[12] *Id., ibid.*, "*propositio*" X, "*demonstratio*".
[13] *Id, ibid.*, "*propositio*" XI.
[14] *Id.,ibid.*, "*propositio*" XIII.

ideia daquela coisa, isto é, se o objeto da ideia que constitui a mente do homem é o corpo, nada pode acontecer no corpo que não seja notado também pela mente.[15]

Sendo uma modificação de Deus, "a mente do homem é uma parte do infinito intelecto de Deus (e o corpo, uma parte da extensão infinita de Deus). Por isso, quando dizemos que a mente conhece esta ou aquela coisa, não dizemos senão que Deus, não enquanto é infinito, mas enquanto se manifesta na natureza da mente ou enquanto constitui a essência da mente, tem esta ou aquela ideia".[16]

Como a mente é o correlativo do corpo no atributo do pensamento, também os conhecimentos que a mente adquire são o correspondente dos movimentos que se sucedem no corpo. Se os movimentos do corpo são claros e precisos, ter-se-á na mente uma ideia clara e precisa (isto é, adequada); se os movimentos são complicados e confusos, ter-se-á na mente uma ideia inadequada e confusa.

É óbvio que a mente não tem nenhum conhecimento direto das coisas externas, uma vez que pode conhecer somente mediante os movimentos que elas causam no corpo. Nem mesmo do próprio corpo tem a mente um conhecimento direto; ela o conhece somente através das ideias das modificações que o afetam.[17]

Segundo Spinoza, não se pode propriamente falar de conhecimento verdadeiro ou falso, mas só de conhecimento adequado ou inadequado. Não se pode falar de conhecimento falso porque, com base em sua doutrina da origem das ideias, o conhecimento não pode ser uma imagem deformada da realidade, mas pode ser inadequado enquanto representação incompleta, mutilada.[18] Tal é sempre o conhecimento sensitivo. Impropriamente, todavia, este conhecimento pode ser chamado de falso.

Mas o conhecimento da razão e da intuição é sempre verdadeiro;[19] é também adequado enquanto vê as coisas *sub specie aeternitatis* (do ponto de vista da eternidade).[20]

---

[15] Cf. *id., ibid.,* "*propositio*" XII.
[16] *Id.,ibid.,* "*propositio*" XI, *cor.*
[17] Cf. *Id., ibid.,* "*propositiones*" XIX, XXX.
[18] Cf. *Id., ibid.,* "*propositio*" XXXV, "*definitivo*" IV.
[19] Cf. *Id., ibid.,* "*propositio*" LI.
[20] Cf. *Id., ibid.,* "*propositio*" XLIV, *cor.* 2.

A razão pode contemplar as coisas *sub specie aeternitatis* porque pode contemplá-las na eterna luz de Deus, e isto porque as coisas, como modos da única substância, implicam necessariamente a eterna e infinita essência de Deus.[21]

Uma das teses características e básicas do sistema de Spinoza é a negação da liberdade da vontade humana. Em favor dessa tese são aduzidos vários argumentos, como o de que a liberdade é uma ilusão, fruto da ignorância das verdadeiras causas.

O motivo verdadeiro não é, porém, de ordem psicológica, mas ontológica: a vontade não pode ser livre porque não é propriamente uma faculdade, mas uma modalidade do pensamento e, como tal, tem como causa o pensamento. Não pode, por isso, ser livre.[22]

Seguindo o costume do seu tempo[23] e dado o caráter ético da sua obra, Spinoza dedica amplo espaço e especial atenção ao tema das paixões. A exposição interessa por dois motivos: a) porque traça um quadro bastante sombrio da situação normal do homem, inteiramente sujeito ao domínio das paixões (a quarta parte da *Ethica* traz o título significativo de *De servitute hominis* [Da servidão do homem]); b) porque enuncia conceitos fundamentais da ética de Spinoza, conceitos de cunho estritamente utilitarista como se vê pelas definições de *bem* e de *mal*, de *perfeição* e de *imperfeição*.

Para Spinoza, bom é aquilo que ajuda a própria conservação, mau o que lhe traz prejuízo. Com isso, identifica o bem com o útil. A procura do útil passa a ser a norma fundamental da razão. E a razão nada exige contra a natureza, mas exige que cada um ame a si mesmo e procure o que lhe é útil. Deste modo o bem e o mal tornam-se relativos, porque o que para um é útil, para outro pode ser prejudicial e, portanto, mau. A música, por exemplo, é boa para o melancólico e má para o que está de luto.

O mesmo vale para os conceitos de perfeição e imperfeição. A perfeição significa aumento do poder de agir, a imperfeição indica a sua diminuição.[24] No homem, é útil, bom e perfeito aquilo que aumenta o uso da razão; é prejudicial e mau (imperfeito) aquilo que impede ou diminui o uso da razão. Por isso, diz Spinoza, o bem e o mal são para

---

[21] Cf. *Id., ibid., "propositiones"* XLV-XLVII.
[22] Cf. *Id., ibid., "propositiones"* XLVIII-L.
[23] Cf. Descartes, *Tratado sobre as paixões da alma*.
[24] Cf. Spinoza, B., *Ethica*, IV, *praefatio*.

o homem respectivamente aquilo que conduz à compreensão e aquilo que impede de compreender.²⁵

Aplicando esses princípios às paixões, Spinoza julga que elas impedem o uso da razão e a mantêm (e ao homem) na escravidão.

Como, segundo ele, a servidão às paixões é consequência do conhecimento inadequado, da ignorância, assim a liberdade é fruto do conhecimento adequado, da ciência:²⁶ o homem "é livre à medida que é guiado pela razão".²⁷

Nas últimas proposições da quarta parte da *Ethica*, Spinoza enumera as características principais do homem livre.

— É livre aquele que, entre dois bens, escolhe o maior, e, entre dois males, o menor.

— É livre aquele que não age com perfídia, que obedece às leis do Estado, que, com a mesma coragem, enfrenta ou evita a desgraça.

— Finalmente, *"homo liber de nulla re minus cogitat quam de morte, et eius sapientia non mortis, sed vitae meditatio est"* (o homem livre em nenhuma coisa pensa menos do que na morte, e a sua sabedoria é meditação não da morte, mas da vida).²⁸

O triunfo da razão e o domínio sobre as paixões é definitivamente alcançado quando a razão humana chega ao conhecimento adequado de Deus. No *Breve tratado* Spinoza diz que a alma continua escrava das paixões enquanto não atinge um conhecimento adequado das coisas, mas que, quando chega ao conhecimento de Deus, já não pode ser perturbada por nenhuma paixão.²⁹ Esta doutrina é desenvolvida amplamente na segunda parte da *Ethica*. Aqui Spinoza mostra que a emoção produzida na alma pela ideia de Deus é a mais forte, capaz, por isso, de controlar todas as paixões. Logo, a perfeição máxima à qual o homem deve aspirar é o conhecimento de Deus: *"mentis summa virtus est Deum intelligere seu cognoscerem* (a supremo força da mente é compreender ou conhecer a Deus).³⁰ Outro motivo pelo qual o conhecimento de Deus liberta o homem das paixões é que ele nos faz ver a relação das paixões com Deus e assim nos liberta delas.³¹

---

²⁵ Cf. *Id..*, *ibid.*, *"propositio"* XXVI.
²⁶ Cf. *Id.*, *ibid.* V, *"propositio"* III.
²⁷ *Id.*, *ibid.*, IV, *"propositio"* LXVII. Cf. *Id.*, *ibid.*, IV, *"appendix"* IV.
²⁸ *Id.*, *ibid.*, *"propositio"* LXVII.
²⁹ *Id.*, *"Korte Verhandeling"*, II, 19
³⁰ *Id.*, *"Ethica"*, V, *"propositio"* XXVII, *"demonstratio"*.
³¹ Cf. *Id.*, *ibid.*, *"propositiones"* XV, LV.

Do conhecimento de Deus nasce o amor intelectual a ele, e neste amor consiste a felicidade humana: *"Nostra salus, seu beatitudo, seu libertas consistit (...) in constanti et aeterno erga Deum amore"* (a nossa salvação ou felicidade ou liberdade consiste (...) no amor constante e eterno a Deus).[32]

5. Religião e política

Como Giordano Bruno e outros filósofos anteriores, Spinoza também distingue dois tipos de religião, a do povo e a do filósofo. A primeira consiste na obediência à lei: à lei hebraica ou a outra lei contida nos livros sagrados. É pela obediência à lei que o povo, ignorante, pode subjugar as paixões e conquistar a liberdade. Para Spinoza, como para Giordano Bruno, a religião positiva tem função puramente pedagógica. 12 esta também a função da Bíblia: o seu escopo não é ensinar a verdade (seja ela científica, moral, filosófica ou religiosa), mas somente educar o homem para dominar as paixões.

A religião do filósofo é a filosofia, isto é, o conhecimento adequado, o conhecimento da verdade. Através do conhecimento adequado o filósofo atinge a liberdade. Obedecendo aos ditames da razão, ele subjuga todas as paixões.

Disso resulta que, embora a religião e a filosofia tenham o mesmo escopo (subjugar as paixões), são claramente distintas. A religião procura subjugar as paixões pela obediência à lei; a filosofia, mediante o conhecimento da verdade.

Dessa diferença entre religião e filosofia, Spinoza tira duas consequências: eliminação da discussão sobre se a filosofia é *ancilla theologiae* (serva da teologia), porque não há nenhuma relação entre religião e filosofia; é liberdade de pensamento: a religião concede a máxima liberdade à especulação filosófica, deixa a cada um a liberdade de pensar o que lhe parecer melhor, porque a religião não se interessa pela verdade.[33]

Em política, Spinoza foi, com Hobbes, um dos primeiros a sustentar a teoria da origem contratual do Estado.

Diz ele que hoje a humanidade se encontra numa situação diferente da das origens. Atualmente ela se encontra em estado político, ao passo

---

[32] *Id., ibid., "propositio"* XXXVI, *"scholion"*.
[33] Cf. *Id. "Tractatus theologico-politicus"*, c. 14.

que nas origens estava no estado de natureza. As diferenças entre as duas condições são as seguintes: no estado de natureza não há nenhuma restrição aos direitos do indivíduo. Como o sábio tem o direito soberano de fazer tudo o que a razão lhe ordena, isto é, de viver segundo as leis da razão, assim o ignorante e o estúpido têm o direito soberano de fazer tudo o que as paixões lhes ordenam.

Logo, se um indivíduo, guiado pela razão ou impelido pelas paixões, considera útil para si alguma coisa, tem o direito de desejá-la e de apropriar-se dela por todos os meios possíveis: força, astúcia, pedidos... Consequentemente pode ele considerar como seu inimigo a quem quer que se oponha à consecução do seu desejo. Resultado: guerras, morticínios, insegurança etc. Mais tarde começa-se a compreender que é muito melhor para os homens viver segundo as leis e os ditames da razão porque têm por objeto o verdadeiro bem do homem. Assim os homens fazem acordos uns com os outros e renunciam a alguns de seus direitos.[34]

Deste contrato social, desta renúncia a alguns direitos individuais em favor do governo nasce o Estado. De acordo com Spinoza, o Estado deveria continuar a exercer os direitos aos quais os indivíduos renunciaram mesmo que estes se arrependessem ou quisessem reavê-los. O Estado tem, portanto, o direito de eliminar os revoltosos enquanto for mais forte do que eles.

6. Aspectos positivos e negativos do sistema filosófico de Spinoza

O ponto de partida da especulação de Spinoza é uma concepção totalmente nova de substância, de causa e de liberdade, as três categorias sobre as quais ergue seu engenhoso sistema. Esta inovação radical é feita sem nenhuma justificação: é imposta como um ato de fé.

Pode-se ver facilmente que as suas definições se distânciam consideravelmente das definições clássicas. Segundo a filosofia clássica, a causa influi somente na realidade de outrem, não na própria; para Spinoza, ela influi também na própria *(causa sui,* causa de si mesma). Na filosofia clássica, a substância não é um ser, mas um princípio do ser finito e mutável (o correlativo de acidente); para Spinoza, ela é um ser completo, existente por si, melhor, o único ser verdadeiro. Mas,

---

[34] Cf. *Id. ibid.,* c. 16.

enquanto, na filosofia clássica, para a definição de substância bastam a causa material e a formal, em Spinoza são exigidas também as outras duas causas obtendo-se assim a unicidade da substância. Finalmente, enquanto para a filosofia clássica o elemento característico da liberdade é a possibilidade de escolha, para Spinoza o seu constitutivo essencial é a espontaneidade: agir segundo as leis da própria natureza.

O panteísmo e o determinismo que caracterizam o pensamento de Spinoza são consequências lógicas desta concepção arbitrária da causa, da substância e da liberdade.

Outros pontos inaceitáveis são o paralelismo entre fenômenos físicos e psíquicos e a identificação da virtude com o conhecimento. O paralelismo não explica suficientemente a unidade da ação humana, que é única, não dupla; é uma ação psicofísica, não duas ações, uma psíquica, outra física. A identificação da virtude com o conhecimento é uma supervalorização indevida do elemento intelectivo, com prejuízo do afetivo e do volitivo.

O aspecto melhor do sistema de Spinoza é o seu esforço para dar ênfase ao vínculo íntimo e profundíssimo que une as criaturas a Deus.

Por outro lado, a lacuna mais grave é a eliminação do problema do mal, reduzido a uma aparência para quem considere a natureza de um ponto de vista inadequado.

BIBLIOGRAFIA

Guzzo, A., *Il pensiero di Spinoza*, Florença, 1924; Rensi, G., *Spinoza*, Milão, 1941; De Regibus, A., *La filosofia etico-politica di Spinoza*, Turim, 1963; Di Vona, P., *Studi sull antologia di Spinoza*, Florença, 1969; Gallicet Calvetti, C., *I presupposti teoretici dell'irenismo di Spinoza*, Milão, 1968; Delbos, V., *Le spinozisme*, Paris, 1916; Siwek, P., *Spinoza et te panthéisme religiéux* Paris 1938; Roth, R., *Spinoza* Londres, 1954, 2ª ed.; Wolfson, H. A., *The phiiosophj of Spinoza*, Nova Iorque, 1958; Preposiet, J., *Spinoza et ia liberté des hommes*, Paris, 1967.
Borgia, S., *Spinoza: La liberta e lo Stato*, Lecce, 1968; Banfi, A., *Spinoza e il suo tempo*, Florença, 1969.

VIII
OS EMPIRISTAS INGLESES

1. O ambiente político e cultural da Inglaterra no século XVII

Para a Inglaterra, o século XVII é o "século de ouro" como o é para a Itália e a Espanha o século XVI, para a França o século XVIII, para a Alemanha e a Rússia o século XIX. É um período extraordinariamente rico e fecundo em política, literatura, economia e filosofia.

Em *política:* internamente registra-se a afirmação do sistema democrático parlamentar e a derrota do absolutismo; no exterior, constitui-se um enorme império colonial que vai do Atlântico ao Pacífico e abrange territórios vastíssimos da América e da Ásia.

Na *literatura* temos a manifestação simultânea de grandíssimos engenhos como Marlowe, Ben Jonson, John Donne e Shakespeare no teatro, e Milton na poesia.

Na *economia* verifica-se um constante progresso, em virtude principalmente do aparecimento das várias Companhias, as quais organizam um intercâmbio comercial intensíssimo com os mais distantes países da Terra. Também o desenvolvimento da indústria, especialmente da indústria têxtil, contribui para o progresso econômico.

Na *filosofia*, depois de Bacon, aparecem quatro pensadores de considerável valor: Hobbes, Locke, Berkeley e Hume (este último, cronologicamente, pertence ao século seguinte, mas o seu pensamento não é senão o coroamento lógico do pensamento dos filósofos que o precederam, sendo oportuno, por isso, estudá-lo ao lado deles, neste capítulo).

Também os filósofos ingleses do século XVII sentem vivamente a problemática típica da filosofia moderna: a problemática do valor do conhecimento humano e do método mais apropriado para o seu desenvolvimento adequado. Mas veem também agudamente problemas que passaram despercebidos aos filósofos continentais do mesmo período: os que dizem respeito à origem e à constituição do Estado. O que levou os filósofos ingleses a se ocuparem de problemas políticos foi, sem dúvida, a situação de seu país, que registra, no século XVII, longa sucessão de ásperas lutas entre o rei e o parlamento, com predomínio ora de um, ora de outro, até que, pelo fim do século, a instituição parlamentar se impôs definitivamente.

A preocupação com os problemas políticos representa, portanto, uma das características específicas dos filósofos ingleses do século XVII. Mas há outra particularidade que os distingue de modo inconfundível: *o empirismo*.

Descartes e Spinoza, os dois maiores expoentes da filosofia continental do século XVII, fascinados pela matemática e pela geometria, tinham exaltado o conhecimento abstrato e universal, o conhecimento da razão, e tinham aplicado o método dessas disciplinas ao estudo dos problemas de psicologia, cosmologia, metafísica e ética. Era necessário, além disso, explicar o modo pelo qual a mente humana adquire as ideias universais e os primeiros princípios. Descartes e Spinoza tinham excluído desse processo a contribuição, ainda que mínima, das faculdades sensitivas, porque aceitá-la seria minar seriamente a solidez do edifício científico ou filosófico. Postularam, por isso, como causa do conhecimento humano uma espécie de *inatismo*.

O clima cultural em que os filósofos ingleses tratam do problema do conhecimento é profundamente diferente do de seus ilustres colegas do continente. De fato, no século XVIII florescem em seu país não tanto as ciências matemáticas quanto as experimentais: a botânica, a química, a astronomia, a mecânica e a óptica, sendo lógico, por isso, seu interesse pela pesquisa de uma teoria do conhecimento e de um método que estivessem em consonância com as exigências de tais ciências. Esta preocupação, que já encontramos em Bacon, dará vida também às reflexões filosóficas de Hobbes, Locke, Berkeley e Hume, que, como já dissemos, são os quatro grandes expoentes da filosofia inglesa nos séculos XVII e XVIII.

Ora, as ciências experimentais partem da constatação de acontecimentos particulares, da *experiência* de certos fatos concretos (não de ideias abstratas, nem de princípios universais); o seu objetivo é ir além dos fatos, mediante a descoberta de relações constantes, de leis estáveis, de modo que tornem possível a antecipação de outras experiências. A problemática epistemológica da filosofia inglesa consistirá essencialmente em saber como é possível, partindo da experiência de fatos singulares, subir a leis universais tais que garantam o retorno à esfera dos acontecimentos concretos, das experiências individuais.

É evidente que o inativo e o racionalismo de Descartes e Spinoza não têm nada para ensinar. a uma problemática epistemológica que se inspira nas ciências experimentais. Será mesmo fácil para os filósofos ingleses, apelando para a experiência, mostrar a vacuidade e a falta de fundamento de Descartes e de Spinoza.

2. Thomas Hobbes

Com Thomas Hobbes (1588-1679) abre-se a série dos grandes filósofos ingleses do século XVII. No seu pensamento já estão claros os dois caracteres específicos da filosofia inglesa: empirismo e política. Ele se distingue, todavia, dos outros pensadores ingleses pela concepção metafísica de cunho claramente materialista e por uma visão ética essencialmente hedonística.

Hobbes foi introduzido na filosofia por Marino Mersenne, um frade doutíssimo, amigo de Descartes, matemático, físico e músico, o qual, querendo ouvir a opinião das maiores autoridades do tempo sobre as *Meditações,* se dirigiu também a HobLes. Mersenne não poderia ter escolhido crítico mais severo, verdadeiro "advogado do Diabo", porque as perspectivas filosóficas de Hobbes eram diametralmente opostas às de Descartes. Este professava doutrinas conceitualistas em lógica (ideias claras, distintas e inatas), transcendentalistas em metafísica (primado de Deus e da realidade espiritual), espiritualistas em psicologia (identificação da essência do homem com a alma), estoicas em ética (desapego do mundo). Hobbes, ao contrário, sustenta doutrinas nominalistas em lógica (as ideias universais são apenas nomes), materialistas em metafísica (os princípios últimos de todas as coisas são a extensão e o movimento), naturalísticas em antropologia (o homem, como todas as outras coisas deste mundo, é constituído exclusivamente de matéria e está sujeito às leis mecânicas da natureza), hedonísticas em ética (a felicidade consiste no prazer). Como não nos é possível seguir aqui as críticas precisas e múltiplas de Hobbes à filosofia cartesiana, limitar-nos-emos a oferecer breve síntese dos pontos-chave do seu pensamento

Três são as obras fundamentais de Hobbes: *De corpore,* que trata da física e da metafísica; *De homine,* sobre a gnosiologia e a psicologia; *Leviattan* (na qual são retomadas ideias já expostas num escrito anterior, o *De cive),* que compreende a política e a ética. Essas obras, que formam um todo, são conhecidas também pelo título geral de *Elementos de filosofia.*

Convencido do desaparecimento definitivo não só da física, mas também da metafísica aristotélicas, Hobbes procura elaborar, no *De corpore,* uma metafísica mais em sintonia com os novos dados fornecidos pelas ciências experimentais. Tomando como modelo a física mecânica, desenvolve uma concepção do mundo que vê na matéria, na extensão e no movimento os únicos princípios explicativos do real. A matéria é a única substância (uma substância imaterial é, para Hobbes, um conceito contraditório): a ela se reportam todos os seres como ao puro e transcendental princípio do seu existir. Se o ser da matéria se revela na sua propriedade extensiva, isto é, na extensão, o movimento é, por outro lado, a causa do devir no seio da realidade corpórea. Espaço e tempo, receptáculos vazios e comuns dos eventos físicos, não têm nenhuma consistência ontológica; eles não passam de seres imaginários ou de reflexos subjetivos da objetividade metafísica do corpo e do movimento: *phantasma rei existentis, quatenus existentis* (fantasma da coisa existente enquanto existente) o espaço, e *phantasma motus* (fantasma do movimento) o tempo.[1] Matéria extensa e movimento, espaço e tempo são, pois, como seus fantasmas, os conceitos primordiais da metafísica de Hobbes. Esta metafísica materialista não permanece à margem das ulteriores pesquisas psicológicas, éticas e políticas de Hobbes, mas, como a metafísica das formas nos tratados escolásticos, concorre ativamente para determinar a sua orientação.

Como a metafísica, também a gnosiologia de Hobbes desenvolve-se em sintonia com os modelos oferecidos pelas ciências experimentais. Ora, nestas últimas, o papel principal cabe ao conhecimento sensitivo. Eis que Hobbes põe então logicamente como fundamento de todo o conhecer a sensação, interpretando-a (à luz dos princípios da sua me-

---

[1] Cf. Hobbes, T., *De corpore,* c. 7.

tafísica) como um movimento, do mesmo modo que qualquer outro fenômeno. Os movimentos que se verificam nos objetos do mundo externo prolongam-se até os órgãos sensitivos, exercendo neles uma espécie de pressão ou de estímulo. "Tal estímulo mediante os nervos e os outros filamentos e membranas do corpo, que terminam no cérebro e no coração, gera neles uma resistência ou contraestímulo ou esforço do coração para livrar-se dele; como este esforço é dirigido para fora, parece ser algo extrínseco. Esta aparência ou imaginação é aquilo que os homens chamam sentido e consiste, para o olho, na luz ou na cor figurada; para o ouvido, no som; para o nariz, no odor; para a língua e o paladar, no sabor, e para o resto do corpo, no quente, no frio, no duro e no macio e em outras tantas qualidades que percebemos pelo tato. Todas as qualidades chamadas sensíveis não são, no objeto que as produz, senão variadíssimos movimentos da matéria, mediante os quais ela age de modo diferente sobre os nossos órgãos; e em nós, que somos estimulados, elas não são senão movimento (já que movimento só produz movimento); mas a nós aparecem como imaginações, estejamos nós acordados ou dormindo".[2] À medida que diminuem em volume e vivacidade, as sensações transformam-se em imagens, as quais, por sua vez, se dispõem em série e refletem no seu dispor-se a mesma ordem das sensações que as suscitaram. O raciocínio consiste em computar, isto é, em somar ou subtrair as imagens. O instrumento dessas operações mentais, segundo Hobbes, é a linguagem, uma linguagem entendida nominalisticamente, constituída de sinais e nomes gerais aplicáveis a uma pluralidade de coisas singulares, não implicando, porém, nenhuma referência a hipotéticos seres metafísicos de valor universal, os quais não existem nem *in re* (na realidade), nem *in ratione* (na razão).

Os ideais do homem, na visão de Hobbes, concordam perfeitamente com os seus conhecimentos; e, sendo estes de ordem essencialmente sensitiva, também os ideais não podem ultrapassar a esfera dos prazeres corpóreos. De fato, toda sensação determina no sujeito um sentimento de prazer ou de dor. É bom o que causa prazer; mau o que faz sofrer. Bom e mau variam de pessoa para pessoa porque a mesma sensação pode ser agradável a um e desagradável a outro. O fim supremo do homem é a procura do maior número possível de prazeres. Concluindo:

---

[2] Hobbes, T., *Leviathan*, c. 1.

o hedonismo e o egoísmo são os princípios últimos sobre os quais se funda a ética de Hobbes.

Se se pode dizer da filosofia de Hobbes que toda ela é profundamente influenciada pelo ambiente no qual ele viveu, o mesmo se pode afirmar, de modo particular, de seu pensamento político. Hobbes participou por algum tempo da vida política de seu país e, mesmo quando se encontrava no exílio, continuou a seguir apaixonadamente os acontecimentos que levaram à queda da monarquia (decapitação de Carlos I, em 1649) e à instauração da ditadura de Cromwell. E foi justamente no início desta ditadura que Hobbes escreveu a sua obra mais célebre, o Leviattan (1651), que é uma vigorosa apologia do absolutismo de Estado. No Leviattan Hobbes distingue, com Spinoza, dois estados da humanidade: o natural e o político social. No estado natural o homem goza de liberdade total, tendo todos os direitos e nenhum dever. Mas, sendo a sua natureza egoísta, cada um busca satisfazer os próprios instintos, sem nenhuma consideração pelos outros: segue-se uma luta de todos contra todos, na qual cada homem se porta em relação aos outros como um lobo: *homo homini lupus* (o homem é o lobo do homem). Nesta situação é impossível conseguir a felicidade, porque todos vivem perseguidos pelo temor de serem atacados uns pelos outros. Para que se possa viver com tranquilidade é necessário transigir quanto à liberdade e pôr-lhe limites ditados pela razão. Obedientes a este conselho, os homens fazem um pacto, um *contrato social,* com base no qual renunciam a alguns direitos, colocando-os nas mãos de um só homem, o soberano. Assim nasce o Estado

Segundo Hobbes, o soberano não tem nenhum dever para com os súditos, uma vez que estes renunciaram para sempre à sua liberdade de homens isolados para usufruirem os benefícios da sociedade no Estado. Por isso, o soberano não é obrigado a prestar contas de seus atos a ninguém. E os súditos não podem exigir de volta seus direitos porque a renúncia, uma vez feita, vale para sempre. Disso se segue que a revolução nunca é lícita.[3]

Vemos assim que Hobbes se inclina para um rigoroso absolutismo e que, sem dificuldade, entende o Estado, organismo que está acima dos cidadãos, como o poderosíssimo Leviatã, o monstro do qual fala o

[3] Cf. *Id., ibid.,* II, cc. 17-18.

livro de Jó. O Leviatã é representado subindo do mar, tendo numa das mãos a espada e na outra o báculo, porque Hobbes atribui ao Estado soberania absoluta sobre a Igreja também em matéria de fé, o que, de fato acontecia na Inglaterra desde quando Henrique VIII se proclamara chefe espiritual do país.

Reinhart Koselleck, perspicaz estudioso do pensamento político da Idade Moderna, observa, a propósito da filosofia política de Hobbes, que ela não é uma especulação abstrata como podia ser a de Campanella mas determinada pelas experiências da história do tempo, história cheia de ódios, guerras e vinganças: a Alemanha é dilacerada pela guerra dos trinta anos, e a França e a Inglaterra são afligidas por sangrentas lutas civis. Com a sua teoria política, Hobbes quer primeiramente oferecer uma explicação do comportamento belicoso da humanidade e, em seguida, encontrar uma concepção do Estado que garanta uma associação pacífica entre os homens. "O sistema de Hobbes adquire organicidade somente pela referência à guerra civil e ao supremo mandamento racional que dela brota, a saber, o de pôr fim à guerra civil: a moral impõe a submissão ao senhor; o senhor põe fim à guerra civil e com isso cumpre o mandamento supremo da moral. A qualificação moral do soberano consiste na sua função política de fundar a ordem e de conservá-la. Nesta derivação da intangível soberania do príncipe da multiplicidade dos partidos da guerra civil, que se legitimavam no plano teológico moral e religioso, está Q resposta de Hobbes à sua situação histórica".[4]

3. John Locke

O segundo grande expoente da filosofia inglesa no século XVII é John Locke. Também nele, como em Hobbes, é vivo o interesse pelos problemas gnosiológicos e políticos. Mas nestes dois campos as soluções de Locke coincidem só parcialmente com as do seu ilustre predecessor, pois ele não compartilha nem com o seu empirismo radical nem com o seu absolutismo irreversível.

Locke nasceu em Wrington, na Inglaterra, aos 19 de agosto de 1632. Fez os estudos, em parte, na própria família e, em parte, na Universidade de Oxford. Nauseado da filosofia, à qual se dedicara em um primeiro

---

[4] Koselleck, R., *Critica illuministica e crisi deita società borghese,* Bolonha, 1872, 33-34.

tempo, aplicou-se ao estudo das ciências experimentais, especialmente a medicina, na qual adquiriu considerável notoriedade. Converteu-se à filosofia no inverno de 1670-1671 quando, durante uma discussão com amigos, se deu conta de que seria inútil continuar o debate enquanto não se estabelecesse o valor do conhecimento, "determinando-se quais coisas a mente é apta a conhecer e quais não". Locke persuadiu-se de que aquela era a sua nova vocação e, daquele momento em diante, dedicou-se por mais de vinte anos de modo especial ao problema do conhecimento.

Subindo ao trono Carlos TI, Lord Ashley, conde de Shaftesbury, seu protetor, caiu em desgraça; com isso, Locke perdeu a cátedra em Oxford e partiu para o exílio (1683-1689). Voltando à pátria, publicou suas obras principais: *Dois tratados sobre o governo, Ensaio sobre o intelecto humano, Cartas sobre a tolerância religiosa*.

Participou por algum tempo da vida política; depois retirou-se para Oates, onde faleceu aos 28 de outubro de 1704.

A DOUTRINA DO CONHECIMENTO

A obra fundamental de Locke, *Ensaio sobre o intelecto humano (Essay concerning human understanding)*, divide-se em quatro livros, que tratam respectivamente das ideias inatas, do processo do conhecimento, da linguagem e do valor do conhecimento.

No primeiro livro, Locke submete a uma crítica cerrada a doutrina cartesiana das ideias inatas, doutrina que, em sua opinião, é insustentável pelos seguintes motivos:

— *contradiz a experiência:* de fato, se houvesse ideias inatas, elas deveriam estar presentes na mente da criança e do selvagem crescido longe da civilização. Mas a experiência mostra claramente o contrário;

— *a sua verdade não pode ser averiguada:* de fato, admitida a existência de ideias inatas, não provenientes da experiência, torna-se-nos impossível verificar o seu valor como também distinguir o verdadeiro do falso, porque não poderemos confrontá-las com a experiência, o que é o único modo de estabelecer se alguma coisa é verdadeira ou falsa;

— *os argumentos sobre os quais se funda a teoria do inatismo não tem valor de prova:* esses argumentos são o consenso universal (todos aceitam os primeiros princípios depois que começam a fazer uso da razão) e a identidade da natureza humana em todos os homens. Segundo

Locke, a identidade da natureza humana não está provada, e o consenso universal não diz nada a respeito da origem das ideias.

No segundo livro, Locke examina o processo cognitivo. No momento do nascimento a alma é *tabula rasa:* não tem nenhuma ideia. O conhecimento humano começa com a experiência sensível e é condicionado por ela: *nihil est in intellectu quod prius non fuerit in sensu* (nada há no intelecto que não tenha estado antes no sentido). As fases do processo cognitivo são quatro: *intuição, síntese, análise* e *comparação.*

— *Intuição:* nesta fase as ideias simples são recebidas da experiência imediata por intuição. As ideias simples são de duas espécies: umas se referem aos corpos externos (são fruto da experiência externa) e reproduzem as suas qualidades primárias e secundárias; outras se referem ao nosso ser, como as ideias de pensar, querer, sofrer, ver etc. (e são fruto da experiência interna). As primeiras chamam-se ideias de percepção, as segundas, ideias de reflexão.

— *Síntese:* das ideias simples formam-se, por síntese, isto é, por combinação, as ideias complexas. Assim obtêm-se as ideias das coisas particulares colocando-se junto as ideias simples que se referem a uma mesma coisa: a sua cor, o seu odor, a sua figura, as suas dimensões etc.

— *Análise:* de várias ideias complexas formam-se, por análise, as ideias abstratas. Isso se dá do modo seguinte: analisando-se várias ideias complexas (isto é, ideias de coisas particulares), semelhantes entre si, e retendo-se os elementos comuns, forma-se uma nova ideia muito mais esquemática do que as ideias complexas; a nenhuma delas corresponde plenamente, mas está em condições de representar todas elas. Desse modo, das ideias complexas de Pedro, Paulo, João... forma-se a ideia abstrata de homem.

A ideia abstrata não representa a essência das coisas porque a essência é incognoscível. Os elementos contidos na ideia abstrata não são elementos necessários, mas comuns, e são estes os que deixam uma impressão mais profunda na mente.

Segundo Locke, a ideia abstrata mais profunda é a de *substância em geral.* Ele distingue substâncias particulares, às quais correspondem as ideias complexas, de substância em geral, à qual corresponde a ideia abstrata de substância.

Locke admite que o homem possa ter ideias claras das substâncias particulares, mas não da substância em geral: "Se cada um de nós se examinar a respeito da substância em geral, verá que não tem outra ideia senão a suposição de não sei quê, que serve de suporte às qualidades que produzem em nós ideias simples. Em geral essas qualidades são chamadas acidentes. Se alguém perguntar pelo substrato ao qual aderem a cor e o peso, responder-se-á que este substrato são as partes extensas e sólidas. E se perguntar a que coisa aderem a solidez e a extensão, só se poderá responder, na melhor das hipóteses, como o hindu, que afirmou ser o mundo sustentado por um grande elefante; tendo-se-lhe perguntado em que coisa se apoiava o elefante, respondeu que sobre uma grande tartaruga. Como ainda lhe fosse perguntado em que coisa se apoiava a tartaruga, respondeu: em alguma coisa que não sei qual seja. (...) A ideia à qual damos o nome geral de substância neo é outra coisa senão este apoio suposto, mas desconhecido, das qualidades existentes de fato".[5]

A ideia geral de substância não nos faz conhecer, a respeito das coisas, nada mais do que o que já conhecemos pelas ideias simples; é uma ideia que não nos dá nenhum conhecimento das coisas. Ela postula alguma coisa que estamos certos de que existe, mas que não conhecemos. Temos certeza, com efeito, de que existem substâncias corpóreas e substâncias espirituais, mas não temos nenhuma ideia clara a respeito delas.

Deus não nos concedeu o conhecimento da substância das coisas porque não é necessário ao homem conhecer as coisas com tanta profundeza: "Somos dotados de faculdades capazes de conhecer das coisas tudo o que nos é necessário para conhecermos a Deus e cumprirmos nosso dever".[6]

Para a consecução destes fins não é necessário conhecer a substância das coisas.

Desta crítica da cognoscibilidade da substância à negação de sua existência, isto é, à negação da existência de toda realidade subjacente aos fenômenos dos sentidos, o passo é fácil. Locke não deu esse passo, contentando-se com afirmar que a substância não é incognoscível em si mesma, mas só por causa da inaptidão da mente humana; dá-lo-ão Berkeley e Hume; Berkeley em relação à substância material; Hume em relação também à substância espiritual.

Na realidade, o conceito de substância, como exposto por Locke, é estranho ao empirismo.

---

[5] Locke, J., *Ensaio sobre o intelecto humano*, II, 23, 2.
[6] *Id., ibid.*, 23, 12.

— *Comparação:* pondo-se uma ideia ao lado da outra (sem associá-las, sem fazer uma síntese) e comparando-se uma com a outra, formam-se as relações, as ideias que exprimem relações. Assim, comparando-se a ideia da causa com a de efeito, forma-se a ideia da causalidade, ideia que exprime a relação de causa e efeito. Como se vê, para Locke, as relações não são propriedades das coisas, mas simples seres de razão.

No terceiro livro, Locke estuda a natureza e o valor da linguagem. As palavras são sinais das ideias, e as ideias são sinais das coisas.

Os nomes singulares indicam as ideias simples e complexas; os nomes gerais indicam as ideias abstratas.

A linguagem tem grande valor prático, porque simplifica o processo cognitivo, unindo sob o mesmo sinal — a palavra — séries inteiras de objetos particulares. Mas é também um instrumento muito perigoso porque tende a substituir-se ao pensamento.

No quarto livro, Locke examina o *valor do conhecimento*. A mente humana não pode conhecer a essência das coisas, mas só a sua existência.

O homem não pode conhecer a essência das coisas: esta é a conclusão inevitável à qual Locke é levado pela sua doutrina a respeito da substância.

O homem pode, porém, conhecer a existência das coisas, não diretamente, porque o objeto imediato do conhecimento são as ideias, mas indiretamente, mediante o nexo causal que as coisas têm com as nossas sensações. Por meio de um raciocínio baseado no nexo causal pode-se conhecer também a existência do mundo e de Deus. A *existência de Deus* porque, partindo do estudo dos seres finitos, devemos necessariamente concluir pela existência de uma causa universal, criadora de tudo. A *existencia lo mundo* porque, sendo passivos em nossas sensações, temos de admitir uma realidade distinta de nós que seja causa das nossas sensações. Esta realidade é o mundo. A única coisa que é conhecida imediatamente é a *existência do sujeito pensante,* apreendida no próprio ato de pensar. No *cogito* (penso) está necessariamente presente o *sum* (sou).

A POLÍTICA

Locke expõe a sua doutrina política nos *Dois tratados sobre o governo*. Como Hobbes e Spinoza, também ele distingue entre estado de natureza e estado social, mas difere de Hobbes no modo de conceber os dois estados.

Para ele, o estado de natureza não é um estado no qual cada um tenha direitos ilimitados sobre tudo. "O estado de natureza tem uma lei da natureza que obriga a todos; e a razão, que é esta lei, ensina à humanidade, quando esta a consulta, que, sendo todos iguais e independentes, ninguém deve causar dano a outrem em sua vida, em sua saúde, em sua liberdade e em sua propriedade".[7]

O direito do homem é limitado à própria pessoa e, por isso, é direito à vida, à liberdade e à propriedade, esta última enquanto produto do seu trabalho. Este direito implica inegavelmente o direito de punir o ofensor; não implica o uso de uma força absoluta e arbitrária, mas só aquela reação que a razão e a consciência indicam como proporcional à transgressão.

O primeiro impulso para a criação de uma sociedade civil é dado pela incerteza e pela instabilidade das formas pelas quais o direito punitivo é exercido no estado de natureza.

Uma sociedade civil e um Estado nascem quando os homens decidem de comum acordo confiar à sua comunidade o poder de estabelecer leis que regulem a punição das ofensas e o uso da força contra as transgressões destas leis.

O contrato social cria a autoridade, isto é, confia a alguns o encargo de velar pelos direitos de todos.

Ao contrário do que afirmara Hobbes, o contrato social não é uma abdicação aos direitos próprios, mas uma delegação de sua defesa à autoridade. O cidadão conserva sempre os seus direitos naturais (à vida, à liberdade, à propriedade privada, à família etc.). O contrato social implica somente a renúncia à defesa privada dos direitos e ao uso de alguns deles quando o bem comum o exige (a renúncia, por exemplo, ao direito à vida quando a pátria está em perigo).

A autoridade é legítima quando usa os seus poderes para o bem dos cidadãos; é tirânica quando os usa em benefício próprio, contra a autoridade dos cidadãos. No segundo caso, os cidadãos têm o direito (negado por Hobbes) de se rebelarem contra o poder tirânico.

A TOLERÂNCIA RELIGIOSA

Locke tem importância, além de por seus escritos filosóficos e políticos, também por algumas cartas sobre a tolerância religiosa.

---

[7] Locke, J., *Dois tratados sobre o governo*, II, 6, 6.

A paz de Vestfália (1648) inspirara-se na tolerância religiosa, mas não incluíra a Inglaterra, que, na ocasião, se achava em guerra contra o seu rei, Carlos I. Este foi vencido e decapitado (1649) por Cromwell, que começou a aterrorizar o país com um novo tipo de absolutismo político e religioso. Nesta oportunidade, e mais tarde, Locke propugnou pela tolerancia religiosa. Esta se funda, segundo o filósofo inglês, na impossibilidade de estabelecer com certeza absoluta quais são a verdadeira religião e a verdadeira Igreja; assim, para não perturbar a paz, é melhor permitir a coexistência de todas as religiões.

Há, contudo, dois grupos de pessoas que não merecem ser toleradas: os ateus e os católicos. Os primeiros porque negam uma verdade certa, a existência de Deus; os segundos porque obedecem a uma autoridade política estrangeira. Nesses casos, todavia, a coerção, inspirada em razões de ordem pública, considera só o comportamento externo. Locke observa, com efeito, que uma fé religiosa, pela sua própria natureza, não pode ser imposta pela força: a intervenção do Estado não poderia obter a adesão efetiva a determinado credo.

4. George Berkeley

George Berkeley nasceu em 1685 na Irlanda. Estudou no Trinity College de Dublin e foi nomeado professor da mesma escola logo depois de laurear-se. Entrou em controvérsia com os materialistas (os seguidores de Hobbes), contra os quais escreveu sua primeira obra, o *Tratado dos princípios do conhecimento humano* (1710). Mais tarde reapresentou os argumentos do *Tratado* em forma mais popular nos *Três diálogos entre Hylas e Philonous*. De 1713 a 1720 viajou pela Inglaterra, França e Itália para aumentar seus conhecimentos. Em 1721 voltou a ensinar no Trinity College. Começou, ao mesmo tempo, a interessar-se pela instrução religiosa dos emigrados na América. Visitou-os em 1721, com a intenção de fundar um seminário entre eles; mas, não tendo recebido a subvenção prometida, voltou para a Irlanda, onde levou a termo e publicou a sua obra principal, o *Alciphron*. Dois anos depois de sua volta foi nomeado bispo de Cloyne, função que desempenhou dignamente, distinguindo-se pela dedicação aos fiéis. Continuou a interessar-se pela filosofia e escreveu o *Siris*, coleção de considerações filosóficas. Morreu em Oxford, em 1753.

O IMATERIALISMO

Como se pode ver pelas indicações biográficas, Berkeley era uma alma profundamente religiosa e, por isso, muito sensível aos argumentos aduzidos pelos materialistas contra a religião e a Igreja. Essas disposições de espírito e a ameaça do materialismo imprimiram clara orientação à sua atividade filosófica, toda voltada para a defesa da religião: seu objetivo principal é refutar o materialismo, demonstrando que a matéria não existe e que toda a realidade se resolve no espírito.

Sigamos seu raciocínio como vem exposto no *Tratado dos princípios do conhecimento humano*, que é obra exemplar pela clareza, pela lógica e pela simplicidade.

Berkeley julga que conseguirá demolir o materialismo com dois argumentos, um dos quais se apoia na natureza das coisas, a qual consiste em ser pensada: *esse est percipi* (existir é ser conhecido); o outro se baseia na distinção, admitida pelos materialistas, entre qualidades primárias e secundárias. Afirmava-se, desde os tempos de Galileu, que as qualidades primárias (extensão, figura e movimento) são objetivas, que as secundárias (odor, cor, sabor etc.) são subjetivas e que as primárias são percebidas por meio das secundárias. Desta doutrina Berkeley tira a seguinte argumentação: dado que as qualidades primárias são percebidas por meio das secundárias, e sendo estas subjetivas (isto é, causadas pelo sujeito), devem ser subjetivas também aquelas; e, uma vez que a matéria (como admitem os materialistas) não é senão o resultado das qualidades primárias, também ela é subjetiva, isto é, não é mais do que uma ideia.

Nos *Diálogos entre Hylas e Philonous*, Berkeley desenvolve outro argumento, derivado do conceito cartesiano de matéria, conceito este partilhado pelos seus adversários materialistas. Em conformidade com este conceito, a matéria é algo absolutamente inerte e passivo. Berkeley argumenta: como é possível que uma coisa inerte e passiva possa produzir sensações em nós? Como esta hipótese é absurda, é evidente que, mesmo que a matéria fosse como é entendida pelos adversários, jamais seria capaz de produzir o efeito que eles lhe atribuem. Logo, a matéria é incapaz tanto de produzir como de receber pensamentos.

Em conclusão: o ser da realidade esgota-se em ser ela conhecida. Isto não significa, porém, que exista só o sujeito pensante, uma vez que, pelo menos em relação a alguns de nossos conhecimentos, nós nos portamos passivamente. Desses conhecimentos nós não somos causa, a qual só pode ser um ser espiritual, o qual, em última instancia, só pode ser Deus.

"Por maior que seja o meu poder sobre os meus pensamentos, devo verificar que as ideias percebidas por meio dos sentidos não dependem da minha vontade. Quando abro os olhos em plena luz do dia, não está em meu poder escolher se verei ou não, nem determinar quais os objetos particulares que se apresentarão à minha vista; o mesmo vale para o ouvido e para os outros sentidos: as ideias impressas neles não são criaturas da minha vontade. Existe, portanto, outra vontade ou outro espírito que as produz...

"As ideias impressas nos sentidos pelo Autor da natureza são chamadas *coisas reais;* as que são excitadas pela imaginação, sendo menos regulares, vivas e constantes, são chamadas mais propriamente *ideias ou imagens* de coisas copiadas ou representadas por ela.

"Mas, sejam quais forem a vivacidade e a nitidez das nossas sensações, elas não deixam de ser ideias, isto é, existem na mente como puras percepções, do mesmo modo que as ideias que a mente forma por si mesma. Admite-se que as ideias dos sentidos sejam mais reais, isto é, mais fortes, ordenadas e coerentes do que as que são criadas pela mente mas isso não é motivo para se afirmar que existam sem a mente. É verdade, contudo, que elas dependem menos do que as outras do espírito que as conhece, provocadas que são pelo querer de um espírito mais poderoso, mas isso não impede que sejam ideias; e as ideias, sejam elas fracas ou fortes, não podem existir a não ser em uma mente que as perceba".[8]

A EXISTÊNCIA DO ESPÍRITO: O EU, OS OUTROS, DEUS

Segundo Berkeley a existência do eu, dos outros e de Deus é indiscutível. Diverso é, porém, o modo de conhecê-las. A existência própria é conhecida imediatamente nos próprios atos de conhecer e de querer.

O conhecimento dos outros espíritos é mediato e indireto, processando-se mediante as ideias que eles produzem em nós: combinações de ideias que representam alguma coisa semelhante a nós, da qual argumentamos que nela agem certos seres particulares semelhantes a nós.[9]

---

[8] Berkeley, G., *Tratado sobre os princípios do conhecimento humano,* §§ 29-33.
[9] *Id., ibid.,* § 145.

Também o conhecimento da existência de Deus é somente mediato, isto é, dá-se através das ideias que ele produz em nós (e através da ordem das coisas).[10] Mas a existência de Deus é mais evidente do que a dos homens: "Podemos mesmo afirmar que a existência de Deus é apreendida com muito mais evidência do que a existência dos homens, porque as coisas da natureza são infinitamente mais numerosas e mais notáveis do que as que são atribuídas a agentes humanos. Não há nenhum vestígio que denote a presença de um homem ou de um efeito produzido por ele que não tenha maior valor para provar a presença daquele Espírito que é o autor da natureza".[11]

Mas, se a existência dos espíritos (eu, outros, Deus) é conhecida a sua natureza é incognoscível: "Não pode haver nenhuma ideia definida de uma alma ou de um espírito porque todas as ideias são passivas ou inertes e, por isso, não podem dar-nos uma imagem daquele que age".[12]

A natureza das ideias consiste em serem inertes, passageiras e mutáveis, ao passo que a natureza do espírito consiste em ser ativo, permanente e eterno; logo, o espírito não pode ser conhecido por meio de ideias.

Existe, porém, um conhecimento também do espírito que Berkeley chama de *noção*.

O NOMINALISMO

Contra Locke, que havia admitido a percepção de ideias gerais e abstratas, e contra os materialistas, que se consideravam de posse de uma ideia geral da matéria, Berkeley — coerente com suas premissas empiristas, segundo as quais o conhecimento procede exclusivamente da sensação e da fantasia — sustenta que nós não temos nenhuma ideia universal: todas as ideias são representações de coisas particulares. Não é possível, por exemplo, representar um triângulo senão como equilátero ou isósceles ou escaleno. A universalidade gnosiológica é uma utopia. Se falamos em ideias universais, é porque, desprezando algumas particularidades, tomamos uma ideia singular (p. ex., a de determinado triângulo) como indicativa de todas as ideias semelhantes a ela (de todas as figuras

---

[10] *Id., ibid.*, § 146.
[11] *Id., Ibid.*, § 147.
[12] *Id., ibid.*, § 27.

com três lados e três ângulos). A universalidade não é propriedade das ideias, mas função das palavras; por razões de conveniência escolhemos uma única palavra para com ela designarmos muitas ideias diferentes, por exemplo, a palavra "homem", com a qual designamos a ideia de Pedro, Paulo, João e outros.

Como se vê, com Berkeley a tendência nominalista, constantemente presente na filosofia inglesa desde a Idade Média (com Occam), é desenvolivida até as suas consequências extremas, até ao nominalismo absoluto.

CIÊNCIA E FILOSOFIA

A ciência, segundo Berkeley, estuda as leis da natureza, isto é, as regras fixas e os métodos constantes mediante os quais Deus produz em nós as ideias dos sentidos. Tiramos essas regras da experiência, a qual nos ensina que, no curso ordenado das coisas, uma ideia é acompanhada de outra ideia. Assim temos condições de nos orientarmos diante das necessidades da vida e sabemos, por exemplo, que os alimentos nutrem, que o fogo queima etc.

Quanto à filosofia, estuda ela as ideias e a linguagem através da qual Deus nos revela os seus atributos e nos guia para a felicidade da vida. A filosofia procura entender a linguagem divina e reconhecer, mediante ela, a sabedoria e a bondade de Deus.

APOLOGIA DO CRISTIANISMO

O *Alciphron* tem este subtítulo: *Uma apologia da religião cristã contra os assim chamados livres-pensadores.* A intenção de Berkeley é provar a insuficiência da religião natural sem o auxílio da Revelação.

A Revelação é necessária para que a religião se torne verdadeiramente operante no espírito e nas ações dos homens.

Os últimos diálogos do *Alciphron* objetivam reivindicar a superioridade do cristianismo sobre as outras religiões e defender os milagres e os mistérios do cristianismo com o argumento de que eles não são mais incompreensíveis do que os fundamentos das ciências naturais e, portanto, do que toda a experiência humana.

Um ponto importante proposto no *Alciphron* é o da distinção entre função cognitiva e emotiva da linguagem.

IMPORTÂNCIA DO PENSAMENTO DE BERKELEY

O pensamento de Berkeley é comumente considerado como uma ponte entre o empirismo moderado de Locke e o radical de Hume. Mas, apesar desta sua posição intermediária entre os dois maiores expoentes do empirismo, a sua obra filosófica é em substância um vigoroso protesto contra o empirismo. Ela mostra, no seu todo, o absurdo da pretensão de se fazer da experiência a causa última e exclusiva do conhecimento. De fato, a experiência é um acontecimento subjetivo, mas é também um acontecimento do qual nós não somos os únicos atores. Por isso, se se exclui da experiência a contribuição das coisas materiais, a única solução que resta é a proposta por Berkeley: transferir a questão para Deus. Assim, uma experiência separada das coisas torna-se aliada direta do espiritualismo.

5. David Hume

David Hume nasceu em Edimburgo, na Escócia, em 26 de abril de 1711. A sua família queria que estudasse advocacia, o que ele não quis; mais tarde a família tentou fazer com que se dedicasse ao comércio, mas também desta vez o resultado foi negativo. Em 1735 Hume foi para a França a fim de continuar seus estudos, o que fez com muita seriedade e dedicação, "considerando negligenciáveis todas as coisas, com exceção do aprimoramento de seus talentos literários". Em 1739 terminou sua obra mais importante, o *Tratado sobre a natureza humana,* que teve uma acolhida fria; Hume, que aspirava antes de tudo à fama, sentiu-se profundamente abatido e desiludido.

Durante alguns anos foi secretário do general Saint Clair, ao qual acompanhou em várias missões no exterior. Em 1748 publicou *Ensaios sobre o intelecto humano.* Em 1749 retornou a Londres. Seguiram-se alguns anos de intensa atividade: entre 1751 e 1757 apareceram as *Pesquisas sobre os princípios da moral,* a *História da Inglaterra* e a *História natural da religião,* todas com grande sucesso.

Em 1756 Hume viajou novamente para a França como secretário do embaixador inglês em Paris, onde ficou conhecendo Rousseau. De volta à Inglaterra, hospedou em sua casa, em 1766, o escritor francês; mas o temperamento difícil deste provocou um rompimento que deu assunto para muitos comentários. Mais tarde os dois se reconciliaram.

Durante dois anos, Hume foi também subsecretário de Estado. Em 1769 recolheu-se à vida privada. Morreu em sua cidade natal, aos 25 de agosto de 1776.

O PRINCÍPIO FUNDAMENTAL DA FILOSOFIA DE HUME

O princípio fundamental da filosofia de Hume é o da imanência, interpretado empiristicamente. De acordo com este princípio, a única fonte de conhecimento é a experiência, e o objeto da experiência não é a coisa externa, mas a sua representação. Apoiando-se neste princípio, Hume afirma que as representações ou as impressões constituem o dado último do conhecimento humano, o limite contra o qual o homem se choca e no qual deve deter-se. Se existe alguma coisa além das impressões, não podemos conhecê-la.

Locke e Berkeley também partiram deste princípio, mas, prevendo as suas desastrosas consequências, não tiveram a coragem de aplicá-lo vigorosamente.

Depois de admitir que o único objeto do conhecimento humano é a ideia, Locke reconhecera, além da ideia, a realidade do eu, do mundo e de Deus.

Berkeley, embora negasse a existência das coisas materiais, admitira a realidade dos espíritos finitos e do espírito infinito de Deus, realidades estas irredutíveis a ideias.

Hume, ao contrário, mantém-se fiel ao principio segundo o qual o dado último do nosso conhecimento é a impressão e, aplicando rigorosamente este princípio, sem temer as consequências às quais ele pode levar, resolve toda a realidade no mundo das ideias atuais (isto é, nas impressões sensíveis e em suas cópias) e não admite nada além delas.

Afirmando ser a experiência uma série de impressões e de ideias, um fluir de aparências, no qual se resolve a realidade do sujeito que sente e pensa e do objeto sentido e pensado, Hume transforma o empirismo em fenomenalismo. Nas suas atuais e fugidias determinações, constituídas de suas percepções presentes, ou impressões, e de imagens apagadas daquelas, isto é, de ideias, o pensamento só pode conhecer a si mesmo e nada fora de si mesmo.

Os predecessores de Hume evitaram o fenomenalismo, atribuindo valor objetivo aos conceitos de existência, substância e causa. Hume mostra que isto é inadmissível numa doutrina do conhecimento como a dos empiristas, para a qual o objeto último do conhecimento são as impressões e as ideias. Mas, sendo assim, como se explica a origem destes conceitos? É este o problema que deve ser resolvido, e para a sua solução volta-se toda a pesquisa filosófica de Hume. Uma coisa, porém, e certa desde o começo: estes conceitos não podem ter valor objetivo (não podem mostrar-nos objetos); também eles são quadros, não janelas. A maravilhosa galeria na qual o homem está fechado neo tem nenhuma janela e por isso jamais poderá o homem saber o que os quadros representam.

Dissemos nas indicações biográficas que a obra principal de Hume é o *Tratado sobre a natureza humana*. Os *Ensaios sobre o intelecto humano* e as *Pesquisas sobre os princípios da moral* retomam, desenvolvendo-as e precisando-as, as posições delineadas e substancialmente definidas naquela obra. Por isso, a obra que melhor pode introduzir-nos no pensamento de Hume é o *Tratado,* que se divide em três livros: o primeiro trata do intelecto (ou do conhecimento), o segundo, das paixões (ou da psicologia) e o terceiro, da moral.

ORIGEM DO CONHECIMENTO

Hume parte de uma distinção, para ele inegável: a distinção entre *impressões* e *ideias. As* impressões são percepções fortes e nítidas, p. ex., a sensação de calor; as ideias são percepções fracas e apagadas, p. ex., a ideia de calor. "Creio" diz Hume, "que não são necessárias muitas palavras para explicar esta distinção. Qualquer um apreenderá facilmente por si mesmo a diferença entre sentir e pensar".[13]

Tanto as impressões como as ideias se dividem em simples, as que não admitem divisão, e complexas, as que são divisíveis em simples; p. ex., a impressão da maçã é divisível em cor, odor, sabor etc.

Entre impressões e ideias existem relações, duas das quais são mais importantes: *semelhança* e *causalidade*. Primeiro, *semelhança:* as ideias simples são representações exatas das impressões simples; as ideias complexas conservam certa semelhança, embora muito imperfeita, com as impressões originais, como a semelhança entre a ideia de quimera e as impressões de cabra, leão e serpente. Em segundo lugar, *causalidade:* as

---

[13] Hume, D., *A treatise of human nature*, Everyman's Library, Londres, Nova Iorque, (s/d), 11.

ideias dependem das impressões, e não as impressões das ideias, porque "as impressões são causa das ideias".[14] Isto é verdade, mesmo quando uma ideia é cansada imediatamente por outra ideia. "Nós podemos ter ideias secundários, imagens das primárias. (...) Isto se dá quando as ideias produzem imagens de si mesmas em outras 'ideias. Mas, como as ideias primárias procedem das impressões, permanece verdadeiro que todas as ideias simples procedem, mediata ou imediatamente, das impressões correspondentes".[15]

Estabelecidas a divisão geral do conhecimento em impressões e ideias e a dependência das ideias em relação às impressões, Hume passa a explicar a origem das impressões. Deve-se ter presente, adverte o filósofo escocês, que As impressões podem ser divididas em dois grupos: impressões de sensação e impressões de reflexão. As impressões de sensação originam-se com a alma, não se sabendo qual seja a sua causa.

"As impressões de reflexões, em sua maior parte, nascem das ideias, do modo seguinte: primeiramente uma impressão atinge os sentidos e nos faz perceber o calor e o frio, a fome e a sede, o prazer e a dor, desta ou daquela espécie. Na mente existe uma cópia desta impressão, cópia que continua existindo mesmo depois da cessação das impressões: esta cópia é a ideia. Quando esta ideia de prazer ou de dor volta à alma, produz as novas impressões de desejo ou aversão, esperança ou temor, as quais podem ser acertadamente chamadas impressões de reflexão porque procedem dela. Estas, por sua vez, são copiadas da memória e da imaginação e tornam-se ideias.

"Logo, as impressões de reflexão precedem as ideias que lhes correspondem, mas seguem as impressões de sensação e procedem delas".[16]

Memória e imaginação. Depois de tratar da origem das impressões, Hume examina duas operações: a memória e a imaginação.

À diferença dos sentidos, a memória e a imaginação não recebem impressões e sim ideias; mas, enquanto as ideias da memória são fortes e claras, as da imaginação são fracas e frouxas.

"Sabemos pela experiência que, se uma impressão já esteve presente na mente, reaparece nela como ideia, e isto pode acontecer de

---

[14] *Id., ibid..*, 14.
[15] *Id., ibid..*, 16.
[16] *Id., ibid.*, 16-17.

dois modos: ou conserva, ao reaparecer, um grau considerável de sua primeira clareza, sendo assim, de certo modo, intermediária entre impressão e ideia; ou perde completamente a sua clareza, tornando-se assim uma perfeita ideia.

A faculdade pela qual as impressões reaparecem na mente como ideias do primeiro modo é a memória; a outra é a imaginação".[17]

Mas, enquanto as ideias da memória são estreitamente dependentes das impressões correspondentes, as ideias da imaginação frequentemente não retêm as características das impressões originais; isto porque "a imaginação não está ligada à mesma ordem e à mesma forma que as impressões".[18]

A imaginação, ao mudar a ordem e a forma das impressões originais, não age arbitrariamente, mas segue alguns princípios universais, pelo que a sua atividade é substancialmente a mesma em todos os lugares e em todos os tempos. Os princípios ou leis universais que guiam a imaginação no associar as ideias são três:

— *semelhança:* a fantasia associa um retrato ao original por causa da semelhança que existe entre os dois;

— *contiguidade* no tempo e no espaço: a fantasia associa César a Cícero por causa da contiguidade temporal de ambos; associa o sino ao campanário por causa da contiguidade espacial dos dois;

— *causalidade:* a fantasia associa a ferida à dor, em decorrência do nexo causal entre elas: a ferida é causa da dor.

Agindo de conformidade com as três leis da associação, a imaginação forma. as ideias de substância, de acidentes e de relações.

"A ideia de substância, como também a de modo (acidente), não é mais do que uma coleção de ideias simples, reunidas pela imaginação e designadas com nome especial, com o qual podemos evocar esta coleção para nós mesmos e para os outros".[19] Como Berkeley Hume afirma que não existem ideias universais. "As ideias universal não passam de ideias particulares que foram ligadas a uma palavra, a qual lhes dá uma significação mais extensa e ocasionalmente fá-las evocar outros indivíduos semelhantes a elas".[20]

---

[17] *Id., ibid.,* 17-18.
[18] *Id., ibid.,* 18.
[19] *Id., ibid.,*. 24.
[20] Sobre o valor do conceito de *existência*, cf. *id., ibid.,* 70-71.

Depois de resolver assim um tanto sumariamente a questão da substância e dos acidentes, Hume passa a analisar atentamente as ideias de relação. Divide as relações em dois grupos: as que nascem do simples exame das ideias e as que só se podem formular apoiando-se em fatos, na experiência.

"As relações podem ser divididas em duas classes: as que dependem só das ideias, enquanto compara umas com as outras, e as que podem variar sem que as ideias variem. Por exemplo, da ideia de triângulo chegamos à relação de igualdade entre os seus três ângulos e dois ângulos retos; esta relação é imutável enquanto a ideia de triângulo permanece a mesma.

"Mas as relações de contiguidade e distância entre dois objetos podem variar com a mudança de lugar dos seus objetos, mesmo que permaneçam inalterados os objetos e as suas ideias. (...) O mesmo se dá com as relações de identidade e de causalidade. Dois objetos, perfeitamente semelhantes e aparecendo no mesmo lugar, mas em tempos diferentes, podem ser numericamente diferentes; e já que a razão pela qual um objeto produz outro não pode ser descoberta pelo simples exame da ideia (do objeto), é evidente que causa e efeito são relações que conhecemos pela experiência e não pelo puro raciocínio ou pela reflexão".[21]

Ao grupo de relações que procedem só do exame 'das ideias pertencem a semelhança, a contrariedade, o grau de qualidade, o grau de quantidade e o número.

Ao grupo de relações que nascem da experiência pertencem a identidade, as relações de tempo e espaço e as relações de causalidade.

Segundo Hume, o valor das relações fundadas na comparação entre ideias é diferente do valor das relações que se fundam na experiência porque a origem de ambas é diferente. As primeiras têm a máxima certeza e constituem o domínio do conhecimento verdadeiro, isto é, da ciência; sobre elas se fundam a geometria, a aritmética e a álgebra, cujos objetos são simples ideias que não aspiram a nenhuma realidade de fato.[22] Quanto às segundas, seu valor é bastante problemático. Mas, uma vez que, segundo 0 filósofo escocês, todos os raciocínios que dizem respeito à realidade ou aos fatos se fundam na relação de causa e efeito, dedica--se ele, para resolver o problema do valor destas relações, a estabelecer primeiro a origem, depois o valor da relação de causa e efeito.

[21] *Id., ibid.*, 73.
[22] Cf. *Id., ibid.*, 74-77.

Quanto à origem, Hume demonstra que a relação de causa e efeito não pode ser conhecida *a priori,* mas que se forma na mente em decorrência do hábito. Quanto ao seu valor, dada a origem irracional da relação, ele só pode ser subjetivo.

A ORIGEM DA RELAÇÃO DE CAUSA E EFEITO

Antes de tudo, Hume prova que *a relação entre causa e efeito não pode ser conhecida a priori,* isto é, pelo simples exame dos conceitos implicados na relação, mas somente pela experiência. Diante de um objeto novo, ninguém está em condições de descobrir as suas causas e os seus efeitos, abstraindo-se da experiência e apenas raciocinando sobre ele.

Por exemplo, mesmo que se admita que as faculdades de Adão fossem perfeitas, ele não poderia deduzir da fluidez e da transparência da água, que ela poderia sufocá-lo, ou da luz e do calor do fogo, que ele poderia queimá-lo.[23]

Logo, *a relação da causalidade nasce da experiência:* "É somente com base na experiência que podemos inferir a existência de uma coisa de outra. A natureza da experiência é esta: recordamo-nos de termos encontrado casos frequentes da existência de uma espécie de objetos; recordamo-nos também de que os indivíduos de outra espécie de objetos sempre os acompanharam e sempre existiram em ordem regular de contiguidade e sucessão em relação a eles. Assim recordamo-nos de termos visto aquela espécie de objeto que denominamos chama e de termos sentido aquela espécie de sensação que denominamos quente. Temos presente também a sua associação constante em todos os casos do passado. Sem hesitação chamamos a uma de causa, ao outro de efeito, e induzimos da existência de uma a existência do outro".[24]

---

[23] Nos *Ensaios sobre o intelecto humano,* Hume escreve: Mesmo com o exame e a pesquisa mais acurados, a mente não pode encontrar o efeito na suposta causa, isto porque, sendo o efeito totalmente diferente da causa, não pode ser descoberto nela. (...) Resumindo: todo efeito é um acontecimento distinto de sua causa. Por isso não poderia ser descoberto na causa. E a sua descoberta ou a sua concepção *a priori* será, portanto, inteiramente arbitrária". (Cf. Hume, *Saggio sull'intelletto umano,* Bari, 1910, 35-36).

Masnovo tem razão em atribuir o erro da posição de Hume a uma compreensão inadequada da operação da abstração, como se ela consistisse na cega análise de um todo em suas partes (cf. Masnovo, *Il significato storico del neotomismo in* Rivista di filosofia neoscolástica, 1940, 25-30).

[24] Hume, D., *A treatise of human nature,* cit., 89-90.

Qual é a natureza da experiência da qual nasce o nexo causal? Segundo Hume, o nexo causal não nasce de uma experiência cognitiva, mas instintiva. Que não se trata de experiência cognitiva mostra-o o fato de que "da simples repetição das impressões passadas não pode nascer nenhuma ideia nova como seria a do nexo necessário; o número das impressões não tem, aqui, eficácia maior do que se nos limitássemos a apenas um caso".[25] Por isso, conclui Hume, quando passamos da ideia de uma coisa à ideia de outra e estabelecemos entre elas um nexo causal, somos determinados por uma experiência de caráter instintivo, isto é, pelo hábito: o hábito de ver dois objetos sucedendo-se sempre do mesmo modo; este hábito faz surgir em nós a propensão para crer que, aparecendo o primeiro, aparecerá também o segundo. É desta propensão que nasce a ideia do nexo causal.

Hume foi levado a esta conclusão pela regra fundamental de sua epistemologia, regra que exige que toda ideia tenha sua origem numa impressão. Verificado que nenhuma impressão transmitida pelos sentidos pode dar origem à ideia do nexo causal, Hume argumenta que ela deve nascer de uma impressão interna, isto é, de uma impressão de reflexão. Ora, não há impressão interna que possa exercer esta função a não ser a propensão, produzida pelo hábito, para passar de um objeto à ideia de outro que costuma acompanhá-lo.

Concluindo: "A necessidade e a eficácia das causas não deve ser colocada nelas, nem em Deus, nem na colaboração entre ambos, mas só na mente que considera a união entre dois ou mais objetos em casos precedentes. É aqui que se deve situar a eficácia, a conexão e a necessidade das causas".[26]

De tudo o que ficou dito torna-se evidente que o nexo causal (a relação entre causa e efeito) tem somente valor subjetivo. Não se trata, de fato, de uma propriedade do objeto, mas de uma disposição, de um hábito do sujeito: o hábito de atribuir a relação de causalidade a objetos que se sucedem, depois de verificar vários casos nos quais eles se sucedem.

Para Hume, a necessidade da relação causal não diz respeito aos objetos postos em relação, mas ao sujeito que os considera tais. Esta afirmação é de capital importância por causa das consequências que

---

[25] *Id., ibid.*, 91.
[26] *Id., ibid.*, 162-164.

implica, por exemplo, a negação da demonstrabilidade da existência das coisas, do eu e de Deus.

Examinada a origem da relação causal, Hume dá a seguinte, célebre, definição de causa: "Causa é um objeto precedente e contíguo a outro e tão unido a ele que a ideia de um determina a mente a formar a ideia do outro, e a impressão de um determina a mente a formar uma ideia mais nítida do outro".[27]

Do que acabamos de expor podem ser tiradas as seguintes conclusões:

— eliminação da distinção das causas em material, formal, eficiente e final: "Todas as causas são da mesma espécie. A única causa é a eficiente; as outras não são causas";[28]

— eliminação da distinção entre ocasião e causa: "Se por ocasião entendemos uma união constante, trata-se realmente de uma causa; não havendo a união constante, não se trata de relação e torna-se impossível raciocinar";[29]

— quanto à origem e ao uso do princípio de causalidade, homens e animais estão no mesmo plano. O cão evita o fogo, os precipícios, as pessoas estranhas, como faz o homem. O cão não pode formar o princípio de causalidade por meio da razão, mas unicamente por meio do hábito. Isto confirma plenamente a doutrina precedente.[30]

O CONHECIMENTO DA EXISTÊNCIA DAS COISAS, DO EU E DE DEUS

Com a crítica ao valor objetivo do princípio de causalidade, cai por terra o argumento sobre o qual Locke e Berkeley fundavam a existência das substâncias tanto materiais como espirituais (a substância existe como causa de meus conhecimentos). Resta sempre, porém, o fato que nós acreditamos na existência contínua do nosso eu e na existência separada das coisas. Como se justifica esta crença, de onde vem esta convicção?

Existência das coisas. As causas possíveis da crença na existência continuada e distinta das coisas são três: *sentidos, razão* e *imaginação*.

---

[27] *Id., ibid.,* 167.
[28] *Id., ibid.,* 168.
[29] *Id., ibid.,* 1. c.
[30] Cf. *Id., ibid.,* 174-175.

Hume demonstra por exclusão que de fato nem os sentidos nem a razão podem dar origem a esta crença. Não resta, portanto, outra causa senão a imaginação.

"É evidente que os sentidos são incapazes de dar origem à noção de uma existência continuada dos seus objetos porque, cessando a sensação, os objetos deixam de estar presentes aos sentidos. A existência continuada seria, portanto, contraditória porque suporia que os sentidos continuariam a operar depois de cessada toda operação".[31]

A crença na existência continuada e distinta das coisas não pode ser produzida pela razão porque também as crianças e os rudes têm esta crença.[32]

Só resta a imaginação, a qual, segundo Hume, chega à ideia da existência continuada e distinta do modo seguinte:

"Depois que nos habituamos a observar certa constância em certas impressões, e que verificamos que a percepção do sol e do oceano, por exemplo, se nos reapresenta, depois de um período de ausência ou de anulação, com as mesmas partes ou na mesma ordem de antes, não somos capazes de considerar essas percepções interrompidas como distintas (como de fato são); por causa de sua semelhança pensamos que se trata sempre da mesma percepção. Mas, como a interrupção de sua existência é contrária à sua perfeita identidade, e isto nos faz julgar que a primeira impressão foi anulada e que a segunda foi criada de novo, vemo-nos em situação difícil, envolvidos numa espécie de contradição. Para nos livrarmos desta dificuldade, procuramos passar por cima da interrupção, ou melhor, fazemos tudo para eliminá-la, supondo que estas percepções interrompidas sejam mantidas uma ao lado da outra por uma existência real, desconhecida para nós".[33]

É esta, pois, a origem da crença na existência das coisas: trata-se de uma suposição da imaginação para explicar a coerência e a constância de certas impressões.

Em outras palavras, a coerência e a constância de certos grupos de impressões fazem-nos esquecer ou negligenciar que as nossas impressões são sempre interrompidas e descontínuas, e supor que as percepções são mantidas juntas por uma única substância.

---

[31] *Id., ibid.*, 183-184.
[32] Cf. *Id., ibid.*, 187.
[33] *Id., ibid.*, 193; cf. também p. 198.

Segue-se disso que a crença na existência das coisas não tem nenhum valor objetivo. A única realidade da qual temos certeza é constituída pelas percepções; as únicas inferências possíveis são as que se fundam na relação entre causa e efeito, que se verifica, por sua vez, somente entre percepções. Uma realidade que seja diferente das percepções e exterior a elas não pode ser afirmada nem com base nas impressões dos sentidos, nem com base na relação causal.

A realidade externa é, portanto, injustificável; mas o instinto para crer nela não pode ser eliminado.

Por mais que a filosofia procure erradicar este instinto, pondo em dúvida a existência das coisas, a vida nos dissuade dessa dúvida e nos recoloca na crença instintiva.

"Aposto", conclui Hume, "que, seja qual for a opinião do leitor neste momento, daqui a uma hora ele estará convencido de que existe tanto um mundo externo quando um mundo interno".

Existência do eu. "Procederemos agora à explicação da natureza da identidade pessoal grande questão esta em filosofia, especialmente de alguns anos para cá, na Inglaterra, onde as ciências mais profundas são estudadas com ardor e aplicação particulares. Agora é evidente que devemos apenas aplicar o método que já deu bons resultados, para notarmos a identidade das plantas, dos animais, dos navios, das casas e de todas as variadas produções, sujeitas a mudanças tanto da arte quanto da natureza.

"A identidade que atribuímos à inteligência do homem é fictícia e, quanto à espécie, semelhante à que atribuímos aos corpos dos animais e dos vegetais. Ela só pode ter, portanto, a mesma origem: procede de uma operação semelhante da imaginação sobre objetos semelhantes.

"Se este argumento, que considero decisivo, não convencer o leitor, convido-o a considerar o raciocínio seguinte, que é de aplicação mais precisa e imediata.

"A identidade que atribuímos à inteligência humana, por mais perfeita que a imaginemos, não chega ao ponto de unificar as percepções diferentes e de fazê-las perder os caracteres que as distinguem e diferenciam e que lhes são essenciais. Permanece sempre verdade que toda percepção distinta que entra na composição da inteligência tem uma existência distinta, é diferente de qualquer outra percepção simultânea e sucessiva e pode discernir-se e separar-se desta.

"Mas como, não obstante a sua distinção e separabilidade, nós supomos as percepções unidas pela identidade, surge naturalmente uma questão sobre esta relação de identidade: trata-se talvez de alguma coisa que se concatena realmente com as nossas percepções ou trata-se somente de alguma coisa que associa as suas ideias na imaginação?

"Em outras palavras, quando afirmamos a identidade de uma pessoa, afirmamos um nexo real entre as suas percepções ou somente sentimos uma ligação entre as ideias que formamos dela?

"Seria fácil para nós responder se nos recordássemos do que foi amplamente demonstrado, a saber, que o intelecto jamais percebe uma conexão real entre os objetos e também que a união da causa e do efeito, se vigorosamente analisada, se resolve em uma associação de ideias formada pelo hábito. Disso se segue evidentemente que a identidade não é nada que pertença realmente a essas diversas percepções e as una, mas é simplesmente uma qualidade que atribuímos a elas por causa de suas ideias na imaginação: união que referimos a elas mesmas.

"Ora, as únicas qualidades que podem unir as ideias da imaginação são as três relações mencionadas acima (semelhança, contiguidade e causalidade): são os princípios da união do mundo ideal, na falta dos quais qualquer objeto distinto pode ser separado da inteligência e considerado isoladamente e não parece ter maior conexão com qualquer outro objeto que não esteja separado dela por diferença muito grande e por grandíssima distância.

O princípio de identidade depende, portanto, destas três relações: semelhança, contiguidade e causalidade; e como a essência dessas relações consiste em produzir uma fácil transição de ideias, segue-se que a nossa noção de identidade pessoal procede totalmente do caminho doce e ininterrupto que segue o pensamento ao longo de uma série de ideias associadas, em conformidade com a doutrina exposta acima".[34]

A faculdade sobre a qual recai maior responsabilidade pela crença na existência de um eu idêntico e pessoal não é a fantasia, da qual, como vimos, depende a existência das coisas externas, mas a memória.

"Já que é só a memória que nos instrui sobre a continuação desta série de percepções, é ela que, principalmente por esta razão, deve ser considerada como a fonte principal da identidade pessoal".

---

[34] *Id., ibid.*, 245-246.

O texto de Hume é de uma clareza exemplar; será útil, apesar disso, esclarecer ao leitor que, depois da questão da existência das coisas, Hume trata da questão da existência do eu.

Esta questão não consiste, para ele, em saber se existe ou não uma realidade que chamamos eu; não há nenhum sentido em introduzir no tratado do conhecimento a questão da *existência* do eu. Ela se situa além da cortina das ideias e é absolutamente inacessível. A questão não é, portanto, se podemos conhecer a *existência* do nosso eu, mas como se forma em nós a convicção da existência continuada do nosso eu. Note-se que o problema gira em torno da existência continuada, não em torno da existência intermitente, momentânea. A existência atual do meu eu, neste momento, é um dado imediato e não constitui problema. Não assim a existência continuada, porque as imagens que posso ter do meu eu são separadas uma das outras. Cada uma destas imagens, destas ideias, tem existência própria, distinta da existência das outras.

Como se explica a nossa convicção de que esta série de percepções constitui uma unidade, forma um todo, de modo que aquilo que é representado pelas várias ideias é um só e o mesmo ser? A formação desta convicção explica-se de modo análogo ao da formação da convicção da existência das coisas: ela nasce da atividade de memória e da fantasia, as quais, operando segundo as leis da associação, unem e juntam o que na realidade é separado e distinto. A identidade do eu é fruto da memória e da fantasia; consequentemente o eu não é uma substância à qual as percepções sejam inerentes. (...) Nós pernas uma sequência de percepções: "O meu eu é formado pelas percepções: elas o compõem, digo, não lhe pertencem. O meu eu neo é uma substância à qual as percepções sejam inerentes. (...) Nos percebemos somente através das impressões e elas jamais nos representam uma substância, seja ela material ou espiritual".

É evidente assim que a crença na existência continuada do eu não tem valor objetivo, sendo antes o resultado da ação associativa da fantasia: não existe nenhum eu objetivo, idêntico a si mesmo, do qual eu tenha uma consciência continuada; objetivamente há somente existências fragmentadas, atômicas, as quais são unificadas pela fantasia; logo, é subjetivo o valor da existência continuada do eu.

Como para as coisas, também para o eu a unificação das percepções não é devida a um objeto do qual elas seriam diferentes representações, mas é devida ao sujeito, que, em última análise, é a única causa de tais percepções.

Se, em relação às coisas, a teoria de Hume não se chocava contra nenhuma dificuldade grave, no caso do eu temos a contradição clara de um eu não unificado que unifica a si mesmo; melhor, para a unificação do eu Hume deve postular outro eu que esteja atrás das existências atomizadas e as unifique.

Existência de Deus. A existência de Deus não é discutida no *Tratado*, mas nas obras posteriores *(Diálogos sobre a religião natural, História natural da religião);* mas no *Tratado* já se encontram elementos para uma resposta exaustiva para o problema.

Do que ficou dito sobre a existência das coisas e do eu segue-se que o conceito de existência não é objetivo, mas subjetivo, produzido que é pelo hábito; por isso, em relação à existência real, a única atitude que podemos tomar é a de "lavar as mãos", porque "tudo o que pensamos como existente podemos pensá-lo também como não existente".

Desta sorte não escapa nem a existência de Deus. A não existência de um ser qualquer (também de Deus) é uma ideia tão clara e distinta quanto a de sua existência; logo, não se justifica discutir sobre a sua demonstrabilidade. Ainda mais que a maior parte dos argumentos se fundam no princípio de causalidade, cujo valor, como vimos, é meramente subjetivo. A causalidade não demonstra nada em nenhum setor; é o hábito, e só ele, que nos leva a estabelecer certas relações.

Mas, uma vez que, no caso da existência das coisas e dos outros, confiamos no instinto, não poderíamos confiar nele também no caso da existência de Deus? Podemos responder não, apoiando-nos para isso na associação, isto é, no foto de que o instinto jamais pode ultrapassar os dados empíricas De pouco a pouco o formaram; ele não pode guiar-nos em um domínio que transcende a comum experiência e muito menos falar-nos de Deus, este "ser fora do tempo e da humanidade".

Nos *Diálogos sobre a religião natural* Hume reserva uma crítica especial à prova da existência de Deus fundada na causa final ou, mais precisamente, na ordem, que, na doutrina comum, implica finalidade.

A ordem da natureza — afirma, substancialmente, Hume — não atesta um plano nem um princípio inteligente; ela é simplesmente a fixação da natureza tal como esta se apresenta à nossa experiência. Qualquer acontecimento pode ter uma infinidade de causas, e não podemos saber *a priori* se a causa da ordem cósmica é o espírito ou a matéria. Não é possível estabelecer um paralelo entre o homem e Deus, nem demonstrar que existe acima de nós um ser único, criador e onipotente.

O *cepticismo* A consequência lógica da doutrina de Hume sobre o conhecimento é o cepticismo. E, no entanto, apesar da aspereza de algumas de suas afirmações, não se pode falar de cepticismo, com referência à sua doutrina; com mais exatidão pode-se falar de um experimentalismo que favoreceu a dúvida em todos os setores da pesquisa e mostrou a incompetência da razão para decidir sobre problemas que transcendem a pura experiência.

Para Hume, o cepticismo absoluto dos pirrônicos é absurdo. A dúvida deles seria legítima se o homem fosse dotado somente de faculdades cognitivas, mas nele estão presentes também as tendências instintivas, as quais têm a capacidade de guiá-lo com segurança em suas ações. O instinto livra o homem da mordaça do cepticismo, no qual a razão, sozinha, estaria condenada a comprimi-lo.

A MORAL: O UTILITARISMO

No segundo livro do *Tratado,* Hume estuda a origem das paixões e numera as principais, dividindo-as em dois grupos: *orgulho-humildade, amor-ódio.*

As paixões, como se vê da descrição que Hume fez do processo do conhecimento, são impressões reflexas que refletem ideias de sensação.[35]

A sua tese mais importante neste campo é a de que também os vícios e as virtudes são paixões — e nisto ele apenas retoma a doutrina de Spinoza. As virtudes são as paixões que causam prazer; os vícios são as que causam dor. As paixões que causam prazer são aprovadas (e por causa dessa aprovação são virtuosas); as paixões que causam dor são desaprovadas (e por causa dessa desaprovação são viciosas, reprováveis)[36].

Segue-se que a virtude não é uma atividade segundo a razão (como afirmaram Aristóteles e os estoicos), mas uma atividade segundo uma espécie de paixões, as que causam prazer, as quais, por isso, são aprovadas.

---

[35] *Id., ibid.,* II, 3.
[36] *Id., ibid.,* II, 21.

Como se vê, para Hume a razão não só não tem nada para dizer sobre a realidade de fato, como nem mesmo pode exercer influência sobre a vida moral. Daqui a conclusão de que "a razão é e deveria ser sempre escrava das paixões e não pode pretender senão servi-las e obedecer a elas".[37]

Mas, apesar de a doutrina do conhecimento ter envolvido numa dúvida inexorável a existência do eu e, *a fortiori*, a de qualquer outro ser, e apesar de a doutrina sobre as paixões ter lançado a sombra da dúvida sobre a própria possibilidade de qualquer valor moral, Hume expõe uma doutrina moral que supõe a existência de uma sociedade de seres racionais e que implica a aceitação de valores morais universais.[38]

O seu princípio fundamental é o seguinte: é bom o que é útil e, como tal, aprovado pela sociedade; é mau o que é prejudicial e, como tal, condenado pela sociedade. Por exemplo, a justiça é boa porque redunda em um bem para a sociedade; o homicídio é mau porque prejudica a sociedade.

Fazer o bem, isto é, o que é útil para a sociedade, não é gravoso para o homem porque não vai contra a sua natureza, mas concorda com ela, já que a natureza humana é social. Sendo o homem naturalmente altruísta, não se pode dizer que seja movido somente pelo egoísmo.

A moral ensinada por Hume é, pois, um utilitarismo altruísta.

O tema da moral foi tratado por ele também em outra obra, precisamente nas *Pesquisas sobre os princípios da moral*, na qual ataca energicamente a doutrina de Hobbes, que tentara explicar os impulsos da alma humana como simples paixões ditadas pelo interesse pessoal, e todo afeto como puro egoísmo.

Hume observa que o louvor e a censura que tributamos a ações virtuosas distânciadas (no tempo ou no espaço), praticadas por nós ou por um adversário, e que podem até trazer-nos prejuízo, provam a existência, na origem de nossos sentimentos, de alguma coisa que escapa completamente ao instinto egoísta e que não tem em vista nem mesmo um interesse imaginário.

Há ainda em nós inclinações como a generosidade, o amor, a amizade, a compaixão, a retidão, que têm "causas, efeitos, objeto, operações" totalmente diferentes dos das paixões egoístas. A hipótese de

---

[37] *Id., ibid..,* II, 127.
[38] *Id., ibid.,* III, c. 1.

uma benevolência desinteressada, distinta do amor próprio, é realmente mais simples e mais de acordo com a experiência do que a hipótese que pretende explicar todo sentimento humanitário pelo egoísmo. Há exigências naturais e paixões mentais que nos impelem para o objeto sem nenhuma consideração de puro interesse.

CONCLUSÃO

Entre os principais méritos da filosofia de Hume devem ser lembradas a importância dada à experiência e a referência ao hábito, ao instinto e à associação como fatores determinantes da aceitação dos primeiros princípios e da atividade humana.

Outro merecimento importante da pesquisa de Hume é ter mostrado a quais conclusões pode levar a filosofia que só reconhece como fonte de conhecimento a experiência sensível, quando a pesquisa é conduzida com lógica fria.

A especulação tão intransigentemente empirista de Hume suscita grande perplexidade a respeito dos pontos seguintes:

— *Objeto do conhecimento*. Segundo Hume, aquilo de que temos consciência imediata não são as coisas, mas as ideias; elas são a última barreira diante da qual o conhecimento humano deve deter-se. Para ele, este é um princípio axiomático, que, porém, na realidade, contradiz um importante aspecto do conhecer, colhido na sua espontaneidade, a saber, o caráter de intencionalidade ou a propriedade de as ideias não nos deterem em si mesmas, mas remeter-nos às coisas.

Outra contradição no campo da epistemologia: segundo o filósofo escocês, o valor do nosso conhecimento, em questões de fato, é subjetivo. Mas, sendo assim, também o que ele diz sobre o mecanismo do conhecimento só pode ter valor subjetivo; e a sua obra não mais deveria ser considerada como doutrina filosófica, mas como diário de suas ilações.

— *Princípio de causalidade*. Em primeiro lugar, Hume coloca mal o problema: parte da causa para chegar ao efeito, quando a ordem a seguir é a inversa, do efeito para a causa.

Em segundo lugar, a sua concepção de causalidade suprime uma distinção que todos nós fazemos, a saber, entre relação de contiguidade e relação de causalidade, distinção que Sócrates já conhecia.[39]

---

[39] Cf. Platão, *Fédon*, 99ss.

Finalmente, no tocante à causalidade, Hume cai muitas vezes em graves contradições. Primeiro, quando diz que as sensações são causadas por algo desconhecido e, depois, que as impressões de sensação são causa das impressões de reflexão, não estaria talvez referindo-se a um nexo causal efetivo? Podemos afirmar que toda a pesquisa de Hume em torno do princípio de causalidade é uma contradição clamorosa. De fato, pretende ao mesmo tempo provar que o valor do princípio de causalidade é apenas subjetivo e dar uma explicação objetiva (válida para todos, absoluta) da *causa* de nossa convicção a respeito da existência dos nexos causais.

— *O eu.* Hume reduz o eu a alguma coisa entendida cartesianamente, isto é, a uma coisa passiva, a uma *res extensa* (coisa extensa). Com isso, elimina toda atividade pessoal do sujeito no tocante ao conhecimento e à volição. O sujeito cognoscente não parece ser, portanto, mais do que uma fita magnética que registra, um a um, determinados estímulos. O intelecto humano não passa de uma máquina; o eu não é um ser, mas um aglomerado de seres distintos uns dos outros: as impressões.

Mas isto explica realmente a identidade do eu?

Outra afirmação a respeito do eu que não julgamos aceitável é aquela segundo a qual não existe nenhuma distinção real entre o homem e o irracional. A experiência não estaria indicando o contrário?[40]

— *A ética.* A pesquisa ética de Hume cai na mesma falácia original que percorre toda a sua filosofia. Ele pretende descobrir a moralidade das ações humanas mediante o estudo do modo pelo qual elas se originam. Mas a vivissecção descritiva dos motivos éticos não consegue colher a essência da vida espiritual além da sua expressão fenomênica. Como Hobbes que também lutou por suas concessões materialistas, Hume transportou a moral para o campo da psicologia analítica e fixou-a no terreno dos fenômenos psíquicos, sem se preocupar com possíveis interferências com o transcendente.

— *Deus.* A negação de qualquer valor à prova teleológica parece arbitrária. De fato, que a ordem não implique uma inteligência parece contradizer todos os dados da experiência. E quanto à existência de uma ordem extraordinária no universo, ela é tão evidente que nenhuma inteligência isenta de preconceitos pode contestá-la.

---

[40] Cf. Leibniz, G. W., *Saggio*, 8.

BIBLIOGRAFIA

Sobres Hobbes:

MONDOLFO, R., *La morale di Thomas Hobbes,* Verona-Pádua, 1903; BIANCA, B., *Diritio e stato nel pensiero di Thamas Hobbes,* Nápoles 1946; BOBBIO, N., *Da Hobbes a Marx,* Nápoles, 1965; VIALATOUX, J., *La cité de Hóbbes: théorie de l'état totalitaire,* Paris 1935; STRAUSS, L. *The pólitical phdosophy of Thomas Hobbes,* Chicago, 1962, 2ª ed.; PACCHI, A., *Intróduzione a Hobbes,* Bari, 1971.

Sobre Locke:

CARLINI, A. *La filosofia di Giovanni Locke,* Florença, 1928, 2ª ed.; ABBAGNANO, N., *Giovanni Locke e l'empirismo,* Turim, 1952; RICCI GAROTTI, L., *Lócke e i suoi problemi* Urbino 1961; MORRIS, C. R., *Locke, Berkeley, Hume,* Oxford 1931; AARON, R. J, *John Locke,* Oxford, 1955, 2ª ed.; O'CONNOR, D. J., *John Lócke,* Harmondsworth, 1952; LEROY, A., *Locke, sa vie, son oenvre avec un exposé de sa philosophie,* Paris, 1964; SABETTI, A., *La filosofia politica di f. Locke,* Nápoles, 1971.

Sobre Berkeley:

PORTA, P., *La dottrina psicologico-ontalogica di George BerAeley* Bolonha 1922; ROSSI, M. M. *Saggio su Berkeley,* Bari, 1955; TESTA, A., *Meditazioni su BérAeley,* Bolonha, 1965; JOHNSTON, G. A., *The develapment of Berieley's philosophy,* Nova Iorque, 1932; WILD, J. D., *George Berkeley, a study of his life and phdosophy,* Nova Iorque 1962, 2ª ed.; WISDOM, J. O. *The unconscious origins of Berieley' phdosethy,* Londrés, 1953; JOUSSAIN, A., *Expósé critique de la philosethie de Berieley,* Paris, 1920; ROSSI, M. M., *Introduzione a Berkeley,* Bari, 1970.

Sobre Hume:

DELLA VOLPE, G., *La filosofia dell'esperienza di Darid Hume,* Florença, 1933-1935 2 v.; DAL PRA, M. *Hume,* Mileo, 1949; SABETTI, A., *Darid Hume fdosolo della religióne,* Nápoles, 1965; LAIRD, J., *Hume's philosophy of human nature,* Londres, 1932; SMITH, N. K., *The philosophy of David Hume. A critical study of its originis and central doctrines,* Londres, 1941; ANDERSON, R. F. *Hume's first principles,* Lincoln, 1966; BRUNET, O., *Philosophie et éstetique chéz David Hume,* Paris, 1966; SANTUCCI A., *Sistema e ricerca in D. Hume,* Bari, 1969; IDEM, *Introduzione a Hume,* Bari, 1971.

IX
GOTTFRIED WILHELM LEIBNIZ

1. A vida e as obras

Gottfried Wilhelm Leibniz nasceu em Leipzig, em li de julho de 1646. Fez seus primeiros estudos sob a direção do pai, jurisconsulto e professor de moral na Universidade de Leipzig. Sua matéria preferida era a filosofia: lia com o mesmo entusiasmo os antigos (Platão e Aristóteles) e os modernos (Bacon, Campanella, Hobbes, Locke, Galileu e Descartes). Aos 16 anos ingressou na Universidade de Leipzig, onde continuou os estudos filosóficos; mais tarde passou para a Universidade de Iena, onde se dedicou mais ao estudo da matemática. Com a intenção de aplicar o método matemático à filosofia, escreveu a *Dissertatio de arte combinatoria* (o seu "discurso sobre o método"). Atendendo ao desejo do pai, laureou-se em Leis em 1666. Continuou por algum tempo os estudos jurídicos e escreveu obras de moral e direito.

Com o ano de 1672 inicia-se para ele um período de viagens. Vai primeiramente a Paris, onde, depois de fracassar na tentativa de induzir Luís XIV a empreender uma cruzada contra os turcos, retoma o estudo da matemática. Torna-se, neste campo, um dos estudiosos mais célebres com a descoberta do cálculo diferencial e a invenção da régua de cálculo.

Durante sua permanência em Paris encontra-se com Bossuet, com o qual mantém contatos que visam à união das igrejas protestantes com a Católica, mas não tarda a perceber a inviabilidade desta união. Continua apesar disso, até a morte, envidando esforços para eliminar as dificuldades entre as várias confissões cristãs.

Em 1676 volta para Hannover, onde, como bibliotecário e conselheiro do duque Johann Friedrich, goza de grande estima e influência.

Neste período, projeta e realiza as suas grandes obras filosóficas: *Discurso sobre a metafísica* (1686) e a *Monadologia* (1714)

O fim de Leibniz foi, no entanto, solitário e triste. Em 1714, tendo falecido a princesa Sophia, eleitora de Hannover, o grande filósofo se viu abandonado. Morreu dois anos depois e foi sepultado sem acompanhamento fúnebre.

Entre suas obras recordemos os *Novos ensaios sobre o intelecto humano* (1705) e o *Ensaio sobre a teodiceia* (1710).

A filosofia de Leibniz apresenta-se como reação contra o dualismo de Descartes e o empirismo inglês.

É reação contra o dualismo cartesiana em nome da unidade dos seres (todo ser é essencialmente uno: a mônada); não existem duas substâncias, a espiritual e a material, mas uma só, a espiritual.

É reação contra o empirismo inglês em nome da originalidade do conhecimento intelectivo: o conhecimento intelectivo não é uma simples reação passiva às ideias dos sentidos, mas o desenvolvimento das ideias que o intelecto já tem germinalmente presentes desde o nascimento (ideias inatas).

Da reação contra o dualismo cartesiana nasceu a metafísica da mônada; da reação contra o empirismo inglês nasceu a epistemologia inatista.

2. A metafísica da mônada

Os pontos fundamentais da metafísica de Leibuiz são a crítica da concepção cartesiana de substancia material e a doutrina da mônada.

a) *Crítica à concepção cartesiana da substância material.* Além de admitir a existência da *res cogitans* (coisa pensante), Descartes aceitara também a existência da *res extensa* (coisa extensa), isto é, da substancia material. A essência desta substancia, segundo Descartes, é a extensão que tem como características principais a inércia e a passividade.

No tempo de Leibniz, esta concepção da matéria começou a ser posta em dúvida em decorrência de numerosas descobertas científicas que demonstravam que muitas coisas tidas até então como inertes e passivas eram, na realidade, centros de força e de atividade.

Essas descobertas convencem Leibniz de que a extensão não é o elemento último e irredutível das coisas e de que, por isso, a divisão da realidade em pensamento e extensão (espírito e matéria) não se justifica. "Nos seres corpóreos", diz Leibniz, "existe alguma coisa além da extensão, ou melhor, antes da extensão. A força da natureza, colocada em toda parte pelo Autor supremo, não consiste somente numa simples faculdade, como diziam os escolásticos, mas também num *conatus* ou "esforço", que atingirá plenamente seu objetivo se for impedido por um *conatus* contrário. (...) O agir é o caráter essencial da substancia; a extensão, longe de determinar a substancia, somente indica a continuação ou a difusão de uma substância já determinada, que tenda ou se oponha, isto é, que exista".

Leibniz conclui que o elemento primordial do mundo natural a força. A extensão e o movimento, princípios fundamentais da física cartesiana, são transformados por ele em princípio superior, de ordem espiritual.

Assim o dualismo cartesiana de substancia extensa e substancia pensante é superado, e o universo inteiro é interpretado em termos de substancia espiritual. No universo não existem verdadeiramente nem extensão nem corporeidade, nem matéria: tudo é espírito e vida porque tudo é força.

Também o mundo da física, embora conhecido em suas leis mecânicas, transforma-se, para Leibuiz, num mundo espiritual, logo, numa ordem inteligente e livre.

b) A *mônada*. O elemento último que compõe tanto o mundo do espírito quanto o mundo da extensão é a *mônada*. Na *Monadologia* Leibniz dá a definição de mônada, prova a sua existência, enumera as suas propriedades e examina as suas relações com as outras mônadas e com o corpo.

De acordo com a sua definição, "a mônada não é senão uma substancia simples que entra nos compostos: simples, isto é, sem partes".[1]

Quanto à existência da mônada, eis a sua prova: "Uma vez que existem compostos, deve haver substancias simples; isto porque o composto é um amontoado ou um aglomerado de simples".[2]

As propriedades essenciais da mônada são: *simplicidade:* "nas mônadas não existem partes e não são possíveis a extensão, a figura e

---

[1] Leibniz, G. W., *Monadologia*, § 1.
[2] *Id., ibid.*, § 2.

a divisibilidade";[3] *incorruptibilidade:* "A mônada não tem origem por composição e não tem fim por dissolução (…). Pode-se dizer por isso que as mônadas não podem ter princípio nem fim senão num instante, o que significa que não podem ter princípio a não ser por criação e que não podem ter fim a não ser por aniquilamento";[4] *auto suficiência:* as mônadas não têm janelas através das quais possa entrar ou sair alguma coisa.[5] Por isso, todo movimento vem do interior.[6]

As qualidades: ter qualidades é o princípio constitutivo do ser da mônada: "É necessário que as mônadas tenham alguma qualidade; do contrário nem seriam seres. Se as substancias simples não diferissem por suas qualidades, não haveria meio de perceber diversidade nas coisas. (…) Além disso, se as mônadas não tivessem qualidades, não poderiam distinguir-se uma das outras".[7] Esta proposição é chamada *princípio dos indiscerníveis.*

Não existem duas mônadas iguais: "É necessário que cada uma das mônadas seja diferente das outras. Isto porque não existem na natureza dois seres perfeitamente iguais um ao outro, entre os quais neo seja possível encontrar uma diferença interna, fundada numa denominação intrínseca".[8]

Apetite: todas as mônadas são dotadas de apetite,[9] isto é, da propriedade de querer e desejar.

Percepção: todas as mônadas são dotadas de percepção (que se deve distinguir da apercepção ou consciência), isto é, da faculdade de conhecer.

A existência da percepção em todas as mônadas é provada pela presença, no homem, de pequenas percepções indistintas. "Experimentamos em nós mesmos um estado no qual não nos recordamos de nada e não temos nenhuma percepção distinta, como quando nos sobrevém um desmaio ou quando dormimos profundamente sem sonhar. Em tal estado a alma não difere sensivelmente de uma simples mônada; mas como não se trata de um estado duradouro a alma acaba saindo dele, ela

---

[3] *Id., ibid.,* § 3.
[4] *Id., ibid.,* §§ 4, 6.
[5] Cá *Id., ibid.,* § 7.
[6] Cf. *Id., ibid.,* § 2.
[7] *Id., ibid.,* §§ 5, 8.
[8] *Id., ibid.* § 9.
[9] Cf. *d., ibid.,* § 15.

é algo mais (do que uma simples mônada). Não se deve, porém, concluir que em semelhante estado a substancia simples não tenha percepções. Isto não é possível apenas pelas razões expostas acima, mas também porque ela não pode perecer nem subsistir sem alguma afecção, que não é senão a sua percepção.

"Antes, no atordoamento dá-se uma série de pequenas percepções, nas quais não há, porém, nada de distinto: quando alguém dá muitas voltas em torno de si mesmo, sempre no mesmo sentido poderá sentir tontura e desmaiar, e neste estado não distinguirá nada. A morte pode colocar os animais temporariamente nesse estado. E uma vez que o estado presente de uma substancia simples é sempre consequência natural de seu estado precedente, de modo que o presente é carregado de futuro e como, ao voltarmos do atordoamento, nos lembramos de nossas percepções, vê-se que necessariamente nós as tivemos imediatamente antes, sem que percebêssemos. De fato, uma percepção não poderia surgir naturalmente senão de outra percepção, como um movimento não pode surgir naturalmente senão de outro movimento. Daqui se vê que se não tivéssemos nas percepções nada de distinto e, por assim dizer, de relevante e de um gosto mais forte, permaneceríamos sempre no atordoamento. É este precisamente o estado das mônadas puras e simples".[10]

A diversificação das mônadas é devida ao grau diverso de apetite e percepção.

c) *Relações com as outras mônadas.* A mônada é espelho do universo. Apesar de neo ter janelas, ela tem relações com todas as outras porque cada mônada reflete a seu modo as outras. Logo, cada uma das mônadas tem com as outras uma relação de representação

Além disso, cada mônada tem, com as outras, uma relação de conveniência, uma vez que Deus, ao escolher uma mônada levou em consideração as exigências de todas as outras. "Ora, (...) esta adaptação de todas as coisas criadas a cada uma e de cada um a todas as outras faz com que toda substância simples tenha relações que exprimam todas as outras e consequentemente seja um espelho vivo e perpétuo do universo.

"Como uma cidade, vista de diversos lados, parece diferente multiplicada pela perspectiva, do mesmo modo, em consequência da multidão infinita de substancias simples, existem como que outros

---

[10] *Id., ibid.,* §§ 20-24.

tantos universos, os quais, na realidade, não são senão as perspectivas de um só, sob os diferentes aspectos de cada uma das mônadas. É este o meio para se obter tanta variedade quanto for possível, junto com o máximo de ordem; o que significa que é também o meio para se obter toda a perfeição possível".[11]

d) *Alma e corpo: harmonia preestabelecida*. Segundo Leibniz, todas as coisas deste mundo são constituídas de *enteléquia* (princípio ativo) e de *matéria-prima* (princípio passivo). A matéria é o corpo, o qual não é senão uma constelação de mônadas subordinadas a uma mônada principal (que desempenha para elas a função de alma): "Todo corpo tem uma entelequia dominante que constitui a alma do animal".[12] Como parte do corpo, mesmo que diminuta, constitui um organismo maravilhoso; isto porque cada fragmento de matéria é animado. "Cada fragmento da matéria pode ser representado como um jardim cheio de plantas ou como um lago cheio de peixes. Mas cada ramo da planta e cada membro do animal e cada gota dos seus humores são, por sua vez, tal jardim ou tal lago".[13]

No problema das relações entre alma e corpo Leibniz distingue dois aspectos: o da união entre a alma e o corpo e o da ação recíproca.

De acordo com ele, a união da alma com as mônadas a ela subordinadas é instável "porque todos os corpos estão em perpétuo fluxo como os rios; e neles entram e saem partes sem interrupção. Assim a alma não muda de corpo senão aos poucos, de modo que ela nunca se vê despojada simultaneamente de todos os seus órgãos; e nos animais há muitas vezes metamorfose, jamais, porém, metempsicose ou transmigração das almas; muito menos existem almas separadas ou gênios sem corpo. Só Deus é completamente sem corpo".[14]

Mas a união da alma com um corpo é estável porque não existem almas propriamente separadas; logo, tanto o corpo[15] como a alma[16] e todo o ser das mônadas[17] são imortais e indestrutíveis.

Singular é a posição de Leibniz diante do problema das relações entre alma e corpo. Ele rejeita as célebres soluções de Platão, Aristóteles,

---

[11] *Id., ibid.*, §§ 56-58
[12] *Id., ibid.*, § 70
[13] *Id., ibid.*, § 67
[14] *Id., ibid.*, §§ 71-72
[15] *Id., ibid.*, § 73.
[16] Cf. *Id., ibid.*, § 76.
[17] Cf. *Id., ibid.*, § 77.

Agostinho, Descartes, Spinoza e Malebranche. Os quatro primeiros, embora de modo diverso, afirmaram existir entre a alma e o corpo uma relação causal, pelo menos da alma sobre o corpo; Spinoza sustentara a existência de uma relação de simples paralelismo: acontece na alma o mesmo que no corpo, sem intervenções superiores e sem influências recíprocas. Malebranche dera a sua versão com a doutrina do ocasionalismo: a ação aparente da alma sobre o corpo e vice-versa é realizada por Deus quando a alma e o corpo se encontram em determinadas circunstâncias (ocasiões). Leibniz rejeita todas essas soluções. Para ele, existe entre alma e corpo uma relação efetiva, a qual não procede de uma das duas partes (alma e corpo), mas de uma *harmonia preestabelecida* por Deus. "A alma segue as suas próprias leis, e também o corpo tem as suas; e encontram-se em virtude da harmonia preestabelecida entre todas as almas, porque todas são representações de um mesmo universo".[18] A alma e o corpo comportam-se como dois relógios perfeitamente sincronizados: marcam a mesma hora sem que um exerça influência sobre o outro. "As almas agem segundo as leis das causas finais por desejos, fins e meios. Os corpos agem segundo as leis das causas eficientes ou dos movimentos. E os dois reinas, o das causas eficientes e o das causas finais, estão em harmonia entre *si*".[19] "Este sistema estabelece que os corpos agem como se — por absurdo — não existissem almas, que as almas agem como se não existissem corpos e que ambos agem como se se influenciassem reciprocamente".[20]

A alma comunica-se com as outras mônadas através do corpo: "Embora cada mônada criada represente todo o universo, ela representa de modo mais distinto o corpo com o qual ela está particularmente unida e do qual ela é a enteléquia. E como este corpo exprime todo o universo, em virtude da conexão de toda a matéria ao pleno, assim também a alma, representando aquele corpo que lhe pertence de modo particular, representa todo o universo".[21]

e) *Alma e escritos:* Leibniz faz clara distinção entre alma e espíritos: as almas são imagens do universo e os espíritos são imagens de Deus. "Entre as diferenças existentes entre as almas comuns e os espíritos ainda

---

[18] *Id., ibid.,* § 78.
[19] *Id., ibid.,* § 79.
[20] *Id., ibid.,* § 81.
[21] *Id., ibid.,* § 62.

há esta: as almas em geral são espelhos vivos ou imagens do universo das criaturas; mas os espíritos são, além disso, imagens da própria divindade ou do próprio autor da natureza, capazes de conhecer o sistema do universo e de imitar alguma coisa com os ensaios arquitetônicos, sendo cada espírito, em seu âmbito, como que uma pequena divindade".[22]

Também entre o mundo das almas e o mundo dos espíritos existe harmonia como entre a alma e o corpo. "Tendo estabelecido pouco antes perfeita harmonia entre os dois reinas naturais (alma e corpo), um, o das causas eficientes, e o outro, o das causas finais, devemos destacar aqui outra harmonia entre o reino físico da natureza e o reino moral da graça ou entre Deus considerado como arquiteto da máquina do mundo e Deus considerado como monarca da divina cidade dos espíritos".[23]

3. O inatismo

Na doutrina do conhecimento, Leibniz primeiramente refuta a crítica de Locke às ideias inatas, em seguida explica o processo cognitivo.

a) *Réplica de Leiloniz à critica de Locke às ideias inatas.* Locke chega à negação das ideias inatas porque as entende como ideias já completamente desenvolvidas. Se por ideias inatas se entendem ideias completamente desenvolvidas, é fácil ver que os argumentos de Locke contra a existência delas são irrefutáveis; mas, na opinião de Leibniz, não é assim que se devem entender as ideias inatas. Elas não são claras e distintas, isto é, não são ideias das quais estejamos plenamente cônscios, mas confusas e obscuras, percepções reduzidas, ideias em germe; elas são semelhantes aos traços que em um bloco de mármore delineiam, por exemplo, a figura de Hércules, de modo que bastem poucos golpes de martelo para afastar o mármore supérfluo e fazer aparecer a estátua. A experiência desempenha precisamente a função do martelo: torna atuais, isto é, plenamente claras e distintas, as ideias que estavam somente em germe na alma.

Quais são as ideias inatas? São os primeiros princípios (princípios de identidade, de não-contradição, de razão suficiente): princípios que não

---

[22] *Id., ibid.,* § 83
[23] *Id., ibid.,* § 87.

poderiam provir da experiência porque têm uma necessidade absoluta que os conhecimentos empíricas não têm.

b) *O processo cognitivo*. As faculdades comitivas do homem são três: *sentido, memória, razão*. A razão, pela qual são conhecidas as verdades necessárias e eternas, a alma e Deus, é a faculdade que distingue o homem dos animais.

Leibniz divide os conhecimentos da razão humana em dois grupos: os que se subordinam ao princípio de não-contradição e os que se subordinam ao princípio de razão suficiente. Os primeiros são as verdades de razão (necessárias); os segundos são as verdades de fato (contingentes); os primeiros dizem respeito à lógica, os segundos, à metafísica.

O princípio de razão suficiente é aquele em virtude do qual " julgamos que nenhum fato pode ser verdadeiro ou real, nenhuma proposição verdadeira, sem que exista uma razão suficiente para que seja assim e não de outro modo, embora, na maioria das vezes, essas razões não possam ser conhecidas".[24]

O princípio da razão suficiente é uma das grandes descobertas de Leibniz. Ele o concebeu para resolver dois problemas: como encontrar um caminho entre Spinoza e Descartes a respeito do problema da origem das coisas e como tornar inteligível à mente humana a existência das coisas.

Quanto ao primeiro ponto, para Spinoza a origem das coisas deve-se à necessidade cega; para Descartes, a uma liberdade sem leis.

Segundo Leibniz, nenhuma das duas soluções é satisfatória. A primeira porque não salva a liberdade de Deus; a segunda porque não explica a ordem estável das coisas. Uma explicação exaustiva não pode apoiar-se numa necessidade cega, nem numa liberdade irresponsável, mas em certa conveniência. Leibniz julga encontrar esta conveniência no princípio de razão suficiente, segundo o qual tudo o que acontece não acontece necessariamente, nem pelo arbítrio de alguém, mas por um motivo razoável; a este princípio sujeita-se também Deus em tudo o que faz.

Quanto ao segundo problema, uma vez que nas coisas criadas a existência não tem um nexo necessário com a essência, diremos que, para Leibniz, o homem não pode conhecer (ou provar) a *priori* (isto é,

---

[24] *Id., ibid.*, § 32

apelando para a definição da essência das coisas) as verdades de fato. Para não privar de todo a mente humana de um verdadeiro conhecimento de tais verdades, Leibniz recorre ao princípio de razão suficiente, que assegura existir inegavelmente uma razão para tudo o que acontece, mesmo que não a vejamos.

Trata-se evidentemente de um princípio diretivo, e não constitutivo, do conhecer: ele neo produz nenhum conhecimento específico desta ou daquela coisa, mas, garantindo a racionalidade do real, convida a estudá-lo e promete ao pesquisados que o seu trabalho não será em vão.

4. Deus e o melhor dos mundos possíveis

Leibniz escreveu uma obra célebre, *Teodiceia*, na qual se propunha, como diz o título, defender a Deus principalmente das acusações que lhe são movidas por causa do mal. Como Descartes e Spinoza, também Leibniz prova a existência de Deus com o método ontológico, isto é, partindo da definição da natureza divina. Mas, enquanto Descartes fundara sua definição de Deus no conceito de perfeição, e Spinoza, no conceito de substância, Leibuiz dá-lhe como fundamento o conceito de possibilidade. Deus é ao único ser que tem este privilégio, a saber, que, sendo possível, deve existir". De fato, uma possibilidade que não inclua nenhum limite, nenhuma negação e nenhuma contradição implica a existência; ora, Deus é precisamente esta possibilidade; logo, Deus existe.

De Deus origina-se o mundo por fulguração. "Somente Deus é a unidade primitiva ou a substancia simples originária, da qual todas as mônadas, criadas ou derivadas, são produção e nascem, por assim dizer, mediante contínuas fulgurações da Divindade, limitadas, momento a momento, pela receptividade da natureza, q qual é essencial ser limitada".[25]

A perfeição das criaturas vem de Deus; a imperfeição, da limitação delas. "Segue-se ainda que as criaturas têm suas perfeições do influxo de Deus, mas suas imperfeições, de sua própria natureza, incapaz de ser sem limites. Neste ponto elas se distinguem de Deus. Esta imperfeição original das criaturas nota-se na inércia natural dos corpos".[26] A causa

---
[25] *Id., ibid.*, § 47.
[26] *Id., ibid.*, § 42.

do mal e do pecado é a limitação, não Deus. A vontade divina é causa da perfeição, ela não quer positivamente o pecado, mas não pode não permiti-lo, uma vez que dá a existência a criaturas livres. Estas, sendo finitas, estão naturalmente expostas ao pecado, mas fazem-no livremente, e assim a vontade permissiva de Deus não é responsável por ele.

Este mundo é o melhor de tolos os mundos possíveis. "Como há uma infinidade de universos possíveis nas ideias divinas, e não pode existir senão um só, é necessário que a escolha de Deus tenha uma razão suficiente que o determine mais a um do que a outro".[27] A razão suficiente é o ótimo: Deus escolhe o universo que encerra mais perfeição do que qualquer outro, e na escolha dos seres particulares Deus dá preferência àqueles que correspondem melhor à perfeição total do universo. Em outros termos, entre todos os mundos possíveis Deus escolhe o melhor, aquele que contém a mínima parte de mal.

A doutrina leibniziana do "melhor dos mundos possíveis" provocou muitas reações.[28] De fato, ela se opõe tanto às exigências da teologia como ao testemunho da experiência. A teologia não pode aprovar uma doutrina como a do otimismo, que, para salvar a benevolência de Deus, compromete a sua liberdade. Quanto à experiência, oferece-nos ela um quadro tão carregado de desgraças, catástrofes, lutas, dores que, se este fosse o melhor dos mundos possíveis, este fato seria um argumento mais Q favor da não existência de Deus, como quer, p. ex., Camus, do que a favor de sua existência, como pensa Leibniz.

5. Críticas à filosofia leibniziana

Já dissemos acima que o otimismo de Leibniz é insustentável.

Outra tese inaceitável da sua filosofia é a que constitui o fundamento de toda a metafísica da mônada: a identificação do simples com o imaterial, isto é, com o espiritual. É uma confusão imperdoável. De fato, simples é aquilo que não tem partes, ao passo que o imaterial, o espiritual, é o que para existir não depende intrinsecamente da matéria. Por isso, na *Monadologia* (§§ 2 e 3), da afirmação da existência dos compostos Leibniz tira a existência do simples, isto é, da mônada, substancia não composta de partes, imaterial.

---

[27] *Id., ibid.*, § 53.
[28] É célebre a sátira de Voltaire no *Cândido*.

Outro ponto discutível é a explicação do ser corpóreo. De modo geral, Leibniz tende a subestimar o corpo, apesar de esforçar-se para salvar seu conteúdo por meio da mônada central ou enteléquia dominante, reduzindo-o a um "fenômeno fundado".

A doutrina da harmonia preestabelecida é tão pouco plausível que, desde o começo, encontrou enérgicos opositores e teve pouquíssimos defensores fervorosos, tanto que, depois da morte de Leibniz, ninguém mais a defendeu. Leibniz foi levado a aceitá-la pelas exigências do seu sistema e por sua incompreensão da solução escolástica de causalidade transitiva. Esta, na verdade, não consiste, como pensava ele, em passagens de formas, substanciais ou acidentais, porque a forma procede da potência da matéria. A ação não é tanto uma comunicação de realidade da parte do agente quanto um impulso exercido sobre o paciente para induzi-lo a pôr em ato as suas potencialidades.

Não faltam ao pensamento leibniziano aspectos positivos muito importantes. Recordemos alguns: a reivindicação dia personalidade ao indivíduo, negada pelo monismo panteístico de Spinoza, e a reivindicação da atividade do espírito, comprometida pelo dualismo cartesiana. Como diz Olgiati, "mesmo os seus exageros tiveram o significado e a útil função de incutir o sentido dinâmico da realidade, de despertá-lo, de propagá-lo no campo da cultura. Numa atmosfera riquíssima daqueles micróbios espirituais que se achavam átomos mortos e matéria inerte, depois da embriaguez quase universal provocada pelo mecanicismo cartesiana, depois de um Hobbes que elevava o movimento mecânico à suprema explicação do universo e até mesmo do pensamento, depois de um Malebranche, que, não obstante sua penetrante acuidade, entendia o nosso eu como passivo e ousava negar que possamos perceber nosso agir, nosso pensar e nosso querer; depois da *Ethica* de Spinoza, segundo a qual nós não somos mais do que modos da Substancia, arrastados deterministicamente pela sua evolução, a qual não é um desenvolvimento histórico, mas pode comparar-se ao desenvolvimento de uma fórmula matemática, depois de tudo isso, aparece Leibniz com o seu ativismo. Foi um banho de ideias novas, do qual a mentalidade moderna estava precisando".[29]

---

[29] Olgiati, F., *Il significato storico di Leibniz*, Milão, 1929, 130-131.

BIBLIOGRAFIA

CARLOTTI, G., *Il sistema di Leibniz*, Messina, 1923; BARIÉ, E., *La spiritualità dell'essere e Leibniz*, Pádua, 1933; OLGIATI, F., *Il significato storico di Leibniz*, Milão, 1934, 2ª ed., CIONE, E., *Leibniz*, Nápoles, 1964; RUSSEL, B., *A critical exposition of lhe philosopby of Leibniz*, Londres, 1937; 2ª ed., JALABERT, J., *La théorie leibnizienne de la substance*, Paris, 1947; IDEM, *Le Dieu de Lei6niz*, Paris, 1960; MOUREAU, J., *L'univers leibnizien*, Paris, 1956; RUSSEL, B., *Esposizione critica della filosofia di Leibniz*, Milão, 1971; VOLTAGGIO, F., *Che cosa ha veramente deito Leibniz*, Roma, 1971.

X
GIAMBATTISTA VICO

Ao período áureo da Renascença, no qual a Itália se distinguiu entre todas as outras nações não só nas artes figurativas, na música, na poesia, mas também na filosofia, segue-se um período de lento, mas progressivo declínio. No século XVII, no campo do pensamento científico e filosófico atingem-se ainda alturas de valor absoluto por mérito de Galileu, mas depois também neste campo a inventiva vai desaparecendo e em seu lugar entra a erudição e a imitação. Muitos seguem Galileu. Quinze anos depois da morte do mestre surge em Florença a Academia do Experimento, imitada depois em muitos países europeus. Dos discípulos de Galileu, Lorenzo Magalotti publicou os *Saggi di naturali esperienze*, e Francesco Redi seus escritos sobre os insetos; Evangelista Torticelli expôs a filosofia galileana nas *Lezioni accademiche* Também Maquiavel teve numerosos discípulos e comentadores. Para citarmos somente os mais célebres recordemos Giovanni Botero, autor de *Della raglon di stato* (em dez livros) e Ludovico Zuccolo, autor de breve ensaio intitulado *La ragion di stato*.

Nos séculos XVII e XVIII, a dominação política estrangeira fez sentir seu peso também no pensamento filosófico italiano. No século XVII, procedentes do exterior, difundiram-se na Itália os tratados de direito natural, e não somente os de Thomas Hobbes e Hugo Grotius, mas também os do inglês John Selden e os do alemão Samuel Pufendorff. A meditação destas obras foi fundamental para a formação do pensamento de Vico. Nos últimos decênios do século XVII surgiram por toda a parte da Itália cartesianos e gassendistas, mas Descartes e Gassendi foram mais discutidos do que repetidos. Mais tarde, depois da física cartesiana, chamou a atenção dos italianos a metafísica das *Meditações*, que a alguns pareceu platônica, como a física parecera epicurista.

Entre os mais atentos em apreciar o cartesianismo à luz da tradição filosófica italiana e em rejeitá-lo peremptoriamente encontra-se Giambattista Vico.

1. A vida e as obras

Giambattista Vico nasceu em Nápoles aos 23 de junho de 1668, filho de um modesto livreiro, do qual aprendeu as primeiras letras. Prosseguiu os estudos com os jesuítas e, sob a orientação do Pe. Ricci, dedicou-se com entusiasmo ao estudo da filosofia. Tomou-se de tal ardor por esta disciplina que, insatisfeito com a assistência do mestre, abandonou-o e "enclausurou-se em casa durante um ano para estudar Suarez", sozinho. Além de Suarez e de outros expoentes da tradição escolástica, leu Aristóteles e Platão, dando logo preferência ao último.

Terminados os estudos, serviu por nove anos à família Rocca, como preceptor: foram os anos mais fecundos e decisivos para a sua formação intelectual e espiritual. Aproveitou esse tempo para determinar com precisão cada vez maior o campo dos estudos e das pesquisas preferidas (direito, leis, costumes) que se tornaram mais tarde a "história das nações".

Em 1699 venceu o concurso para a cátedra de retórica na Universidade de Nápoles, tendo-se notabilizado antes como hábil compositor de poemetos e sonetos na língua latina. Depois das *Orazioni inaugurali*, compostas entre 1699 e 1707, seu primeiro escrito filosófico aparece em 1708; trata-se do *De nostri temporis studiorum racione*, no qual apresenta um plano de reforma dos estudos. A obra teve reduzida aceitação. Maior sucesso conseguiu o autor com o *De antiquíssima italoram sapientia* (1710) e com o *De universi júris uno principio et fine uno* (1720). Em 1725 Vico foi convidado por uma editora de Veneza para escrever a história de sua vida; a *Autobiografia* apareceu no ano seguinte. Passou os seus últimos vinte anos entregue quase inteiramente a escrever e a reescrever sua obra mais importante, os *Principi di una scienza nuova intorno a una comune natura delle nazioni* (1ª edição: 1725; 2ª: 1730; 3ª: 1744).

Vico procurava a companhia dos doutos, dos discípulos e colegas, dos círculos cultos, esperando encontrar apoio, consensos e auxílios para a publicação da grande obra que estava preparando. Mas entre eles encontrou pouca compreensão e muitas amarguras, abandono e ingratidão, muitas vezes por inveja, algumas vezes por incompreensão. Também a fortuna não lhe foi propícia. Pai de oito filhos, que poucas alegrias lhe proporcionaram, viveu pobre. Viu-se muitas vezes, se neo em verdadeiras dificuldades econômicas, certamente em situação não muito risonha. Certa vez foi-lhe necessário desfazer-se de um anel para pagar as despesas de impressão da *Scienza nuova*.

Morreu no dia 23 de janeiro de 1744, após anos de achaques e enfermidades, suportados "na mais perfeita conformidade com a vontade divina", como escreve seu biógrafo.

2. As fontes do seu pensamento

A *Autobiografia* é o melhor documento sobre as fontes do pensamento de Vico. Por ela sabemos quais os autores que estudou e quais preferiu. Entre os filósofos cultivou Descartes, Malebranche, Aristóteles, Agostinho; mas seus autores preferidos foram Platão, Bacon, Tácito e Grotius, que são as verdadeiras fontes do seu pensamento: Platão e Bacon para a filosofia, Tácito e Agostinho para a história e Grotius para o direito.

Entre os filósofos, Vico admirou e estudou especialmente Platão. O estudo dos outros serviu-lhe "para conservar-se sempre mais próximo de Platão". O motivo de sua admiração por Platão é a doutrina das ideias, porque com ela o filósofo grego conseguiu tornar racional aquilo que parece mais difícil de ser explicado racionalmente, isto é, o mundo material, sujeito a constantes mudanças.

Vico não tardou a notar que Platão não aplicara a doutrina das ideias aos acontecimentos históricos: contentara-se com dar uma explicação da natureza, omitindo-se quanto à História.

O interesse de Vico pela História nasceu da leitura de Tácito, que foi o historiador mais científico da Antiguidade, mas que não soube elevar-se a uma visão universal da História que a tornasse plenamente inteligível. É o que faz Vico, aplicando aos fatos históricos a doutrina platônica das ideias. Se admitirmos, observa ele, que existe uma ideia, um plano, tanto para os fatos históricos como para as coisas materiais, se admitirmos que os fatos históricos são a realização de um plano, de uma ideia, neo teremos mais dificuldade em perceber a racionalidade da História. Restará apenas decifrar esse plano (e nisso se empenhará toda a obra de Vico), uma vez que, em princípio, a sua racionalidade já estará plenamente assegurada.

Na *Autobiografia* Vico escreve que, tendo observado "não haver, no mundo das letras, um sistema que combinasse a melhor filosofia — como é a platônica subordinada à religião cristã — com uma filologia (estudo dos fatos históricos) que trouxesse necessidade de ciência a ambas", veio-lhe à mente "um esboço de tal projeto, de acordo com o qual elaborou *uma história ideal eterna*, que lhe possibilitou corrigir a História universal de todos os tempos, acrescentando-lhe certas propriedades eternas das coisas civis, como o surgimento, o estado e a decadência de todas as nações".

3. "Verum est factum"

A intuição fundamental de Vico sob o aspecto filosófico exprime-se na fórmula *"verum est factum"* (o verdadeiro é o fato). Descartes identifica o verdadeiro com o certo *(verum est certum,* o verdadeiro é o certo); Vico identifica-o com o fato. Segundo o filósofo italiano, para se conhecer verdadeiramente uma coisa é necessário conhecer o modo de fazê-la e para se conhecer o modo de fazê-la é necessário ter condições de fazê-la: *"Scire est tenere genes (modum) seu formam (ideam), que res fiat. Scientia est cognitio generis seu modi que res fiat et que, dum mens cognoscit modum, quia elementia componit, rem facit"* (saber é conhecer o gênero [o modo] ou a forma [ideia] pelo qual se faz uma coisa. A ciência é o conhecimento do gênero ou do modo pelo qual se faz uma coisa, enquanto a mente conhece o modo porque compõe os elementos e faz a coisa).[1]

Deste critério da verdade decorrem três consequências:

— *Distinção entre certeza e verdade.* Segundo Vico, o homem alcança a certeza em muitas coisas, a verdade em poucas (poucas são, com efeito, as coisas que o homem tem a capacidade de produzir). Lê-se na *Scienza nuova*:[2] "Os homens que não conhecem a verdade das coisas procuram apegar-se ao certo para que, não podendo satisfazer o intelecto com a ciência, pelo menos a vontade repouse na consciência".

---

[1] Vico, G. B., *De antiquissima italorum sapientia*, 1, 3.
[2] *Id.,* "Princigi di una scienza nuova ineorno a una comuns natura delle nazioni", 1, dignità 9.

— *Somente Deus pode conhecer a verdade de todas as coisas* porque ele faz todas elas. *"In Deo est primum verum, quia Deus primus factor, infinitum quia omnium factor quia cum extima tum intima ei representat elementa"* (em Deus está a primeira verdade, porque Deus é o primeiro autor, [nele está] o infinito porque é o autor de tudo, uma vez que [o infinito] lhe representa tanto os elementos externos quanto os internos).³

— *No homem o conhecimento pode apresentar-se sob três aspectos:* sob o da teologia, em que a verdade é revelada e não estabelecida por nós, mas, graças à revelação, é certa; sob o aspecto das matemáticas, que realizam a unidade do verdadeiro e do fato, em que o conhecimento é uma construção da nossa mente; sob o da física, em que o verdadeiro se separa do fato porque o homem não é o criador da natureza. Nos experimentas, contudo, também as ciências físicas se tornam criadoras do seu objeto e assim podem alcançar a verdade.

É claro que esta doutrina sobre o critério da verdade é desenvolvida em oposição direta a Descartes. De fato, Vico critica repetidamente o filósofo francês. Ele já fizera antes ampla crítica a Descartes na oração *De nostri temporis studioram ratione*, crítica retomada e aprofundada na *De antiquíssima italoram sapientia*. A crítica é dirigida tanto contra o *cogito*, quanto contra a certeza como critério da verdade.

Vico demonstra que o *cogito ergo sum* (penso, logo existo) não pode ser um argumento contra os cépticos: *"Nam scepticus non dubitat se dubitare"* (pois o céptico não duvida da sua dúvida); ele não admite que conhece a verdade porque *"dum se mens cognoscit, non facit, ei quia non facit, nescit genes seu modum que se cognoscit"* (conhecendo-se, a mente não faz, e não fazendo, desconhece o gênero ou o modo pelo qual se conhece).⁴

Não se pode, pois manter o *cogito* como modelo do verdadeiro porque nele o verdadeiro e o fato não se convertem, uma vez que a criação do espírito humano não é obra do homem, mas de Deus. Logo, o *cogito* não produz ciência. Ele é consciência, não ciência do próprio ser: é a verificação de um dado, não uma produção nossa.⁵ A autocons-

---

³ *Id.*, "De antiquissirna italotum sapientia", 1, 6.
⁴ *Id., ibid.*, 1, 2.
⁵ *Id., ibid.*, 1, 3.

ciência cartesiana não diz nada da vida humana; é pura consciência da existência própria, pensamento vazio de conteúdo e incapaz de produzir uma verdadeira ciência *per causas* (pelas causas) da natureza do homem.

Quanto à certeza cartesiana, ela é uma certeza vazia, não a verdadeira certeza. A certeza deve conter a explicação e, de certo modo, fornecer a razão, a causa; só assim se tem garantia da verdade. A ideia clara e distinta não oferece verdade nem certeza porque não explica nada. Ela é um estado que, como estado, não se justifica, não pode garantir nada além de ser ela clara e distinta. Este raciocínio vale também para as ideias inatas, que, na verdade, não foram produzidas pelo sujeito cognoscente mediante um exame da realidade; por isso ele não pode saber quais são as relações dela com a realidade.

4. A "Scienza Nuova"

A *Scienza nuova* consta de cinco livros.

Livro primeiro. A uma tábua cronológica que vai do dilúvio universal à Segunda Guerra Púnica, Vico faz seguir: o elenco dos axiomas (as cento e quatorze dignidades); a narração dos princípios (isto é, dos inícios da história humana: da barbárie que se seguiu ao pecado original até à formação das três instituições fundamentais da sociedade: religião, matrimônio e sepultura); a exposição do método: entre os vários métodos possíveis para o estudo da História, Vico opta pelo da história ideal eterna.

Livro segundo: da sabedoria poética. É o livro mais longo e mais importante da obra. Contém o estudo da idade poética, que, na concepção de Vico, representa a segunda idade da História, chamada idade dos heróis ou da fantasia, a qual sucede à idade dos deuses. É a idade dos gigantes desenfreados e rebeldes, escravos dos sentidos e das paixões; ela prepara a idade do homem governado pela razão. A segunda idade começou assim: o primeiro relâmpago e o primeiro trovão depois do dilúvio despertaram nos gigantes o senso do religioso, e este deu início à civilização da segunda idade.

A característica principal da segunda idade é o predomínio da fantasia. Vico a compara por isso à idade pueril, uma vez que também nas crianças predomina a fantasia.

Nesta idade todas as atividades do homem (linguagem, política, culto, direito etc.) são influenciadas pela fantasia. Assim, por exemplo, no uso da língua, enquanto na idade divina os gigantes se exprimem "por atos mudos e religiosos", e na idade humana os homens se exprimem "por sons articulados", na idade heroica os heróis exprimem-se "por empreendimentos heroicos". De modo semelhante na política: na primeira idade o governo é divino, na segunda, aristocrático e na terceira, humano. O mesmo sucede na determinação do direito: enquanto na primeira idade se segue um direito divino em virtude do qual os gigantes acreditam que "eles e todas as suas coisas existem em razão dos deuses", e na terceira se segue um direito humano, "ditado pela razão humana plenamente desenvolvida", na segunda segue-se um direito heroico "ou da força", mas precedida pela religião, "a única que pode conter a força nos limites do dever".

Livro terceiro: da descoberta do verdadeiro Homero. Vico propõe a tese, bastante sugestiva e aceita por muitos crítico dos séculos XIX e XX, segundo a qual o Homero da tradição não teria sido um homem real, mas "uma *ideia* ou um caráter heroico de homens pregos, enquanto narravam, cantando, as suas histórias".

Livro quarto: do curso que fazem as nações. Neste livro, Vico traça novamente o curso da História segundo o plano divino e eterno das três épocas (sensitiva, fantástica e racional), apresentando sucintamente os caracteres típicos que diferenciam as manifestações e as Instituições de cada uma.

Livro quinto: do recurso das coisas humanas no suceder-se das nações. Vico descreve a repetição das três épocas — divina, heroica e humana — no período da invasão dos bárbaros, da Idade Média e da Idade Moderna.

A ESTÉTICA

A importância e o significado perenes da *Scienza nuova* provêm do fato de que esta obra reabilita, no plano filosófico, duas dimensões fundamentais do homem: a estética e a histórica, dimensões que, por razões diversas, a filosofia antiga, a medieval e a moderna ou desprezaram ou ignoraram ou mesmo suprimiram. O mérito de Vico torna-se ainda maior pelo fato de efetuar a recuperação das dimensões estética e histórica no momento aparentemente menos propício (e esta será a razão pela qual a sua obra será compreendida e devidamente apreciada somente um século depois de sua morte); no momento, isto é, na ocasião em que em todos os países do continente europeu triunfava o racionalismo cartesiano, que, como é sabido, negava todo valor à fantasia e ao sentimento (que são as duas faculdades da arte) e, com seu interiorismo individualista e espiritualista, quase angélico, tornava vão o devir histórico.

Antes de Vico, vários filósofos, especialmente Platão e Aristóteles, tinham-se ocupado da arte. Mas nem os dois maiores filósofos da Antiguidade tinham reconhecido a esta atividade um valor autônomo, absoluto. Para Platão a arte é uma imitação da natureza, imitação que pode ter alguma utilidade no máximo quando desempenha uma função pedagógica, facilitando a apresentação de doutrinas e de ideais às mentes das crianças. Para Aristóteles, a arte tem principalmente uma função catártico, ou seja, de purificação das paixões que atormentam o espírito. Para Vico, a função da obra de arte não é primariamente nem pedagógica nem catártica, uma vez que ela não está a serviço nem da ética nem da educação, mas gnosiológica e metafísica, enquanto constitui uma compreensão e uma expressão profunda das coisas da parte de um ser inteligente no qual a razão ainda não alcançou o pleno amadurecimento, conseguindo, por isso, exprimir-se melhor por meio do sentimento e da fantasia.

Quatro são as características principais da obra de arte, as quais Vico põe em destaque ao examinar as produções da segunda idade, que se caracteriza pela "sabedoria poética": *fantasticidade, alogicidade, infantilidade, metafisicidade*.

A arte, sendo obra da fantasia (como a lógica é obra da razão), tem primeiramente *caráter fantástico*. E a fantasia é essencialmente criadora ("poética", segundo o significado etimológico do termo). Ela dá alma ao que não a tem: "O mais sublime trabalho da fantasia é dar sentido e paixão às coisas insensíveis".[6] Em segundo lugar, a arte tem *caráter alógico:* sendo fruto da fantasia, ela não segue as regras da lógica; de fato, "quanto mais forte a fantasia, tanto mais fraco o raciocínio".[7] A fantasia segue o livre jogo da intuição e, por isso, se se quer falar de leis também para a arte, deve-se dizer que elas são as leis da intuição. Em terceiro lugar, a arte tem *caráter infantil:* o momento

---

[6] *Id.*, "Principi di una scienza nuova interno a una comuna natura delle nazioni", 1, diglutà 37.
[7] *Id., ibid., l. c.*

artístico, na História da humanidade, corresponde à mentalidade que o homem tem quando criança. Como a criança, a humanidade primitiva tem o poder mágico de transformar a realidade, enquadrando-a numa perspectiva que confina com o misterioso, com o surrealismo: ela dá vida ao que não a tem. Onde a razão não vê mais do que uma nuvem, a fantasia da humanidade infantil descobre um espírito maligno ou uma divindade do Olimpo; onde a razão só encontra realidades banais, a fantasia entrevê um universo amalgamado com o divino. Em quarto lugar, a arte tem *caráter metafísico:* ela é mesmo a metafísica da segunda idade. "A sabedoria da gentilidade deve ter começado de uma metafísica, não refletida e abstrata como a dos instruídos, mas sentida e imaginada como deve ter sido a dos primeiros homens". A mente do homem antigo, incapaz de usar a razão lógica e rebelde à fadiga da abstração e do raciocínio, é levada naturalmente a substituir ou antecipar o processo abstrativo por meio da fantasia. Deste modo, em vez de formar universais lógicos, ela forma universais fantásticos, fantasmas ou imaginações, que ocupam o lugar dos verdadeiros universais, isto é, das ideias ou conceitos elaborados pela razão. Os universais fantásticos dos quais fala Vico na *Scienza nuoua* correspondem ao que nós chamamos *mito*.

Vária foi a sorte desta tese original de Vico a respeito do valor metafísico da arte. Combatida asperamente ao aparecer, porque ia contra o preconceito cartesiana então dominante, segundo o qual somente a razão pode atingir a verdade das coisas; exaltada mais tarde pelos românticos e pelos idealistas, que, reagindo contra os excessos do racionalismo, atribuíam grande importância às faculdades da fantasia e do sentimento em relação ao conhecimento da verdade; contestada novamente quando o positivismo e o cientismo (duas novas edições do racionalismo) estiveram em voga, na segunda metade do século XIX, hoje ela encontra de novo ampla aceitação. Atualmente são muitos os autores de filosofia, de teologia, de história das religiões, de antropologia que veem nos mitos a sabedoria dos povos antigos, sabedoria que um ou outro estudioso de antropologia não hesita em considerar superior à sabedoria dos povos mais evoluídos.[8]

---

[8] Cf. Servier, J., *L'uomo e l'invisibile,* Turim, 1967.

A HISTÓRIA

A "ciência nova" da qual Vico se considera (e é realmente) inventor é a ciência histórica. Antes dele a História não era tida como ciência, mas como arte literária. Contra esta opinião, Vico afirma que a História é uma *ciência*, uma *verdadeira ciência*. É *ciência* porque satisfaz os dois requisitas fundamentais do saber científico, concretude e universalidade, uma vez que estuda acontecimentos particulares sujeitos a leis universais. É *verdadeira ciência* porque nela se realiza o princípio *verum est fartum* (o verdadeiro é o fato), uma vez que o seu objeto são os fatos produzidos pelo homem.

Mais do que ciência, segundo o significado usual do termo, a "ciência nova" de Vico é *filosofia* do espírito humano na sua *história* "ou conhecimento que o espírito adquire de sua essência universal e eterna, das *formas* de vida e dos *modos* de atividade comuns a todos os indivíduos e a todos os tempos, formas e modos que se revelam nas variadas vicissitudes da evolução histórica da humanidade. É uma 'mesma mente' humana a que constitui o princípio formativo da História. É somente através dela que as diversas manifestações e as diversas fases da civilização humana formam um todo ordenado, uma *evolução histórica*, do mesmo modo que é a identidade da pessoa, que permanece através das mudanças físicas e psíquicas de sua individualidade, que confere a estas diferentes mudanças a unidade do desenvolvimento. Mas, por outro lado, como a unidade e a identidade da pessoa se revelam somente por meio de seus atos particulares, ou melhor, como *o ser* da pessoa ou do caráter consiste no seu *formar-se* mediante situações e circunstancias mutáveis, do mesmo modo a 'mesma mente humana', o universal humano, não se manifesta senão através daquelas produções e daqueles fatos particulares e variáveis com os quais se tece a História da humanidade".[9]

Daqui aquela união necessária de *filosofia* e *filologia*, que é a característica da "ciência nova" de Vico.

A filologia diz respeito aos dados de fato, aos acontecimentos que dependem do arbítrio humano; a filosofia, ao necessário, à lei, ao universal.

Na exposição histórica, do ponto de vista científico, é necessário que filosofia e filologia andem lado a lado, porque a História deve colocar

---

[9] Lamanna, P., *Storia della filosofia*, Florença, 1947, 4ª ed., II, 145.

juntos o fato e a lei, o contingente e o necessário ou — nas palavras de Vico — o certo e o verdadeiro.

A filologia mostra o lado externo do acontecimento histórico; a filosofia penetra no íntimo do acontecimento e revela o seu sentido; em outras palavras, a ciência da História estabelece os fatos e a filosofia da História descobre neles a lei universal segundo a qual eles se dão.

A filosofia da História estuda os elementos universais que regem os acontecimentos históricos; ela determina os elementos comuns presentes em todos os fatos históricos; segundo a expressão feliz de Vico, a filosofia da História ocupa-se da *história ideal eterna*, sobre a qual se sucedem todos os acontecimentos históricos.

Os elementos universais da História são três: *os atores* (Deus e os homens), a *unidade histórica* (o curso) e a *lei histórica* (a repetição rítmica dos cursos).

Os atores são Deus e o homem: Deus é ser transcendente e providente; o homem é ser finito, mas livre. O curso tira sua estrutura da natureza do homem, que tem três atividades fundamentais: sentido, fantasia, razão. A lei da repetição rítmica dos cursos tem origem em Deus, que guia a História segundo o plano providencial.

Todo *curso histórico* é constituído de *Ires épocas* (ou idades), chamadas respectivamente idade dos deuses ou dos gigantes, idade dos heróis e idade dos homens.

A idade dos heróis é aquela na qual a mentalidade se caracteriza pela faculdade fantástico emotiva, especialmente pela fantasia.

A idade dos deuses é aquela na qual a mentalidade humana se caracteriza pelo predomínio das faculdades sensitiva e passional sobre as outras.

A terceira idade, a dos homens, é a do predomínio da razão e da vontade.

No curso histórico vêm-se, pois, diferenciando as várias idades de acordo com as várias mentalidades que nelas se destacam, predominando ora o sentido, ora a fantasia, ora a razão. Este predomínio não deve ser entendido no sentido de que em uma idade se exerça uma faculdade e não as outras, mas no sentido de que a atividade de uma faculdade penetra todas as outras, colorindo com a sua cor também as manifestações que se originam das outras. Em todas as idades agem todas as atividades, e manifestações de tais atividades notam-se em todos os campos: religioso, moral, político. Mas em cada idade, religião, moral, política, direito têm um comportamento novo, correspondente às características da respectiva mentalidade.

Para compreender a alma das várias épocas dos cursos históricos, Vico elabora uma regra muito sábia: interpretar cada época segundo a mentalidade que lhe é própria. Como não se podem julgar as ações das crianças com o mesmo critério com que se julgam as dos adultos (o que seria uma injustiça e uma ingenuidade), do mesmo modo não se pode julgar a idade do sentido e da fantasia pelo critério da idade da razão.

Como o adulto não pode compreender o que a criança faz, nem o significado e o valor que ela dá aos próprios atos, sem renunciar à sua própria mentalidade e assumir a da criança, assim as pessoas sofisticadas não podem compreender as ações dos primitivos sem se despojarem de sua mentalidade para se revestirem da do primitivo.

Vico recomenda, para a compreensão do espírito das primeiras idades, o estudo das línguas e da mitologia; e isto em conexão sistemática com seus princípios, porque, se as primeiras idades são as dos sentidos e da fantasia, a expressão natural daqueles povos é a linguagem, e a sua poesia é o mito.

A este propósito, Vico desenvolve uma teoria muito interessante a respeito da linguagem e do mito. A linguagem, por natureza fantástica e não lógica e racional, espontânea e não artificial e refletida, por mais que se desenvolva, conservará sempre em suas raízes arcaicas a marca fundamental do significado primitivo. Por isso ela constitui o documento mais precioso das primeiras idades e não se pode cultivar a História sem se recorrer à etimologia.

Outra afirmação genial é a que se refere à veracidade fundamental dos mitos, da qual já falamos.

A *lei universal* que rege a História não é, segundo Vico, a do eterno retorno (dos autores pregos), mas uma lei de desenvolvimento através da repetição rítmica das três épocas do curso histórico, na qual a liberdade humana e a ação divina são plenamente respeitadas. Como o indivíduo, completadas as suas três idades, morre, assim o curso, terminadas as suas três idades, desaparece e sede lugar a outro curso, no qual se tem uma nova evolução da humanidade através dos três momentos: do sentido, da fantasia e da razão.

Com referência à lei universal da repetição dos cursos, é necessário observar o seguinte:

— *a repetição não suprime a liberdade humana* porque a lei da repetição não diz respeito aos acontecimentos singulares, que são deixados à iniciativa do homem, mas no predomínio de certa mentalidade em determinada época;

— *a repetição não é um obstáculo ao progresso da civilização*, mesmo quando requer um retorno do predomínio da razão ao predomínio dos sentidos. Primeiramente porque o que conta não é a mentalidade, mas os fatos, não a forma, mas o conteúdo. Em segundo lugar, porque a razão não representa um valor absolutamente superior ao sentido e à fantasia; embora podendo realizar um bem maior do que o realizado pelos sentidos e pela fantasia, a razão, é, de fato, a responsável pela maior soma de males, de vícios e de danos;

— *a repetição é necessária e desejada por Deus* para reconduzir à religião o homem corrompido pela razão. A barbárie da razão só pode ser redimida pela volta à barbárie do sentido. De fato, diante da razão corrompida que trata a religião com o escárnio sutil e frio da malícia refletida, a verdade é ineficaz. Para se recuperar, a religião precisa reconduzir o homem às disposições de sinceridade e espontaneidade que são características da mentalidade dominada pelo sentido e pela fantasia.

A AÇÃO DIVINA NA HISTÓRIA

A ação divina na história é constante, mas, nos momentos cruciais toma formas extraordinárias. Isto acontece principalmente *no desenvolvimento da idade do sentido e das paixões*. "É sumamente admirável a providência divina, a qual, querendo os homens fazer coisa muito diferente, os levou ao temor da divindade [com o primeiro raio]. [...] Em seguida, mediante a própria religião, os dispôs a se unirem por toda a vida com mulheres, o que é o matrimônio, reconhecido como fonte de todos os poderes; viu-se depois que, com as mulheres, tinham constituído as famílias, que são as sementeiras das repúblicas. Finalmente, com a abertura de asilos [para dar refúgio àqueles gigantes que não se tinham dobrado à religião], verificou-se que tinham fundado as clientelas pelas quais fossem preparados os materiais que, em virtude da primeira lei agrária, permitissem o nascimento das cidades sobre duas comunidades de homens que as compusessem: uma de nobres, que mandassem; outra de plebeus, que obedecessem".[10]

Outro momento crucial no qual a ação de Deus na História se manifesta de modo extraordinário é o do retorno da *época da razão corrompida à idade do sentido*. Deste momento, Vico escreve: "Se os povos se corrompem naquele último mar civil (no qual a razão não serve mais ao verdadeiro e ao justo, mas ao cômodo e ao prazer dissolvente da convivência civil), de modo que não aceitem dentro (no Estado) um monarca nativo, nem de fora vêm nações melhores para conquistá-los e conservá-los, a providência emprega, para este extremo mal deles, este extremo remédio: que — uma vez que tais povos, à maneira de feras, estavam acostumados a não pensar senão nas utilidades particulares de cada um e tinham chegado ao ponto mais baixo da delicadeza ou, melhor dizendo, do orgulho, como se fossem feras (...) —, por tudo isso, com obstinadíssimas facções e desesperadas guerras civis se entreguem a fazer das cidades selvas e das selvas covis de homens, e, desse modo, durante longos séculos de as sutilezas dos engenhos maliciosos, nos tinham transformado em feras mais ferozes do que a primeira barbárie, a do sentido.

"Porque aquela demonstrava uma ferocidade generosa, da qual era possível defender-se ou escapar ou acautelar-se, mas esta, com ferocidade vil, com lisonjas e abraços, arma ciladas à vida e aos haveres de seus confidentes e amigos. Por essa razão, estes povos, com esse último remédio que a providência emprega, a tal ponto aturdidos e pasmados, não sintam mais comodidades, delicadezas, prazeres e luxo, mas somente as necessárias utilidades da vida; e no pequeno número dos homens por fim restantes e na quantidade das coisas necessárias à vida, tornem-se naturalmente confortáveis; e, pela retornada primeira simplicidade do primeiro mundo dos povos, sejam religiosos, verazes e fiéis. E assim retorne entre eles a piedade, a fé, a verdade, que são os naturais fundamentos da justiça e que são graças e belezas da ordem eterna de Deus".[11]

Mas a ação de Deus na História não se limita a essas fases cruciais; ela está sempre presente; e não pode ter seriedade a ciência histórica

---

[10] Vico, G. B., *Scienza nuova*, ed. Niccolini, 629.
[11] *Id., ibid.*, cit. 1106.

que a despreze. A verdadeira história deve ser, "por assim dizer, uma demonstração do fato histórico da providência porque deve ser uma história das ordens que esta, sem nenhum discernimento ou conselho humano, deu a esta grande cidade do gênero humano, a saber, que, embora este mundo tenha sido criado no tempo e seja particular, as ordens que ela pôs nele são universais e eternas".[12] Por isso, a verdadeira história pode chamar-se "teologia divina racionalizada da providência divina".[13]

5. Os principais méritos da obra de Vico

O mérito principal da obra de Vico já foi indicado no decurso da exposição: ele consiste em ter feito a filosofia recuperar duas dimensões humanas fundamentais, a estética e a histórica, que a especulação precedente quase sempre ignorara, e que, na perspectiva cartesiana, então dominante, tinham simplesmente desaparecido.

Em relação à arte, Vico tem também o mérito de ter reconhecido seu profundo sentido teorético: a arte é sempre uma tentativa de penetrar no mistério das coisas e de colher a sua razão última, mas ela o é de modo privilegiado naqueles tempos de predomínio da fantasia sobre a fria racionalidade.

No que se refere à História, a intuição mais válida parece ser a do progresso histórico, intuição que, como já vimos, está em clara oposição com o espírito cartesiana e com o seu abstrato racionalismo menosprezador do passado. Mediante atenta e aprofundada indagação histórica, Vico mostra, contra Descartes, que a sucessão dos acontecimentos não é casual e arbitrária. É possível mesmo reconhecer no ritmo do seu desenvolvimento que se destaca um princípio íntimo, que é natural e divino ao mesmo tempo, livre e simultaneamente necessário: a Providência, superior à vontade e à consciência dos indivíduos e, no entanto, operante por meio dos seus atos, instintos e paixões. "Na polêmica com o racionalismo cartesiana, o conceito viquiano da Providência supera, com um salto de gênio, os limites e os erros da sucessiva geração iluminista da historiografia, toda aplicada a estabelecer um exagerado

---

[12] *Id. ibib.*, 342.
[13] *Id., ibid., l. c.*

contraste entre as trevas da antiga barbárie e as luzes dos tempos novos, iluminados pela razão".[14]

Em nosso parecer, entretanto, o aspecto mais revolucionário e original da especulação de Vico não se relaciona nem com a estética nem com a história, que são duas dimensões particulares do ser humano, mas com a antropologia: com o estudo do homem enquanto tal. Ora, para o estudo desta realidade Vico propõe um método totalmente novo: não mais o método metafísico, abstrato, estático dos antigos e também dos modernos (Descartes, Spinoza, Leibniz), mas um método concreto, dinâmico, histórico. Para se saber o que é o homem é necessário examinar as suas expressões na História. Nisto, Vico permanece fiel ao princípio da filosofia clássica, *operatio sequitur esse* (a operação segue o ser), do qual se tira a conclusão de que, para se conhecer um ser ou a sua natureza, é preciso estudar as suas atividades ou operações. Mas, enquanto os filósofos anteriores, para conhecerem o homem, examinavam suas atividades individuais (suas sensações, suas ideias, seus juízos, seus desejos, suas paixões etc.) e assim obtinham dele uma imagem estática, egoísta, individualista, até mesmo uma "mônada sem portas e sem janelas", Vico julga muito mais importante e significativo estudar os grandes acontecimentos históricos da humanidade. Com este método nasce uma "nova ciência" do homem.

Existe ainda, na especulação de Vico, outro e último ponto a ser destacado, porque representa um dos seus momentos mais característicos e fundamentais: a metafísica. Segundo o autor da *Scienza nuova*, não se pode conhecer o mundo humano sem o conhecimento da metafísica: "As verdadeiras e até agora ocultas origens" do homem, de suas variadas atividades, das suas múltiplas expressões culturais, do direito das gentes, devem ser procuradas em "certo conhecimento de Deus. (...) Esta ciência, no tocante a um de seus aspectos mais importantes, deve ser uma teologia civil racionalizada da Providência divina".

---

[14] Sapegno, N., *Disegno storico della letteratura italiana*, Florença, 1949, 384.

BIBLIOGRAFIA

Croce, B., *La filosofia di G. B. Vico*, Bari, 1911; Gentile, G., *Studi vichiani*, Messina, 1915; Chiocchetti, E., *La filosofia de G. B. Vico*, Milão, 1935; Amerio, E. *Introduzione alio studio di G. B. Vico*, Turim, 1947; Nicolini, F., *Saggi vichiani* Nápoles, 1955; Badaloni, N., *Introduzione a G. B. Vico* Milão, 1961; Manno, A. G., *Lo storicismo di G. B. Vico*, Nápoles, 1965; Chaixruy, J., *La formation de la pensée philosephique de J. B. Vico*, Gap, 1943; Berry, T., *The historical theory of J. B. Vico*, Washington, 1949; Caponigri, A. R, *Time and idea. The theory of history in J. B. Vico*, Londres, 1953; Sciacca, M. F., *Verità e storia in Vico*, Roma, 1968; Caponigri, A. R., *Tempo e idea. La teoria della storia di G. B. Vico* Bolonha, 1969; Pasini, D., *Diritto, società e stato in Vico*, Nápoles, 1970; Bellofiore, L., *Morale e storia in G. B. Vico*, Pádua, 1972.

XI
OS ILUMINISTAS

O iluminismo, mais do que um sistema filosófico, é um movimento espiritual, típico do século XVIII e caracterizado por uma ilimitada confiança na razão humana, considerada capaz de dissipar as névoas do ignoto e do mistério, que obstruem e obscurecem o espírito humano, e de tornar os homens melhores e felizes, iluminando-os e instruindo-os. O iluminismo é, em essência, um antropocentrismo, um ato de fé apaixonado na natureza humana, considerada com seus caracteres universais, comuns a todos os homens, e não na natureza individual e original de cada um. Os olhares são dirigidos para o futuro; é um novo evangelho, uma nova era, na qual o homem, vivendo em conformidade com a sua natureza, será perfeitamente feliz.

Uma ótima definição do iluminismo foi dada por Condorcet em um de seus escritos: "O erro e a ignorância constituem a causa única dos males do gênero humano; e os erros da superstição são os mais funestos, porque corrompem todas as fontes da razão e o fanatismo. que os anima impele a praticar o delito sem remorsos. (...) É iluminando os homens e abrandando-os que se pode esperar conduzi-los à liberdade pelo caminho fácil e seguro".

Muitos foram os acontecimentos políticos e culturais que contribuíram para o aparecimento do iluminismo. Em primeiro lugar, a Renascença, que lutara contra tudo o que, de algum modo, pudesse opor-se à autonomia do homem, principalmente contra o princípio de autoridade, princípio filosófico científico, e que se dedicara ao estudo da natureza, dando origem à ciência nova de Galileu. Em segundo lugar, a Reforma, que estendera ao campo religioso a luta contra o princípio de autoridade. Finalmente, a revolução inglesa, na qual a luta contra o princípio de autoridade já tinha passado para o campo politico.[1] Também o racionalismo de Descartes, principalmente com sua exigência de ideias claras e distintas, ajudou a preparar o caminho para o iluminismo. Mas a condição principal para o seu aparecimento foi o passo gigantesco dado pela ciência no século XVIII. A cultura transformou-se então de literária em científica.

1. Caracteres fundamentais do iluminismo

Das considerações precedentes segue-se que os caracteres fundamentais do iluminismo são: veneração pela ciência, empirismo, racionalismo, antitradicionalismo e otimismo utopístico. Examinemo-los brevemente.

Veneração pela ciência. A ciência dera passos gigantescos já no século XVII, especialmente por obra de Galileu e Newton, mas sem conseguir provocar interesse fora do círculo restrito dos especialistas e dos filósofos. Estes últimos, esperando conseguir os mesmos resultados que os primeiros, tinham aplicado o método da ciência também às pesquisas metafísicas. Mas no século XVIII o interesse pela ciência apodera-se de todos e penetra em todos os ambientes: nas cortes, nos castelos, nos salões, nos conventos, nos seminários e, obviamente, nas escolas e nas universidades. Os governos consideram-se honrados em ajudar e facilitar viagens e empreendimentos científicos; por iniciativa deles nascem as academias de ciências de Paris, Berlim, Londres, São Petersburgo, Turim. No fervor dos estudos e das pesquisas desenvolvem-se novas disciplinas: a geologia, a embriologia, a histologia, a anatomia comparada, a paleontologia, a química etc. São deste tempo também as invenções da máquina a vapor (Watt) e do balão aerostático (Montgolfier) e as descobertas memoráveis às quais Lavoisier, Galvani, Lagrange, Buffon e Volta legaram seus nomes. É natural que com tão grandes e numerosos resultados a ciência suscite um interesse universal. No século XVIII ela se torna quase popular, especialmente na França. Os maiores literatos e

---

[1] A importância do fator político no surgimento e no desenvolvimento do iluminismo foi destacada por Koselleck, ao escrever: "O abuso do poder por parte de Luis XIV acelerou o movimento do iluminismo, através do qual o súdito descobriu a si mesmo como cidadão. Mais tarde este cidadão demolirá, na Franca, os bastiões do poder autoritário. A estrutura política do Estado absolutista, que, em um primeiro tempo, tinha sido uma resposta à guerra civil-
-religiosa, não foi mais aceita pelo iluminismo, que veio em seguida» (Koselleck, R., *Critica illuministica e crisi della società borghese*, Bolonha, 1972, 18).

filósofos são também cientistas ou se entregam com paixão a pesquisas científicas e assumem o ônus de, mediante seus escritos, divulgar as novas descobertas entre o povo. Assiste-se assim a um vasto movimento de educação popular; multiplicam-se as publicações em língua vulgar: revistas, bibliotecas, sociedades de livres-pensadores surgem por toda parte; dá-se uma explosão de filósofos populares, ecléticos, muito humanos, que abatem os sacrários nos quais as universidades mantinham o saber fechado, para colocá-lo à disposição de todos.

Empirismo. A veneração pela ciência associasse naturalmente o empirismo. Os iluministas, seguindo o exemplo dos filósofos ingleses, que tinham elaborado seus sistemas sob o impulso do progresso científico, erigem a experiência (não só a experiência dos sentidos, mas também a da razão) como critério da verdade. Tudo o que está além da experiência é sem interesse e sem valor como problema. Obviamente, esta é a sorte da metafísica e da religião revelada: a essência metafísica das coisas e do espírito, a transcendência e tudo o que ela implica cessam de ser problema e transformam-se em puras superstições, sem o mínimo fundamento na razão e na realidade.

Racionalismo. O iluminismo é, por definição, confiança cega na razão, cujo poder é considerado ilimitado; a razão domina não só na teoria, mas também na prática e na vida toda. Ela se torna a medida de todas as coisas, norma única, suprema, absoluta. Em virtude deste primado, a razão impera em todos os campos, tanto no cognitivo como no volitivo, tanto no direito como na arte, tanto na ética como na religião. Ela suprime a fantasia, considera em posição inferior os afetos e os movimentos instintivos, repudia a tradição e opõe-se a qualquer forma de autoridade.

Antitradicionalismo. Já dissemos que o iluminismo, proclamando a soberania absoluta da razão, se coloca contra a tradição. Esta aversão pela tradição manifesta-se em todos os campos, mas principalmente no religioso, no político e no do direito. "A alta corte de justiça da razão, da qual a nascente elite se considerava com plena consciência um membro nato, em sucessivas etapas envolveu em seu processo todos os setores da vida. A teologia, a arte, a história, o direito, o Estado, a política e, finalmente, a própria razão, umas antes, outras depois, foram levadas ao tribunal e tiveram de justificar-se. (...) Ninguém ou nada pôde escapar à nova jurisdição, e tudo aquilo ou todo aquele que não satisfazia ao juízo dos críticos burgueses era entregue à censura moral, que fazia o possível para identificar os condenados e completar assim a sentença. 'Quem não sabe reconhecê-lo, seja olhado com desprezo'."[2]

Alvos da crítica são principalmente a Igreja e a monarquia, as duas instituições que servem de sustentáculo à ordem tradicional. A arma preferida para combatê-las e abalá-las é a crítica histórica, que começa a desenvolver-se neste período. Pesquisam-se, mediante a análise histórica, as origens naturais da sociedade, da religião e do Estado, esforço particularmente árduo se se pensa que Igreja e monarquia pareciam solidamente protegidas pela imunidade de sua suposta origem divina. É precisamente a sua origem divina que a crítica pretende negar, primeiro em atitude prudente e circunspecta, depois, da metade do século em diante, de forma aberta e violenta.

Otimismo utopístico. O iluminismo julga a razão capaz de eliminar todas as causas de infelicidade e de miséria em qualquer setor: jurídico (o direito natural torna perfeita a justiça para todos), pedagógico (a educação no estado de natureza, na base da pura razão, forma o homem para todas as virtudes), econômico (as leis naturais bastam, por si sós, para assegurarem o bem-estar material da humanidade). Carestia, fome, dificuldades econômicas e aperturas são fruto da intervenção da vontade dos homens na ordem da natureza; por isso, é conveniente o *laisser-faire, laisser-passer* (deixar fazer, deixar passar). Otimismo também no campo da medicina, no qual se espera vencer todas as enfermidades, inclusive a morte. Certos de se encontrarem no limiar da "idade de ouro", os homens do século XVIII olham com compaixão, senão com desprezo, os homens das épocas anteriores, que viveram nas trevas da ignorância e da miséria econômica.

2. Os principais expoentes do iluminismo na Inglaterra, na Itália e na Alemanha

O iluminismo foi um movimento espiritual que despertou interesse em todas as nações europeias: na França e na Inglaterra, na Alemanha e na Itália, na Áustria e na Suíça, nos Países Baixos e na Espanha. Natu-

---

[2] Koselleck, R., *o. c.*, 12-13.

ralmente, de um movimento de tão vastas proporções não nos é possível recordar senão poucas figuras, detendo-nos especialmente nos maiores expoentes do iluminismo alemão (Wolff, Lessing e Baumgarten) e francês (Montesquieu, Voltaire e Rousseau).

INGLATERRA: NEWTON E REID

Na Inglaterra existiam todas as premissas necessárias para o desenvolvimento do iluminismo: progresso da ciência, culto da experiência, hostilidade à autoridade política, contestação da tradição religiosa. De fato, o fermento iluminista pode ser encontrado facilmente nos expoentes do empirismo inglês, tanto em Hobbes como em Bacon, tanto em Locke como um Hume.[3] O iluminismo inglês atingiu seu pleno amadurecimento com Newton e Reid.

Isaac Newton (1642-1727) não é somente o fundador da física moderna, mas também um cultor apaixonado da filosofia. Devemos a ele, entre outras, a obra *Philosophiae naturalis principia mathematica,* dividida em três livros e compreendendo todas as suas ideias científicas e filosóficas. O primeiro e o segundo livros constituem um tratado de mecânica, no qual são estudados os movimentos retilíneos e curvilíneos dos corpos esféricos e não esféricos, dos projéteis, dos pêndulos, dos líquidos; o terceiro livro (como "sistema do mundo"), servindo-se das proposições demonstradas matematicamente nos dois primeiros, trata das forças de gravidade, pelas quais os corpos tendem para o Sol e os respectivos planetas, e dos movimentos dos planetas, da lua e dos cometas. Deste sistema de Newton faz parte, como elemento fundamental, também Deus: Newton afirma de fato a existência de Deus como condição da existência da estrutura e da ordem do mundo. Nesta infusão de racionalismo teológico na ordenação mecânica da natureza consiste a essência do *deísmo,* que se torna o modo comum de entender as relações entre o mundo e Deus durante o século XVIII.

Thomas Reid (1710-1796) é o fundador da escola do "senso comum", chamada também *escola escocesa,* a qual teve ampla, profunda e duradoura repercussão não só na Inglaterra, mas também na França, Alemanha e Itália. A escola escocesa pretende reagir contra o empirismo radical de Hume, contestando seus princípios fundamentais.

---

[3] Cf. Koselleck, R., *o. c.,* 25-68.

Segundo Reid não é possível basear todo o nosso conhecimento sobre os dados sensoriais, porque desse modo não se poderiam explicar as manifestações superiores de nossa vida psíquica. É necessário reconhecer que somos dotados de *juízos primitivos*, que se originam em nossa consciência enquanto intuídos imediatamente por um assim chamado "senso comum". Tais princípios constituem o ponto de partida de toda análise do pensamento ou as razões últimas de toda demonstração e, não exigindo ulteriores justificações, servem para justificar e corrigir as afirmações que formam o mundo do nosso conhecimento e constituem o fundamento de todas as verdades tanto necessárias como contingentes (verdades de fato).

ITÁLIA: PIETRO E PAOLO VERRI, CÉSARE BECCARIA E PIETRO GIANNONE

Na Itália, os dois centros principais do iluminismo foram Milão e Nápoles. Em Milão, os irmãos Pietro e Paolo Verri e Césare Beccaria aplicam os princípios do iluminismo à revisão das instituições jurídicas e sociais. É célebre o ensaio de Beccaria, *Dei delitti e delle pene*, no qual o autor, apelando para os princípios do direito natural, se opõe à pena de morte e ao uso da tortura. Em Nápoles, Pietro Giannone, inspirando-se nas teorias Luministas, contesta as pretensões da Cúria Romana sobre o reino de Nápoles e defende o princípio da autonomia do Estado em relação à Igreja. Mas, no plano estritamente filosófico, o iluminismo não teve grandes representantes na Itália.

ALEMANHA: REIMARUS, WOLFF, LESSING E BAUMGARTEN

Depois dos franceses, os nomes mais ilustres do movimento iluminista são alemães: Reimarus, Wolff, Lessing e Baumgarten.

Hermann Samuel Reimarus (1694-1768) é importante por ser o iniciador da crítica ao Evangelho. Ele sustenta que todos os elementos miraculosos e sobrenaturais relatados nestes escritos são invenções dos Apóstolos.

Christian von Wolff (1679-1754), discípulo de Leibniz, é autor de uma síntese do pensamento filosófico tradicional de cunho racionalista com as descobertas científicas do seu tempo. Divide a filosofia em sete partes principais: *lógica, ontologia, cosmologia, psicologia empírica, psicologia racional, teologia natural* e *filosofia moral*. Esta divisão será seguida pela maior parte dos filósofos dos séculos seguintes. Um elemento importante desta divisão é a distinção entre *metafísica geral,* à qual Wolff atribui o nome de *ontologia,* e *metafísica especial* (compreendendo a *cosmologia,* a *psicologia* e a *teodiceia).* Quanto ao conteúdo, a filosofia de Wolff é substancialmente leibniziana. Como Leibniz, também ele elabora uma explicação da realidade, partindo de três princípios: *razão suficiente, harmonia preestabelecida, otimismo.* Mas ele traz duas novidades importantes: abandono do conceito de mônada como substância simples constitutiva da matéria e do espírito e redução do princípio de razão suficiente ao princípio de não-contradição.

Gotthold Ephraim Lessing (1729-1781) é, sem dúvida, a figura mais representativa do iluminismo alemão. Em seus escritos filosóficos, fragmentários, mas literariamente muito apreciados, retoma os motivos comuns do iluminismo: crítica de todas as manifestações da cultura, tendência para "iluminar as mentes" e para realizar a felicidade da humanidade; otimismo, isto é, confiança na continuidade do progresso humano em seu aperfeiçoamento espiritual. Mas Lessing apresenta também traços pessoais que o colocam fora e acima do iluminismo e fazem dele um precursor do romantismo. Mencionemos entre eles o singular *senso histórico* que leva o filósofo alemão a reconhecer um valor em todas as formas particulares assumidas pela vida da humanidade, especialmente na esfera da religião. Com referência específica a esta esfera, Lessing distingue entre *elemento eterno* (imutável) e *elemento histórico* (mutável). Sem negar que toda religião deve conter elementos dependentes das circunstâncias históricas, sustenta que o elemento histórico não pode ter a importância que as Igrejas cristãs lhe atribuem, e que a fé, considerada como inserção do homem em determinada tradição histórica, é algo de acessório. A essência da religião é comum a todas as religiões: é a verdade eterna, contida em todas elas, que qualquer homem honesto pode descobrir sozinho. Nesta luta contra a ortodoxia, Lessing reporta-se à crítica bíblica de Reimarus. Mas seria grande erro concluir que Lessing tenha defendido uma religião independente do cristianismo. Em sua última obra, A *educação do gênero humano mediante a revelação divina* (1780), reinterpreta a História da humanidade segundo o modelo da história salvífica cristã; vê na História uma propedêutica divina dirigida para um estádio de humanidade perfeita; o Antigo e o Novo Testamento representam as etapas fundamentais em direção à religião perfeita, que é a do Espírito Santo. Jesus Cristo é filho de Deus não no sentido ortodoxo do termo, mas no sentido em que todos nós o somos na qualidade de chamados para vivermos em Deus; a diferença é que Jesus foi o primeiro a tomar conhecimento desta situação e a anunciá-la aos homens, afirmando a fraternidade universal.

Alexander Gottlieb Baumgarten (1714-1762) é recordado na história da filosofia principalmente por ser autor da obra *Metaphysica*, da qual Kant se serviu como texto para suas preleções acadêmicas e na qual ia fazendo anotações marginais. Discípulo de Wolff, Baumgarten apresenta, na *Metaphysica*, uma exposição orgânica do pensamento do mestre. Em outra obra, *Meditationes*, usa, pela primeira vez na história da filosofia, o termo *estético* para designar a teoria da arte. Esta é entendida por ele como um Conhecimento sensível claro", sendo assim um meio-termo entre o obscuro sentir da simples sensação e o distinto entender da pura razão. Desse modo Baumgarten antecipa um conceito de arte que terá muita aceitação na filosofia moderna, principalmente entre os idealistas.

3. Os iluministas franceses

O iluminismo é um fenômeno europeu, mas é sobretudo um fenômeno francês. De fato, enquanto nas outras nações da Europa os iluministas são poucos espíritos rebeldes da classe burguesa, na França o iluminismo é um fenômeno coletivo: ele penetra em todas as classes sociais e semeia por toda parte o entusiasmo pelo progresso e a aversão pelo passado.

OS ENCICLOPEDISTAS: D'ALEMBERT E DIDEROT

Para tornar o iluminismo um movimento coletivo e popular contribuiu de modo decisivo a *"Enciclopédia"* (*Encyclopédie ou dictionnaire des seiences, des arts et des métiers:* obra monumental, publicada entre 1751 e 1772, em 27 volumes, mais 5 volumes de suplementos e 2 de índices analíticos, saídos mais tarde). A obra foi composta sob a supervisão de Jean-Baptiste D'Alembert e Denis Diderot. Com esta obra os autores propunham-se realizar um dos pontos principais do programa do iluminismo, a saber, tornar acessível a todos todo o cognoscível que se vinha acumulando através do rápido desenvolvimento das ciências experimentais. A *Enciclopédia* tem, portanto, uma intenção essencialmente vulgarizadora; mas vulgarização conduzida sempre segundo os critérios fundamentais do iluminismo: experimentalismo, racionalismo, crítica da religião, da tradição e de qualquer outra autoridade, otimismo utopístico.

Expondo o plano da obra no seu *Discour préliminaire,* D'Alembert declara que ela tem em vista duas finalidades: "Expor a ordem e a concatenação dos conhecimentos humanos e identificar em cada ciência e em cada arte, liberal ou mecânica, os princípios gerais que formam a sua base e os elementos essenciais que constituem o seu corpo e a sua substância". Diderot, no artigo *Encyclopédie,* reconhece a audácia do empreendimento, cuja atuação devia ser tarefa para um "século filosófico". "É necessário tudo examinar e tudo remover sem escrúpulos e sem exceções. (...) É necessário desembaraçar-se das antigas puerilidades, pôr abaixo as barreiras levantadas pela razão, dar às ciências e às artes uma liberdade que para elas é preciosa".

Trabalharam na composição da *Enciclopédia,* além de D'Alembert e Diderot, Helvetius, Holbach, Lagrange e muitos outros. Modesta foi, contudo, a contribuição das grandes figuras do iluminismo: Montesquieu morreu antes de terminar o seu primeiro artigo; Voltaire compilou verbetes de importância secundária; Rousseau, além de alguns verbetes sobre música, escreveu apenas um artigo de certo relevo, sobre economia.

Do ponto de vista filosófico, o tom geral da obra é "eclético"; misturam-se nela motivos cartesianos e lockianos. Do ponto de vista histórico, a sua eficácia foi verdadeiramente fundamental, já que contribuiu para formar o espírito público, particularmente a burguesia, para vastos interesses culturais, criando assim as premissas que, através das tempestuosas peripécias da revolução, permitirão à burguesia tornar-se a nova classe dirigente do Estado.

CHARLES DE MONTESQUIEU

Charles de Montesquieu (1689-1755), pensador de saber enciclopédico, sem dúvida um dos mais originais da densa lista dos iluministas franceses, é considerado o pai do constitucionalismo liberal moderno. Desta concepção do Estado, que, pouco antes fora posta em prática na Inglaterra, ofereceu ele uma formulação ampla e rigorosa em sua grande obra *L'esprit des lois* (1748). Nesta obra, Montesquieu procura descobrir quais são as leis naturais da vida social. Por "lei natural" entende ele não um princípio racional do qual deduzir todo um sistema de normas abstratas, mas a relação intercorrente dos fenômenos empíricas. A pesquisa desenvolve-se assim segundo as diretrizes do método experimental. Por causa disso, Montesquieu merece ser considerado fundador de uma ciência naturalista da sociedade, ciência que terá seu teórico máximo em Augusto Comte.

Montesquieu procura primeiramente determinar os diversos tipos de associação política, dos quais estabelece tanto a natureza quanto o espírito, isto é, as forças psicológicas que os sustentam. Sobre a base de ampla análise histórica são definidos como tipos sociológicos fundamentais do Estado a democracia, a monarquia e o despotismo, com a apresentação das leis constitutivas de cada um, nos vários setores da vida social. Nesse contexto insere-se a famosa teoria da separação dos poderes (legislativo, executivo e judiciário), tendo como escopo estabelecer as condições institucionais da liberdade política através de equilibrada divisão das funções entre os órgãos do Estado (corte, parlamento e tribunais, aos quais competem respectivamente os poderes executivo, legislativo e judiciário), divisão que impede que algum deles aja despoticamente.

Da vastíssima obra (que compreende trinta e um livros) dois são dedicados ao problema religioso. Neles Montesquieu estuda a incidência das crenças e dos dogmas religiosos na sociedade e o problema das relações entre organização eclesiástica e organização estatal, acentuando a necessidade da tolerância. Muitas vezes se fez a esse modo de tratar o tema religioso a censura de reduzir a religião a simples fato humano, esquecendo-se que a intenção do autor do *L'esprit des leis* não é teológico ou teorético, mas científico e fenomenológico. Quanto à posição pessoal de Montesquieu em matéria religiosa, foi ela a de um verdadeiro crente: ele aceitava Deus como princípio supremo, fonte das leis do mundo humano e natural, e, quanto ao cristianismo, reconhecia não só a sua força Iminentemente civilizadora, mas também seu caráter sobrenatural.

Do conjunto de sua vastíssima produção literária, particularmente do *L'esprit des lois,* vê-se que Montesquieu permanece no espírito do iluminismo enquanto sustenta que as complicadas vicissitudes históricas dos Estados e da humanidade são redutíveis a leis necessárias, análogas às da natureza física, expressão também esta da *razão* dominante na

História. Mas, de certo modo, ele já está fora do iluminismo e antecipa o historicismo, pelo sentido vivo da relatividade das leis e da dependência delas das mutáveis condições históricas dos povos.

VOLTAIRE

François Marie Arouet, cognominado Voltaire (1694-1778), admirador de Newton, divulgou na França a sua filosofia, uma mistura de racionalismo e empirismo, de física e matemática, de ciência e especulação. Comparando a filosofia de Descartes com a de Newton, Voltaire declara que "a primeira é uma tentativa, a segunda uma obra acabada". Ele censura Descartes pela fragilidade de suas demonstrações, pela falta de fundamento de suas teses sobre o conhecimento intelectivo, sobre a natureza da alma, sobre as leis do movimento, embora lhe reconheça o mérito de "ter ensinado os homens do seu tempo a raciocinarem e a voltarem contra ele as suas armas". Empirismo e racionalismo, conclui Voltaire, não podem estar separados; seriam como dois seres mutilados, um sem cabeça e o outro sem pernas; deve-se, por isso, conservá-los juntos, como fez Locke. E é em Locke que Voltaire mais se inspira em sua visão filosófica.

De Locke assume ele a teoria do conhecimento no que se refere às suas origens e ao seu valor ou aos seus limites. Segue Locke também na especulação metafísica: partindo da contingência do mundo, argumenta em favor da existência de Deus. O argumento parece-lhe irrefutável: "Acredita-me, quanto mais penso, menos posso admitir que este relógio exista sem que alguém o tenha fabricado". Mas, dado o caráter bastante antropomórfico deste argumento, ele resvala, como Locke, para um agnosticismo radical relativamente à natureza e aos atributos de Deus. O agnosticismo vem a ser também um ótimo recurso diante de problemas árduos como o do mal. Assim, Voltaire pode afirmar: ao problema do mal é um escândalo somente quando se tem a pretensão de colocar-se, para julgar o mundo, do ponto de vista de Deus, do ponto de vista do absoluto, mas isto é ir muito longe". Em outras palavras: há um Deus, que é necessariamente sábio e que, por isso, conhece a razão do mal; mas esta razão nos escapa. A nós só resta adorar com confiança e fazer nossa parte de bem, praticando a justiça.

Quanto ao problema da imortalidade da alma, Voltaire afirma que não existem argumentos que a provem; mas é necessário crer nela porque esta crença concorre para o bem e a consecução da felicidade.

Como se vê, Voltaire mantém-se substancialmente fiel aos princípios fundamentais da religião natural. Mas, em conformidade com as exigências do iluminismo, exprime-se com a máxima energia, valendo-se de uma crítica muitas vezes maldosa, injusta e zombeteira, contra tudo o que ultrapassa os limites de tal religião, particularmente contra a Igreja com suas múltiplas instituições e doutrinas. São conhecidas suas críticas radicais neste campo. Tais críticas constituem também a parte mais discutível do seu pensamento porque, em larga escala, são fruto de um racionalismo exasperado e verdadeiramente simplista.[4]

JEAN-JACQUES ROUSSEAU

A originalidade de Jean-Jacques Rousseau (1712-1778) é bem maior do que a de Voltaire e de todos os outros iluministas. Com ele o movimento iluminista atinge seus pontos mais altos. E, no entanto, as peculiaridades do seu pensamento colocam-no fora e acima deste movimento e fazem dele o precursor de uma nova fase da cultura.

Rousseau escreveu muitíssimo, ocupando-se dos mais variados assuntos. Do ponto de vista filosófico, as suas obras principais são: o *Contrato social*, o *Emílio* e *A nova Eloísa*. A primeira compreende a sua concepção política, as outras duas, a sua teoria pedagógica. Trata-se, nos três casos, da exposição sistemática, aprofundada e definitiva de ideias que vinham de sua juventude e que havia tornado públicas num escrito de 1749, intitulado *Discurso sobre as ciências e as artes*, com o qual participara de um concurso promovido pela Academia de Dijan sobre o tema: "O progresso das ciências e das artes contribuiu para o melhoramento dos costumes". Em seu escrito, Rousseau sustentava que os tesouros do saber e da arte não contribuíram para a felicidade nem para a virtude do homem, mas o afastaram da sua origem, esvaziando-o de sua natureza. A ciência e as artes nascem de nossos vícios e serviram para fortalecê-los: "A astronomia nasceu da superstição; a eloquência, da ambição, do ódio, da adulação, da mentira; a geometria, da avareza; a física, da curiosidade; todas, inclusive a moral, nasceram do orgulho humano".

---

[4] A crítica religiosa de Voltaire toca os extremos das *Remarques* aos *Pensamentos* de Pascal. Sobre o valor destas notas Maine de Biran deixou o seguinte juízo: "Dir-se-ia que estas notas foram escritas precisamente para revelar o quanto há de pequeno, de mesquinho, de pueril em nossa filosofia moderna e para realçar a nobreza e a grandeza de uma filosofia oposta à filosofia das sensações" (De Biran, M., *Journal intime*, 12 de abril de 1815).

O "CONTRATO SOCIAL"

No *Contrato social*, como deixamos dito, Rousseau desenvolve a sua teoria sobre a origem e sobre a constituição do Estado. Ele imagina um primeiro estado da humanidade que se poderia chamar estado de inocência, no qual não haveria nenhum dos abusos que se pode observar em nossa sociedade. Os homens foram induzidos a sair desta condição feliz pelo desejo, pela necessidade e pelo temor. Reunindo-se, eles se dedicaram à consecução daquilo que é chamado civilização e que não é senão a progressiva corrupção dos valores primitivos. Na civilização permanecem, contudo, alguns valores, que porém, o mais das vezes permitem o domínio dos contrários. Por felicidade, a reação dos instintos bons pode tirar proveito da depravação e, em uma ou outra pessoa, determinar uma ascese superior. Existe, portanto, alguma salvação; a humanidade ainda pode redimir-se; para isso é necessário reformá-la, organizá-la em Estado segundo a natureza e, pela educação, pela vida moral, pelo trabalho, recuperar a verdadeira civilização. A base desta organização é o *contrato social*, no qual indivíduos livres se submetem a uma disciplina, visando ao maior bem de cada um e de todos.

O contrato social produz os seguintes efeitos: o indivíduo já não é simples homem, mas cidadão; ele renuncia aos direitos pessoais em favor da comunidade; já não assume como norma o instinto, mas a lei. Com a entrada em vigor do contrato social, as ações adquirem uma moralidade que não tinham antes: "Somente então a voz do dever sucede ao impulso físico, o direito sucede ao apetite, e o homem, que até agora tomava em consideração somente a si mesmo, se vê forçado a agir em conformidade com outros princípios e a consultar a razão antes de ouvir as próprias tendências".

Notemos que a obediência à lei não é obediência a uma vontade estranha, mas a uma vontade que o próprio indivíduo constituiu: o cidadão é legislador e súdito ao mesmo tempo. Sendo o povo a única fonte do direito (no contrato social faz-se a renúncia ao uso de alguns direitos, mas não aos direitos como tais), os governantes não gozam de nenhuma autoridade definitiva sobre ele: ele permanece o único verdadeiro soberano. "Eles não são donos do povo, mas seus funcionários, e o povo pode nomeá-los e destituí-los a seu bel-prazer". Rousseau rejeita a ideia da democracia representativa, na qual os cidadãos são soberanos unicamente porque elegem os representantes e lhes delegam o poder; ele quer que o poder soberano não seja apenas uma atribuição nominal do povo, mas que esse o exerça efetivamente mediante deliberações diretas emônadas de todos os cidadãos. O governo é responsável perante o povo; quando não segue a vontade do povo, deve ser destituído.

Nota-se claramente a diferença entre a doutrina política de Rousseau e a de Hobbes: a de Rousseau tem muita afinidade com a de Locke.

O "EMÍLIO"

Nesta obra, Rousseau expõe a sua doutrina pedagógica. O ponto de partida é a verificação da corrupção profunda da sociedade do seu tempo: "Rousseau vê o engenho, a arte, a ciência unirem seus esforços com o miserável escopo de proporcionar aos sentidos, embotados pelo excesso de prazeres, algum outro prazer ainda mais refinado; ou com o execrável escopo de desculpar, de justificar, de fazer passar como virtude a corrupção dos homens e de remover do seu caminho todos os obstáculos. Enfim, viu, experimentou pessoalmente (...) que aqueles homens indignos tinham caído tão baixo que tinham perdido até a última centelha de um pressentimento de que em algum lugar devia existir ainda alguma verdade; que não podiam absolutamente admitir, nem mesmo com bons fundamentos, a sua possibilidade; que exclamavam, quando semelhante pedido ainda ressoava em seus ouvidos: 'Basta! Isto não é verdade, e não queremos que seja! Porque essas verdades não nos trariam nenhuma vantagem'. Tudo isso ele viu, e o seu sentimento, tanto mais desiludido quanto mais forte tinha sido, revoltou-se e com ódio profundo preparou-se para flagelar a sua época".[5]

Segundo Rousseau, o homem nasce bom: é a sociedade que o corrompe. Quando o homem se insere na sociedade, as iniquidades da ordem constituída o tornam mau, impelindo-o para o mal; isso porque a sociedade é organizada de modo tal que torna difícil, senão impossível, a vida virtuosa. A causa da corrupção dos homens é, pois, a sociedade, não enquanto tal, mas enquanto inquinada por uma civilização artificial, fundada não na natureza humana, mas no predomínio da razão. A raiz última da corrupção encontra-se nos fenômenos históricos que contribuíram para o desenvolvimento da razão com prejuízo das outras faculdades, principalmente do sentido, e tais são, em primeiro lugar, a

---

[5] Fichte, J. G., *La missione del dotto,* Turim 1957, 183-184.

propriedade privada, depois a instituição da magistratura e, finalmente, a transformação do poder legítimo em poder arbitrário. A primeira deve-se o estado de riqueza e de pobreza, à segunda o de poder e fraqueza, e à terceira o de senhorio e a escravatura, que são os últimos graus da desigualdade social.

Faz-se necessária, portanto, uma reforma substancial cujo ponto mais importante seja uma nova educação da juventude. No *Emílio* Rousseau sustenta que para se reformar a sociedade é necessário educar a juventude fora da sociedade, reintegrando-a nela somente quando estiver imunizado contra os seus males. Somente assim será possível reconduzir lentamente a humanidade ao novo estado de natureza, o da vida associada, no qual o homem age não segundo a liberdade do instinto desordenado, mas segundo a liberdade do instinto disciplinado da lei.

A técnica desta educação vem exposta na história de um menino educado longe das maléficas influências da sociedade e segundo as boas inclinações postas nele pela natureza. Emílio é confiado à direção de um educador, cuja ação consiste unicamente em fazer com que o desenvolvimento físico e espiritual do menino se realize do modo totalmente espontâneo, do interior, isto é, do sentimento e do instinto.

A educação deve começar com o desenvolvimento das faculdades sensitivas: "As primeiras faculdades que se formam e aperfeiçoam em nós são os sentidos, que, deveriam, por isso, ser cultivados por primeiro, mas são totalmente esquecidos ou negligenciados. Exercitar os sentidos não significa somente usá-los, mas também aprender a julgar bem através deles; aprender, por assim dizer, a sentir, porque não sabemos tocar, nem ver, nem ouvir senão de acordo com o modo que aprendemos". Rousseau critica uma educação baseada na aquisição de hábitos, porque eles tendem a coibir a atividade sensitiva da criança, a sua tendência para tocar e pegar em tudo, desejo do qual a natureza se serve no indispensável tirocínio para a vida.

"O homem civilizado nasce, vive e morre na escravidão: ao nascer, é aprisionado em faixas; ao morrer, é aprisionado no esquife; e enquanto conserva a figura humana é acorrentado pelas nossas instituições".

"Os primeiros dons que a criança recebe de nós são as cadeias, os primeiros cuidados são as torturas".

Durante o período da educação dos sentidos, a criança não se dá conta, segundo Rousseau, do valor da lei moral, não compreende o que sejam dever e obrigação, não é capaz de obediência, isto é, de subordinação consciente e espontânea da vontade própria à vontade de outrem; não entendendo as razões da ordem, sentirá toda imposição da vontade de outrem como capricho, como injustificada limitação de sua liberdade. Mas existe uma obediência às coisas que está na natureza, e é nesta obediência que é preciso manter a criança. Sendo ela um ser pré-moral, um "ser físico", não está em condições de apreender a obrigação moral e de compreender a autoridade do educador, mas está em condições de sentir a necessidade física, isto é, a limitação imposta à sua atividade pelas inflexíveis forças físicas que a rodeiam e que são mais poderosas do que ela. "Que ela sinta logo sobre a sua fronte altiva o duro jugo que a natureza impõe ao homem, jugo ao qual todo ser finito deve curvar-se; que o freio que a coíbe seja a força e não a autoridade. (...) Está na natureza do homem suportar pacientemente a necessidade das coisas, mas não a vontade má dos outros".

É evidente que neste conceito de disciplina, a qual é disciplina natural, não moral, não podem ter lugar castigos e repreensões. "Não apliqueis nenhum castigo à criança porque ela não sabe o que é culpa; jamais a obrigueis a pedir perdão porque ela não tem a possibilidade de ofender-vos".

O conceito de dependência das coisas, e não da autoridade do mestre, não comporta outra forma de sanção que não seja a consequência natural da má ação.

Não se deve, p. ex., punir a criança porque mentiu; o que é preciso é fazer com que todos os efeitos desagradáveis da mentira, como o não ser acreditado, mesmo quando diz a verdade, ou o ser acusado de alguma ação que na verdade não cometeu, se verifiquem em relação a ela quando diz uma mentira.

Depois da educação dos sentidos passa-se para a educação da razão, que começa por volta dos quinze anos. Também neste estádio o educador deve limitar-se a estimular no jovem o espírito da pesquisa autônoma; deve pôr, ou melhor, esforçar-se para que surjam na mente do aluno problemas cuja solução ele procure sozinho. "Que ele saiba isto ou aquilo não porque lho dissestes, mas porque compreendeu por si mesmo; que ele não aprenda a ciência, mas a invente. Se substituirdes no seu espírito a razão pela autoridade, ele não raciocinará mais e não será mais do que o joguete da opinião dos outros". A instrução não deve ser, pois, verbalista: às explicações verbais os jovens prestam pouca atenção. "Não existe nenhum outro livro, a não ser o mundo; nenhuma outra instrução, a não ser os fatos. A criança que lê não pensa".

Com a educação da razão começa a formar-se no jovem também o senso moral: é este o momento do despertar da consciência social; pelos quinze anos, surge um mundo novo, o mundo dos sentimentos e dos valores humanos.

Permitindo a obra da natureza, assiste-se, também neste caso, ao brotar espontâneo, do fundo da sensibilidade instintiva, do feixe dos sentimentos que arrancam o indivíduo do isolamento e o ligam aos próprios semelhantes com vínculos morais. A compaixão pelos sofrimentos humanos, a generosidade, a amizade, a justiça e o amor conduzirão o jovem a agir em proveito dos outros. O exercício das virtudes sociais produz o amor pela humanidade: fazendo o bem, o ser humano torna-se bom.

É tarefa do educador explicar à criança como é o coração humano, como é o homem depois da perversão cansada pela sociedade corrompida e como ele é na bondade da natureza original, não para que o deteste, mas para que saiba que o homem é naturalmente bom e, julgando por si mesmo, veja como a sociedade o deprava e perverte. " Seja pronto em respeitar a cada um, mas despreze a multidão".

A consciência da humanidade e do seu valor aprofunda-se até fazer nascer a consciência de Deus. Antes desta idade o jovem não deve ser posto em contato com noções religiosas, porque elas lhe seriam incompreensíveis. "É melhor não ter nenhuma ideia da divindade do que ter ideias falsas, fantasiosas, injuriosas e indignas dela. (…) O grande mal das imagens deformadas da divindade que se formam na mente das crianças é que permanecem assim por toda a vida, e que, quando as crianças se tornam adultos, não reconhecem outro Deus a não ser o do tempo de criança".

A religião que se deve propor é a que brota da consciência, que o homem tem de si, e da consulta à luz interior.

Quando o jovem aceita espontaneamente a sujeição à religião como defesa contra a violência das paixões, sente-se livre e pode vir a fazer parte da sociedade sem perigo de ser corrompido.

FILOSOFIA E RELIGIÃO

O núcleo do pensamento filosófico e religioso de Rousseau está contido na *Profissão de fé do vigário saboiano*. Eis o trecho principal:

"Mas, quem sou eu? Que direito tenho de julgar as coisas? Eu existo. Tenho sentidos que me impressionam. Eis a primeira verdade que se me apresenta e que sou obrigado a admitir. (...) As minhas sensações recolhem-se em mim, fazem-me sentir a minha existência, mas a sua causa me é estranha. De fato, elas me impressionam mesmo quando não quero, e não depende de mim produzi-las ou anulá-las. Percebo assim claramente que a sensação que está em mim, e a causa e o objeto dela, que estão fora de mim, não são a mesma coisa. Assim, existo, mas existem também outros seres, a saber, os objetos das minhas sensações, e se esses objetos não fossem mais do que ideias (Berkeley), ainda assim seria verdade que tais ideias não são o meu eu.

"Ora, tudo o que sinto fora de mim e que age sobre os meus sentidos eu o chamo matéria, e todas as partes da matéria que percebo reunidas em entidades individuais eu as chamo corpos. Assim todas as disputas entre materialistas e idealistas não significam nada para mim, e as suas distinções sobre as aparências e a realidade dos corpos são quimeras. Eis-me certo da existência do universo como estou certo da minha existência.

"Reflito em seguida sobre os objetos das minhas sensações verificando em mim a faculdade de compará-los, sinto-me dotado de uma força ativa que antes eu ignorava ter.

"Perceber é sentir, confrontar é julgar: julgar e sentir não são a mesma coisa.

"Pela sensação os objetos se me apresentam separados, isolados, como na natureza; pela comparação eu os removo, transporto-os por assim dizer, e os coloco uns sobre os outros, pronunciando-me sobre a diferença ou a semelhança e, em geral, sobre todas as suas relações.

"Em meu parecer, a faculdade própria e distintiva do ser ativo ou inteligente é a de poder dar um sentido à palavra 'é'...

"As primeiras causas do movimento não estão na matéria; esta recebe o movimento e o comunica, mas não o produz.

"Quanto mais observo a ação e a reação das forças naturais que agem umas sobre as outras, mais compreendo que é necessário subir, de feito em efeito, até uma vontade como causa primeira; porque supor uma série infinita de causas é como não supor nenhuma causa...

"É certo que o todo é uno e que anuncia uma única inteligência, porque não vejo nada que não seja ordenado em um único sistema e que não concorra para um único fim, que é a conservação do todo na ordem estabelecida. Este ser que tem vontade e poder, ativo por si mesmo, a ele eu chamo Deus. (...) Vejo Deus em todas as suas obras, sinto-o em mim, percebo-o em torno de mim; mas, quando quero contemplá-lo nele mesmo, indagar onde se encontra, quem é ele e qual a sua substância, ele me escapa, e o meu espírito, perturbado, não compreende mais nada".[6]

ILUMINISMO E ROMANTISMO EM ROUSSEAU

Discutiu-se muitas vezes sobre os elementos de romantismo em Rousseau: o seu desprezo pronunciado pela razão e a exaltação do sentimento poderiam induzir a supô-lo um romântico. A sua obra, entretanto, quando considerada globalmente, não obstante um ou outro traço romântico, apresenta de modo claro as características fundamentais do iluminismo: exaltação da natureza e da razão e desprezo à tradição e à História. Apesar das repetidas críticas contra a razão, ela é considerada auto suficiente (na educação de Emílio, p. ex.) e, em si mesma. de valor maior do que tudo o que provém da autoridade. Esta confiança na razão aparece evidentíssima especialmente no problema da educação religiosa, que deve ser adiada até que a razão esteja tão desenvolvida que entenda retamente e sozinha a realidade de Deus. Ora, esta tese é inegavelmente contestável e, em Rousseau, até contraditória. De fato, se existe um campo no qual o sentimento tem um papel importante, este é sem dúvida o campo religioso, no qual a salvação não depende tanto da especulação quanto do amor a Deus. E deste as crianças são capazes não menos do que os adultos. Mas Rousseau, perfeito Luminista, preferiu sacrificar o sentimento à razão e, por isso, julgou necessário adiar a educação religiosa até a idade em que a razão é capaz de descobrir por si mesma a existência de Deus. Desse modo ele privou a infância da religião, que ele mesmo confessou ser o fundamento da moral, e reduziu a vida da criança à escravidão dos instintos, incapaz de fazer o bem e de evitar o mal e, por isso, não digna de louvor nem de censura. Estas são as consequências desastrosas às quais Rousseau foi arrastado pela sua confiança iluminista na onipotência da razão.

---

[6] Rousseau, J. J., *Emìlio. Professione di lede del vicário savoiardo*, Bréscia, 1966, 306ss.

BIBLIOGRAFIA

Sobre o iluminismo em geral:

CASSIRER, E., *La filosofia dell'iltaminismo*, Florença, 1935; HIBBEN, J. G., *The philosephy of lhe enlightment*, Londres-Nova Iorque, 1910; HAZARD, P., *La pensée européenne au XVIIIe siècle, de Montesquieu à Lessing*, Paris, 1946, 3 v.; NATALI, G., *Il settecento*, Milão, 1964, 6ª ed.; MAGNINO, B., *Illuminismo e cristianesimo*, Bréscia 1960, 3v.; CATTANEO, M. A., *Le dottrine politiche da Montesquieu a Rousseau* Milão, 1964; LUETHY, H., *Da Calvino a Rousseau*, Bolonha, 1971; MARCHESE, A., *La battaglia degli illuministi*, Turim, 1972; KOSELLECK, R., *Critica illuministica e crisi della società borghese*, Bolonha, 1972; HORKHEIMER, M.-Adorno, T. W., *Dialettica dell'illuminismo*, Turim, 1966; CASINI, P., *Introduzione all'illuminismo*, Bari, 1973.

Sobre o iluminismo inglês:

GARIN, E., *L'illuminismo inglese*, Milão 1941; CASSIRER, E., *The platonic renaissance in England* Londres, 1953; MCLACHLAN, M., *The religious opinions of Milton Locke and Newtón* Manchester 1941; SCIACCA, M. F., *La filosofia di Tommaso Reid con un'appendice súi rapporti cón Gallapti e Rosmini*, Nápoles, 1936.

Sobre o iluminismo italiano:

CAPONE BRAGA, G., *La filosofia francese e italiana del settecento*, Pádua, 1947, 3ª ed.; DE RUGGERO, G., *Il pensiero politico meridionale nei secoli XVIII e XIX*, Bari 1922; GENTILE, G., *Storia della filosofia italiana dal Genovesi al Gallappi*, Milão 1930; CARPACI, F., *Idealogia e politica in C. Beccaria*, Milão, 1965.

Sobre o iluminismo alemão:

CAMPO, M. C. *Wolff e il razionalismo precritico*, Milão, 1939; FLORES D'ARCAIS, G., *L'estetica nél Lacoonte di Lessing*, Pádua, 1935; MILANO, P., *Lessing*, Roma 1930; SCHREMPF, C., *Lessing als philoseph*, Estocolmo, 1921; BACH, A., *Der Aufbruch des deutschen Geites. Lessing, Klepstock*, Herder, MaLklcleeberg, 1939.

Sobre o iluminismo francês:

COTTA, S., *Montesquieu e la scienza della societd*, Turim, 1953; CRAVERI, R., *Voltaire, politico dell'illuminismo*, Turim, 1937; MORANDO D., *Rousseau*, Bréscia 1946; DI NAPOLI, G., *Il pensiero di J.-J. Rousseaú*, Bréscia, 1953; MONDOLFO, R, *Róusseau e la coscienza moderna* Florença, 1954; FETSCHER, I., *La filosofia politica di Rousseau*, Milão, 1972; DERATHÉ, R., *Le rationalisme de J. J. Rousseau*, Paris, 1950; MILLET, L., *La pensée de Rousseau*, Paris, 1966; Rosso, C., *Intorno a Montesquieu*, Pisa, 1970; POZZO, G. M., *La storia e il progresso nell'illuminismo francese*, Pádua, 1971.

XII
EMANUEL KANT

Durante os primeiros períodos da época moderna, o campo filosófico foi dominado primeiramente pela Itália com o humanismo, depois pela França com o racionalismo e mais tarde pela Inglaterra com o empirismo. A Alemanha permanece, até o século XVIII, à margem destes movimentos, não conseguindo criar grande visão filosófica própria. A este fato não foram estranhos fatores políticos, econômicos e sociais: um século de guerras religiosas tinha assolado a nação, enfraquecendo-a do ponto de vista político e desorganizando-a do ponto de vista econômico. Mas na segunda metade do século XVIII, especialmente por mérito de Frederico II, o Grande, começa para a Alemanha, no campo político, uma vida nova. A retomada política corresponde logo o renascimento cultural, que atinge rapidamente cumes altíssimos na literatura (com Klapstock, Lessing, Herder, Goethe, Schiller, Richter, Holderlin, Kleist) e na música (com Bach, Haendel, Gluck, Haydn, Mozart, Schubert, Beethoven, Schumann). Em semelhante clima de renascimento generalizado explode também o gênio filosófico do povo alemão, que, no breve espaço de um século, dá à luz pensadores de altíssimo valor como Fichte, Schelling, Hegel, Schopenhauer, Fénerbach e, principalmente, Kant. A este último cabe o mérito de ter sido o primeiro a dar expressão filosófica à *Weltanschanung* (visão do mundo) do povo alemão, uma *Weltanschauang* caracterizada por uma profunda consciência do dever e, por conseguinte, pelo culto à lei e à disciplina pelo amor à natureza e a tudo o que é belo, instintivo e irracional, pela exaltação da força e do poder, por uma religiosidade de preferência tenebrosa, às vezes dominada pela obsessão do mistério e angustiada pela ideia da influência de poderes preternaturais sobre os destinos do homem. Kant soube criar um edifício filosófico no qual encontram lugar, como componentes essenciais, além dos elementos comuns derivados do clima espiritual da época (o racionalismo, o empirismo e o iluminismo), também os traços característicos do espírito alemão.

1. A vida e as obras

Emanuel Kant nasceu em Königsberg (na Prússia oriental) em 22 de abril de 1724, de família pobre, pertencente à seita protestante dos pietistas, da qual recebeu profunda educação religiosa.

Kant cursou a universidade de sua cidade natal, dedicando-se especialmente à filosofia (Wolff e Baumgarten) e às ciências naturais (Newton). Em 1755, conseguida a livre-docência, começa a concentrar-se nos problemas filosóficos, sem negligenciar, entretanto, o estudo da ciência e da matemática. Em 1769 expõe a hipótese fundamental do seu sistema: a admissão de dupla ordem de realidades: o *fenômeno* e o *número*. No ano seguinte apresenta os primeiros resultados da aplicação desta hipótese no ensaio *Dissertação sobre a forma e os princípios do mundo sensível e inteligível*. Mais tarde publica, em pequenos intervalos: *Crítica da razão pura* (1781), *Prolegômenos a toda metafísica futura* (1783), *Fundamentos da metafísica dos costumes* (1785), *Crítica à razão prática* (1788), *Crítica do juízo* (1791), *A religião nos limites da para ratão* (1793).

Este último escrito provocou forte reação nos ambientes religiosos e leigos, e no dia 4 de outubro de 1794 Kant recebeu uma carta do rei da Prússia com a proibição de continuar a ensinar as ideias expostas no livro, sob pena de graves sanções; prometeu submeter-se à proibição e manteve a palavra, não tratando mais de filosofia da religião em suas aulas.

Em 1795 publicou a obra *Pela paz perpétua,* uma constituição republicana fundada, em primeiro lugar, "no princípio da liberdade dos membros de uma sociedade enquanto homens; em segundo lugar, no princípio da dependência de todos enquanto súditos; em terceiro lugar, na lei da igualdade enquanto cidadãos".

De 1794 em diante, vítima de debilidade senil, que o privou gradualmente de todas as faculdades, Kant não pôde mais lecionar na Universidade. Morreu em 12 de fevereiro de 1804, em sua cidade natal, da qual jamais se ausentara. Pouco antes de falecer, em um dos raros momentos de lucidez, disse a alguns amigos: "Senhores, não temo a morte e saberei morrer. Asseguramos diante de Deus que, se sentisse que devo morrer esta noite, levantaria as mãos juntas e diria: 'Louvado seja Deus!'. Mas se um espírito maligno se plantasse diante de mim e me sussurrasse: 'Fizeste alguém infeliz', oh! então sim, seria diferente!".

2. A conjuntura filosófica no tempo de Kant

No segundo prefácio à *Crítica da ratão para* Kant observa que, enquanto as ciências fazem contínuos progressos, a filosofia ainda não encontrou o caminho para progredir.

"A metafísica ainda não encontrou o caminho seguro da ciência, embora seja a mais antiga de todas as ciências e embora sobrevivesse mesmo que as outras fossem tragadas pela voragem de uma barbárie que tudo devastasse. Isto porque nela a razão se vê sempre diante de empecilhos, também quando quer descobrir (como ela presume) *a priori* aquelas leis que a mais comum experiência confirma. Nela é necessário recomeçar inúmeras vezes porque se descobre que o caminho seguido antes não conduz à meta. E, quanto ao acordo dos seus cultores nas coisas que dizem, ela está tão longe de tê-lo conseguido que é antes um campo de batalha, que parece destinado ao exercício de forças antagônicas e no qual nem um só lutador conseguiu jamais apoderar-se de uma parte do terreno, por menor que fosse, e fundar na sua vitória uma posse permanente. Não há nenhuma dúvida, portanto, de que até agora ela andou às apalpadelas e, o que é pior, entre simples conceitos".[1]

No tempo de Kant, a filosofia estava dividida entre a corrente racionalista e a empirista.

Os racionalistas ensinam que: a única fonte de conhecimento verdadeiro é a razão, que é dotada das ideias inatas de toda a realidade (consequentemente a experiência torna-se supérfluo); a filosofia consiste na análise das ideias inatas; esta análise é suficiente para a descoberta de todas as verdades. As novas verdades são expressas em juízos analíticos, puramente explicativos, que não acrescentam nada ao conteúdo do conhecimento, não o ampliam, nem lhe trazem qualquer aumento.

---

[1] Kant, E., *Crítica da razão pura*, B, 14-15.

Os empiristas ensinam que: a única fonte de conhecimento é a experiência, não tendo a razão nenhum valor inventivo; a ciência consiste na soma progressiva de experiência a experiência, de dados sensíveis a dados sensíveis: ela procede por síntese, não por análise. Os conhecimentos adquiridos são expressos em juízos sintéticos *a posteriori*, os quais "são extensivos e ampliam o conteúdo do conhecimento",[2] mas não têm nunca valor universal.

Em tais juízos o predicado acrescenta alguma coisa não expressa pelo sujeito; mas a razão da atribuição do predicado ao sujeito é unicamente a experiência e não uma relação essencial que os una necessariamente.

Segundo Kant, o motivo do imobilismo no qual se encontra a filosofia é a concepção errônea de racionalistas e empiristas a respeito da ciência e do conhecimento.

Errôneas são as concepções racionalista e empirista da ciência, uma vez que ela não é constituída por juízos analíticos *a priori*, como sustentam os racionalistas, nem por juízos sintéticos *a posteriori*, como afirmam os empiristas.

A ciência é constituída por juízos sintéticos *a priori*. Examinemos, p. ex., as proposições da matemática (7 + 5 = 12); é evidente que se dão aqui proposições dotadas ao mesmo tempo da necessidade dos juízos analíticos e da novidade (extensividade do conhecimento) dos juízos sintéticos *a posteriori*. Não se trata nem de proposições simplesmente analíticas, nem de proposições sintéticas *a posteriori*, mas de proposições sintéticos *a priori*.

A matemática, antes, a ciência em geral, é constituída por juízos sintéticos *a priori*, isto é, por juízos universais nos quais o predicado exprime algo de novo, já contido no sujeito.

O racionalismo e o empirismo nunca voltaram sua atenção para a existência de tais juízos; viram-se ambos na impossibilidade de preservar a ciência, o primeiro atribuindo valor somente aos juízos analíticos e negando "o elemento da novidade», o segundo reconhecendo como possíveis somente os juízos sintéticos *a posteriori* e negando "o elemento da universalidade".

---

[2] *Id., "Prolegômenos a toda metafísica futura"*, § 14.

Kant observa em seguida que a raiz última dos erros do racionalismo e do empirismo é a *concepção errônea do conhecimento humano*. O racionalismo sustenta que o conhecimento procede só do sujeito; o empirismo afirma que ele vem só do objeto; como o objeto pode fornecer só a novidade e o sujeito, só a universalidade, a ciência torna-se impossível.

Ora, o conhecimento não é fruto nem do sujeito, nem do objeto, mas é a síntese da ação combinada do sujeito e do objeto: o sujeito dá a forma, o objeto a matéria; o conhecimento é o resultado de um elemento *a priori* (o sujeito), e de um elemento *a posteriori* (o objeto): os juízos que o exprimem já não são apenas analíticos ou só sintéticos, mas também sintéticos *a priori*.

A possibilidade dos juízos sintéticos *a priori* é garantia suficiente na validade da ciência, a qual recebe do objeto a extensividade e do sujeito a universalidade.

3. As descobertas de Kant

Na filosofia especulativa Kant tem a seu favor duas descobertas de fundamental importância:

— o conhecimento humano não é reprodução passiva de um objeto por parte do sujeito, mas construção ativa do objeto por parte do sujeito;

— os juízos sintéticos *a priori*.

A primeira descoberta levou Kant à negação da metafísica, isto é, do conhecimento da natureza das coisas; a segunda permitiu-lhe provar a validade da ciência.

Kant compara à revolução copernicana a mudança operada por ele na relação entre sujeito e objeto, no processo cognitivo. "Admite-se, geralmente, que todo nosso conhecimento deve conformar-se aos objetos; mas todas as tentativas de estabelecer em torno deles alguma coisa *a priori* por meio de conceitos, com os quais se pudesse ampliar o nosso conhecimento, aceitando-se tal pressuposto, não levaram a nada. Experimentemos agora se seremos mais felizes nos problemas da metafísica, aceitando a hipótese segundo a qual os objetos devem conformar-se ao nosso conhecimento: isto se harmoniza melhor com a desejada possibilidade de um conhecimento *a priori*, que estabeleça alguma coisa em relação aos objetos antes que eles se nos apresentem. Aqui sucede o mesmo que com a primeira ideia de Copérnico, que, não podendo explicar os movimentos celestes nem admitir que todo o exército dos astros rodasse em torno do espectador, julgou dever admitir que o observador gira e que os astros estão parados. Na metafísica pode-se fazer uma tentativa semelhante em relação à intuição dos objetos. Se a intuição deve conformar-se à natureza dos objetos, não vejo como se possa saber alguma coisa a respeito deles *a priori*; mas, se o objeto (enquanto objeto do sentido) se conforma à natureza da nossa faculdade intuitiva, posso muito bem representar-vos esta possibilidade".[3]

Nos Prolegomenos Kant reivindica para si a paternidade da descoberta dos juízos sintéticos *a priori*, nos seguintes termos:

"Ninguém, nem Hume, fez pesquisas sobre este tipo de juízos. Aqueles, porém, que não são capazes de pensar por si mesmos têm a sagacidade de descobrir todas as coisas (depois de lhes terem sido mostradas) nos livros escritos por outros muito tempo antes".[4]

4. O criticismo

Demonstrada a possibilidade dos juízos sintéticos *a priori*, está resolvido o problema da validade da ciência, isto é, da matemática e da física, mas ainda não o da possibilidade da metafísica. Realmente, enquanto a ciência se propõe descrever, dentro dos limites da experiência e sem se pronunciar sobre a natureza das coisas, como elas se manifestam, a metafísica pretende mostrar justamente a natureza delas. Ora, que valor tem esta pretensão da metafísica?

A sua legitimidade foi defendida pelos racionalistas e radicalmente negada pelos empiristas. Na opinião de Kant, ambos incidiram em erro porque seguiram um método dogmático, isto é, defenderam ou condenaram arbitrariamente, sem examinar Críticamente a estrutura da razão e sem procurar saber se era de sua competência conhecer as coisas em si mesmas.

Para avaliar a legitimidade da pretensão metafísica, Kant afirma que "é necessário chamar a razão ao mais grave dos seus deveres, que é o

---

[3] *Id., "Crítica da razão pura"*, B, 15-17.
[4] *Id., "Prolegômenos a toda metafísica futura"*, § 3.

conhecimento de si mesma; é necessário formar um tribunal que sustente as suas pretensões legítimas e condene as que não têm fundamento; este tribunal não pode ser outro senão a crítica da razão pura.

"Por crítica da razão pura entendo não a crítica dos livros e dos sistemas filosóficos, mas a crítica da faculdade da razão em geral, em relação a todos os conhecimentos aos quais ela pode aspirar, independentemente de toda experiência; em outras palavras, a decisão da possibilidade ou da impossibilidade da metafísica em geral".[5]

Para isso é necessário começar por um exame crítico das atividades da mente com a finalidade de descobrir o seu funcionamento e estabelecer o valor objetivo de suas atividades. As operações da mente são três: *apreensão, juízo* e *raciocínio*.

As três seções principais da *Crítica da razão pura* são dedicadas ao estudo destas operações: a *estética* estuda a apreensão; a *analítica* estuda o juízo; a *dialética* estuda o raciocínio.

Segundo Kant, para cada operação existem formas *a priori* que tornam possível o conhecimento universal sintético. As formas *a priori* que tornam possível a apreensão são o espaço e o tempo; as que tornam possível o juízo são as categorias; as que tornam possível o raciocínio são as ideias.

5. A estética transcendental: o espaço e o tempo

Para se compreender o pensamento de Kant é útil familiarizar-se logo com a distinção que ele estabelece entre transcendental e transcendente.

Por *transcendental* Kant entende a condição suprema à qual deve estar sujeito qualquer tipo de conhecimento; as condições supremas da sensação são o espaço e o tempo, e são estudadas na *estética transcendental;* as do juízo são as categorias, que são estudadas na *analítica transcendental;* as do raciocínio são as ideias, que são estudadas na *dialética transcendental.*

A noção kantiana de transcendental não se afasta muito da noção clássica e medieval, segundo a qual transcendental é aquilo que compete a qualquer ser enquanto ser, isto é, são as condições às quais deve

[5] *Id., "Crítica da razão pura",* A, 11-12.

estar sujeita qualquer coisa para existir. Para Kant, transcendental é aquilo que compete a qualquer ser enquanto conhecido, isto é, são as condições às quais deve estar sujeito qualquer objeto para ser conhecido; em outras palavras, são as formalidades incluídas em qualquer conhecimento.

Por *transcendente* Kant entende aquilo que ultrapassa toda experiência, aquilo que existe fora de toda experiência, isto é, a coisa em si, o númeno (o inteligível).

Enquanto o transcendental está incluído em toda experiência, como seu elemento formal, o transcendente está excluído de qualquer experiência Também para a filosofia clássica o transcendente é aquilo que supera, que está acima de toda experiência; mas para ela esta realidade não é a coisa em si, e sim Deus.

A primeira parte da *Crítica da razão para,* a *Estética transcendental,* tem por escopo estudar *como* são possíveis a matemática e a geometria (que são possíveis é indiscutível).

Kant parte da verificação de que a matemática e a geometria são constituídas por conhecimentos universais de caráter intuitivo; para certificar-se de que isso é possível é necessário explicar a origem de tal universalidade e de tal intuitividade. Elas nascem do fato de que a mente do homem é dotada de duas formas *a priori* que têm precisamente as características da universalidade e da intuitividade: são as formas de espaço e de tempo, que são sobrepostos a todos os conhecimentos da matemática e da geometria.

Vejamos como Kant explica este processo de superposição e como justifica a aprioridade das duas formas.

A sensação é uma intuição, isto é, consiste na percepção imediata do objeto como ele aparece, e dá-se do modo seguinte: fora existe a coisa, o objeto, que estimula os sentidos. Os sentidos externos recebem os estímulos sob a forma de espaço, de modo que toda sensação externa aparece extensa.

Os sentidos internos recebem os estímulos sob a forma de tempo, pelo que toda sensação ocupa um lugar no tempo: a síntese dos dados sensoriais (matéria) sob a forma de espaço e de tempo dá como resultado o *fenômeno*.

Kant sustenta que a intuição sensitiva é a única forma de intuição da qual o Mimem é dotado. Deus tem uma intuição intelectual, mas o homem não: a mente humana não está em contato com o objeto mediante o intelecto, mas mediante os sentidos.

Pode-se notar uma consequência importantíssima da concepção kantiana do conhecimento: ele é colocado entre dois termos, em si desconhecidos e incognoscíveis: o sujeito em si e o objeto em si. Não podemos conhecer nem o objeto nem o sujeito como eles são em si mesmos; nós os conhecemos unicamente revestidos das condições transcendentais do conhecimento. A realidade conhecida em si mesma é a única função do pensamento, independentemente do sujeito que o produz e do objeto ao qual ela se refere. Percebemos o fenômeno, isto é, a coisa em relação a nós, entrada em nós e não mais em si; a coisa em si não é cognoscível, mas só pensável, isto é, *númeno*.

Por que espaço e tempo não são produzidos pela experiência, mas são condições a priori de toda experiência?

— Qualquer sensação que se refira a alguma coisa externa pressupõe a percepção do espaço; o tempo, por sua vez, está presente em todas as intuições: não se pode apreender a coexistência e a sucessão de duas coisas sem a percepção do tempo.

— Não é possível apreender o espaço pelo processo de abstração porque ele não é uma imagem completa nem esquemática de algum objeto externo; não existe nenhum objeto no mundo exterior que se possa chamar espaço. A mesma observação vale para o tempo. Além disso, espaço e tempo são algo de ilimitado, que não pode ser abrangido em conceito. Espaço e tempo não são produtos da experiência nem conceitos.

Segue-se disso que a única possibilidade em relação ao espaço e ao tempo é considerá-los como formas *a priori*, formas da nossa mente, esquemas em si vazios, presentes em toda experiência e que se tornam perceptíveis no ato em que formam um conteúdo empírico.

"O espaço não é nada mais do que a forma de tudo o que é percebido pelo sentido externo".[6]

"O tempo não é senão a forma do sentido interno, isto é, da intuição de nós mesmos e de nossos estados internos".[7]

---

[6] *Id., ibid.*, B, 42.
[7] *Id., ibid.*, B, 49.

Estabelecidos estes princípios relativos à natureza do espaço e do tempo, Kant conclui que a matemática e a geometria são ciências porque são constituídas por proposições *universais e extensivas do nosso conhecimento*. Demonstra que a universalidade é possível provando que espaço e tempo, elementos que acompanham todas as proposições matemáticas e geométricas, são formas *a priori* e, portanto, universais.

Quanto à extensividade, Kant oferece prova indireta dela, mostrando que não é possível descobrir as proposições matemáticas e geométricas pela simples análise dos conceitos; elas requerem o uso dos sentidos, os quais somente, e não o intelecto, têm a propriedade de fornecer-nos novas informações. Entre os vários exemplos aduzidos como prova recordemos dois: sem o uso dos sentidos, isto é, só com a análise dos conceitos, não seria possível descobrir a proposição segundo a qual, em uma superfície plana, somente duas linhas retas podem cruzar-se em angulo reto em um mesmo ponto; sem o uso dos cinco dedos ou de outro artifício semelhante não é possível apreender a proposição segundo a qual sete mais cinco são doze.

6. A analítica transcendental: as categorias

Kant começa a *analítica transcendental* precisando a *distinção entre sensação e juízo*. Sensação e juízo são duas operações distintas: a primeira produz as intuições, o segundo os conceitos. Mas eles não são reparáveis. "Os conceitos sem as intuições e as intuições sem os conceitos não produzem conhecimento. (...) Os conceitos sem as intuições são vazios e as intuições sem os conceitos são cegas".[8]

Apesar dessa exigência recíproca, a distinção entre conceito e intuição, entre juízo e sensação é tal que eles não podem pôr-se em contato sem um intermediário.

Este papel compete à imaginação ou fantasia, a qual inicia a unificação das intuições associando-as; a associação é conduzida segundo quatro esquemas fundamentais: *quantidade, qualidade, relação, modalidade*.[9]

Na *analítica* Kant propõe-se a provar "como" as ciências experimentais, e especialmente a física, são válidas. O problema é o seguinte:

---

[8] *Id., ibid.*, B, 74-75
[9] Cf. *id., ibid.*, A, 121-122.

"Como é possível conhecer *a priori* que o campo da experiência, com todos os seus acontecimentos presentes e futuros, está submetido a uma necessária conformidade com a lei?".[10] Em outras palavras, como são possíveis as leis da natureza, da física?

Elas são possíveis somente se é o sujeito que as dita à natureza e se se referem não à natureza em si mesma, mas à natureza como aparece (isto é, à natureza fenomênica).

Se as leis não viessem do sujeito, mas da experiência, não poderiam ter caráter universal; por outro lado, a imposição das leis à natureza seria impossível se por natureza se entendesse o mundo das coisas em si.

Logo, o problema de como a ciência física é possível só tem uma solução: ela é possível porque o intelecto impõe as suas leis à experiência.

Segundo Kant, a atividade do intelecto não consiste em intuir, mas em refletir e em julgar; não compete ao intelecto apreender novos objetos, mas, refletindo sobre as intuições adquiridas pelos sentidos associadas pela fantasia, julgar o modo pelo qual uma propriedade pertence a determinado objeto.

Como é possível conhecer tal pertencer? Ele não é resultado da experiência porque os juízos formulados com base na experiência são sempre particulares, isto é, sintéticos *a posteriori.* O intelecto pode formar juízos universais impondo à experiência condições universalizantes: as categorias. Segundo Kant, o juízo dá-se mediante a superposição de uma ou mais categorias à associação de um predicado a um sujeito. Assim, p. ex., o juízo "os índios são caçadores" torna-se universal quando revestido da categoria da totalidade. Dir-se-á então: "*todos os* índios são caçadores".

Estabelecido que a atividade do intelecto consiste no juízo e que o juízo consiste em sobrepor à experiência condições (categorias) universalizantes, Kant pergunta-se quais e quantas são as categorias. Ele se considera em condições de estabelecer o seu número com base nos diversos tipos de juízo. Em sua opinião, existem doze espécies supremas de juízos; logo, as categorias (ou condições universalizantes do juízo) são doze, assim distribuídas: três no esquema da *quantidade* (unidade, multiplicidade, totalidade); três no esquema da *qualidade* (ser,

---

[10] Id., "*Prolegômenos a toda metafísica* futura", § 17.

não ser, limitação); três no esquema da *relação* (subtância-inerência, causalidade-dependência, comunhão-reciprocidade) e três no esquema da *modalidade* (possibilidade-impossibilidade, realidade-irrealidade, necessidade-contingência).

Ligando-se as categorias aos respectivos juízos, obtém-se o quadro seguinte:

ESQUEMAS	JUÍZOS	CATEGORIAS
No esquema da *quantidade* (amplitude do sujeito)	singulares particulares universais	unidade multiplicidade totalidade
No esquema da *qualidade* (da cópula)	afirmativos negativos indefinidos	ser não ser limitação
No esquema da *relação* (entre predicado e sujeito)	categóricos hipotéticos disjuntivos	substância-inerência causalidade-dependência comunhão-reciprocidade
No esquema da *modalidade* (da cópula)	problemáticos assertórios apodíticos	possibilidade-impossibilidade realidade-irrealidade necessidade-contingência

Cada categoria age segundo um princípio próprio; p. ex. a categoria da substância-inerência age segundo o princípio: "em qualquer mudança a substância permanece inalterada"; a categoria da causalidade-dependência age segundo o princípio: "todas as mudanças se processam segundo a lei do nexo de causalidade".

As categorias e os princípios que regulam o seu uso, especialmente o princípio de causalidade, não são produtos da experiência, mas condições *a priori* de qualquer experiência.

Contra Hume, Kant sustenta que as categorias e os princípios, sobretudo o princípio de causalidade, não são o resultado de um hábito produzido pela experiência. "Estou bem longe de afirmar que estes conceitos são produzidos pela experiência e que a necessidade que os caracteriza é apenas imaginária, uma pura ilusão produzida em nós pelo hábito. Ao contrário, demonstrei amplamente que eles têm origem *a priori*, isto é, antes de qualquer experiência, e que têm valor objetivo, embora somente dentro dos limites da experiência".[11]

Apesar de sua origem *a priori*, categorias e princípios têm valor objetivo, ou melhor, são eles que dão valor objetivo ao conhecimento, acompanhando-o sempre como condições universalizantes.

"O valor objetivo das categorias depende do fato de que, no que diz respeito à forma do pensamento, é somente por meio delas que a experiência se torna possível.

"Elas se referem necessariamente e *a priori* aos objetos da experiência, porque é somente por meio delas que qualquer objeto da experiência pode ser pensado".[12]

As categorias e os princípios aplicam-se apenas aos fenômenos e neo às coisas em si. "Se elas não se referem aos objetos da experiência mas às coisas em si mesmas *(númeno),* não têm nenhum significado. Elas servem, por assim dizer, para decifrar os fenômenos porque podemos considerá-los como parte da experiência. Os princípios aos quais elas dão origem, quando aplicadas ao mundo sensível, têm valor puramente empírico. Além do uso empírico elas se tornam combinações arbitrárias, sem realidade objetiva".[13]

As categorias, em si mesmas, não constituem conhecimento; consideradas em si mesmas, são formas vazias e incapazes de oferecer o conceito de qualquer objeto. Para darem origem ao conceito de algum objeto, precisam de alguma intuição sensível. A função delas "consiste em determinar juízos empíricas, que, de outro modo, permaneceriam indeterminados (...), e conferir-lhes validade universal".[14]

Dessa teoria sobre as categorias e sobre o seu valor Kant tira a conclusão de que *a física é válida como ciência dos fenômenos, não como ciência das coisas em si:* "Os princípios sintéticos *a priori* dizem respeito somente à experiência e, por isso, não podem ser atribuídos às coisas em si mesmas, mas só aos fenômenos enquanto objetos da experiência. Por isso a ciência da natureza só pode ter por objeto os fenômenos".[15] A

---

[11] *Id., ibid.,* § 27.
[12] *Id., "Crítica da razão pura",* B, 126.
[13] *Id., "Prolegômenos a toda metafísica futura",* § 30.
[14] *Id. Ibid.,* § 39.
[15] *Id., ibid.,* § 30.

física é ciência porque tem os dois caracteres do conhecimento científico: a universalidade e a novidade. A universalidade é devida às categorias; a novidade (ou sinteticidade ou extensividade) é devida às intuições sensíveis. Os juízos que exprimem as leis da física são juízos sintéticos *a priori*.

Até aqui Kant explicou, com as formas do espaço e do tempo, a unificação dos dados empíricas na intuição sensitiva e, com as doze categorias, a unificação dos mesmos no juízo. Ele mesmo observa, todavia, que o nosso conhecimento não se compõe de elementos separados uns dos outros, mas que é um todo unitário. Qual é a coisa que torna possível esta unificação superior? Qual outra condição transcendental é necessário postular, além das formas e das categorias? A suprema condição unificadora de toda a nossa experiência e pressuposta por qualquer experiência é o eu transcendental. De fato, que coisa liga todas as minhas representações? O fato de todas poderem referir-se a um eu. "O eu-penso deve poder acompanhar todas as minhas representações (...), uma vez que as múltiplas representações presentes em determinada intuição não seriam minhas se não pertencessem todas à minha autoconsciência. (...) De outro modo o meu *eu* seria tão vária e colorido quantas são as representações que formo".[16]

A consciência da identidade contínua do eu é definida por Kant como "apercepção transcendental". Na apercepção, o eu transcendental, como as formas *a priori* e as categorias, jamais se manifesta sozinho, mas sempre como elemento constitutivo de alguma experiência; por isso o eu transcendental, qualquer que seja ele em si, permanece incognoscível. No eu-penso o homem conhece a si mesmo não qual é, mas qual aparece. Isto é, conhece a si mesmo como conhece todos os outros objetos, como simples fenômeno.

Com tal concepção do "eu-penso", Kant tentou uma solução intermediária entre Descartes e Hume. Descartes afirmara que o eu é cognoscível imediatamente e em si mesmo; Hume sustentara que o eu é uma ideia fictícia, uma pura ilusão. Kant admite, com Descartes, a realidade do eu, mas exclui dele, com Hume, o conhecimento em si.

No fim da *analítica* Kant trata do problema da *coisa em si ou número* (ou *objeto transcendental*). Sobre a natureza do número ele deixou duas teorias sensivelmente diferentes.

---

[16] *Id.*, *"Crítica da razão pura"*, B, 131-132-134.

Na primeira edição da *Crítica da razão pura* escreve ele que o númeno é incognoscível quanto à sua natureza porque se manifesta a nós somente com as superestruturas das formas *a priori;* a sua existência, porém, é indiscutível porque sem ele não nos seria possível conhecer nem mesmo 0 fenômeno. O númeno é causa do fenômeno; por isso, se existe o fenômeno, existe também o númeno.

"Todas as nossas representações vêm na realidade do intelecto, referidas a um objeto, e como os fenômenos não são senão representações, o intelecto as refere a alguma coisa como objeto da intuição sensível, mas esta alguma coisa, enquanto tal, não é senão o objeto transcendental, que significa um simples X, do qual não sabemos nada e do qual (dada a presente constituição do nosso intelecto) absolutamente nada podemos saber, e que pode servir somente como um correlativo entre a unidade da apercepção e a unidade do múltiplo da intuição sensível, por meio da qual o intelecto unifica o múltiplo no conceito de um objeto".[17]

Ao objeto transcendental atribui-se a função de ser o substrato dos corpos materiais empiricamente concebidos.

Na segunda edição Kant escreve que o númeno não deve ser considerado como alguma coisa existente de natureza desconhecida, mas como um conceito limite *(Grenzbegriff)* que circunscreve as pretensões da sensibilidade. O númeno é aquilo que não constitui objeto de nossa intuição sensível.

7. A dialética transcendental: as ideias de alma, de mundo, de Deus

Na *dialética transcendental* Kant estuda o funcionamento da razão para determinar a possibilidade da metafísica.

A atividade da razão, segundo Kant, consiste em unificar, mediante o raciocínio, toda a experiência sob algumas ideias fundamentais. Quais são essas ideias?

O raciocínio pode ser categórico, hipotético e disjuntivo; a cada forma de raciocínio corresponde uma ideia, a qual constitui a condição transcendental de sua possibilidade. Ao silogismo categórico corresponde a ideia do sujeito completo (substancial): a alma. Ao silogismo

---

[17] *Id., ibid.*, A, 109.

hipotético corresponde a ideia da série completa das condições: o mundo. Ao silogismo disjuntivo corresponde a ideia de um conjunto perfeito de todos os conceitos possíveis: Deus.

As ideias fundamentais que unificam toda a experiência sob três pontos de vista diferentes são: *alma, mundo, Deus.*

A ideia de alma representa a totalidade da experiência em relação ao objeto; a ideia de mundo representa a mesma totalidade em relação aos objetos fenomênicos; a ideia de Deus representa a totalidade em relação a todo objeto possível, interno ou externo.

Kant extrai a existência destas três ideias das várias espécies de raciocínio da mente humana.

Ao contrário do que pensara Hume, as ideias de alma, mundo e Deus não são hábitos. Elas não nascem da experiência, uma vez que a precedem: elas são as condições *a priori* da unidade da experiência. Por isso tais ideias não são também representações das coisas em si, como pensaram Descartes e os racionalistas; elas simplesmente unem os conceitos, não as coisas. A mente humana tende naturalmente a crer que elas se refiram a coisas em si; esta crença se funda na exigência metafísica do homem, a exigência de superar os limites do conhecimento fenomênico.

Para provar o seu valor objetivo, transcendente, numênico, a razão elaborou numerosos argumentos, os quais, porém, são todos ou errôneos ou inconcludentes; são errôneos os argumentos que dizem respeito à alma e a Deus (trata-se de paralogismos); são inconcludentes os argumentos que se referem ao mundo (trata-se de antinomias).

A alma. Os argumentos com os quais a razão procura provar que a alma é uma substância, que é simples, racional etc., são silogismos que pecam contra a regra segundo a qual não se pode mudar a suposição do termo médio: são paralogismos. Vejamos, p. ex., o seguinte argumento: o que pode ser pensado somente como sujeito é uma substância; ora, o eu pensante só pode ser pensado como sujeito: logo, o eu pensante é uma substância. É claro que neste silogismo o termo "sujeito" tem significado diferente nas duas premissas: na maior ele indica o eu numênico, transcendente; na menor, indica o eu fenomênico, transcendental; logo, o silogismo é errôneo, falaz.

O mundo. Os argumentos com os quais a razão procura determinar a origem do mundo e a sua natureza são inconcludentes. De fato, existem argumentos de igual peso a favor e contra a tese da origem do mundo no tempo, de que as partes de que ele é composto sejam simples etc. Kant define esses argumentos contrastantes como *antinomias*. Segundo ele, as antinomias são quatro e correspondem aos quatro modos: *quantidade, qualidade, relação* e *modalidade*. Em forma esquemática elas aparecem assim:

Antinomia da quantidade
(limitada ou ilimitada)

Tese: o mundo teve início no tempo e é limitado no espaço.
Antítese: o mundo não tem princípio no tempo e não tem limites no espaço.

Antinomia da qualidade
(simples ou composta)

Tese: nem toda substância é composta de partes.
Antítese: não existe nada simples no mundo.

Antinomia da relação
(causalidade necessária ou livre)

Tese: além da causalidade necessária das leis naturais, existe uma causalidade livre.
Antítese: não existe liberdade; tudo acontece segundo as leis da natureza.

Antinomia da modalidade
(ser contingente ou necessário)

Tese: no mundo existe um ser absolutamente necessário, como parte ou como causa.
Antítese: nem no mundo, nem fora dele existe um ser necessário.

Argumentos inconcludentes, pois, e errôneos porque partem do falso pressuposto de que se possa afirmar ou negar alguma coisa do mundo em si mesmo; tal é precisamente o pressuposto do qual partem os racionalistas e os empiristas. Os argumentos das teses são dos racionalistas, que, julgando as formas *a priori* ideias inatas da coisa em si, consideram-se capazes de esclarecer a origem e a natureza do mundo.

Os argumentos das antíteses são dos empiristas, que em nome da experiência, não se contentam com afirmar que não é possível conhecer nada sobre a origem e sobre a natureza do mundo, mas pretendem precisar como o mundo tem certas propriedades e não outras.

Segundo Kant o empirismo é legítimo somente como crítica das presunções do racionalismo, "mas quando o empirismo se torna dogmático (...) e nega ambiciosamente tudo o que existe além dos sentidos, peca com a mesma falta de modéstia; e isto é ainda mais grave por causa dos danos que acarreta aos interesses práticos da razão".[18]

Deus. Na opinião de Kant, os argumentos com os quais a razão procura provar a existência de Deus são errôneos. Ele reduz as provas da existência de Deus a três:

— *prova ontológica:* do conceito do ser perfeitíssimo deduz-se analiticamente a sua existência;

— *prova cosmológica:* da contingência do mundo demonstra-se a existência do ser necessário;

— *prova teleológica:* da ordem existente no mundo demonstra-se a existência de Deus como mente ordenadora.

Nenhuma destas provas é válida, antes de tudo porque as duas últimas provas supõem a prova ontológica; dado que a prova ontológica não procede, também elas não procedem.

Essas provas não valem, em segundo lugar, porque a existência não é um predicado contido no conceito da essência de nenhum sujeito; ele deve ser acrescentado sinteticamente. Mas, no caso do ser absoluto, que está acima de toda experiência, este acréscimo é impossível.

Como conclusão do seu longo estudo sobre as ideias da alma, do mundo e de Deus, Kant julga ter demonstrado que elas não têm valor constitutivo, porque são formas que não podem ter um conteúdo. Elas são modelos supremos de unidade que servem de norma para a nossa mente e a impelem a procurar uma unidade sempre mais completa, uma síntese sempre mais vasta da experiência. Estas ideias representam um ideal inatingível da razão especulativa; disso resulta a exigência de transferir os problemas metafísicos da razão pura para a razão prática.

Em consequência destas pesquisas sobre as ideias fundamentais da metafísica, Kant afirma que esta disciplina, enquanto estudo da coisa em

---

[18] *Id., ibid.,* B, 499.

si (do mundo, da alma e de Deus) não é uma ciência porque, dos dois elementos necessários para a constituição de uma ciência, a universalidade e a novidade, ela tem só o primeiro.

A razão humana é dotada das ideias *a priori* de alma-mundo-Deus, mas não pode dar-lhes conteúdo porque a alma, o mundo e Deus, como coisas em si, são incognoscíveis.

A metafísica como conhecimento da coisa em si é impossível; ela é possível somente como estudo das formas *a priori* da razão.

8. A crítica da razão prática

A doutrina ética e a jurídica são expostas na *Crítica da razão prática* (1788) e nos *Fundamentos da metafísica dos costumes* (1785).

Por razão prática Kant entende a razão na função de ditar à vontade a lei moral. Como na *Crítica da razão pura*, ele parte do pressuposto de que existe uma lei moral de valor absoluto, propõe-se determinar com mais precisão qual é esta lei, como é formulada e como é possível.

Vimos que toda a *Crítica da razão para* tem como único motivo que o universal, o necessário, não procede da experiência, mas pertence ao sujeito, *a priori*, e é sobreposto à experiência pelo próprio sujeito.

A *Crítica da razão prática* abre-se com o mesmo motivo: a lei moral, como as leis da natureza, não pode ter sua origem na experiência (*prazer, utilidade ou felicidade*), mas é condição *a priori* da vontade.

A lei moral não pode vir da experiência porque, se ela viesse da experiência, seria subjetiva e particular; portanto, variável e contingente, e determinaria a vontade a agir por um fim externo a ela e não pela lei moral que ela dá a si mesma: a vontade seria heterônoma e não autônoma, como exige a moralidade da ação.

A lei moral é condição a priori da vontade. Para que a moralidade tenha valor absoluto, universal, é necessário que a vontade seja independente de todo objeto particular possível e seja determinada segundo uma lei ou forma *a priori* incondicionada. Como o conhecimento é universal e necessário não pelo conteúdo fornecido pela experiência, mas pela forma *a priori*, também a moral é universal e necessária não pela matéria da lei (pelo objeto da nossa ação), mas por uma forma *a priori*, por uma lei pura. Esta forma *a priori*, esta lei pura, é, para Kant, o *imperativo categórico:* obedece à lei pela própria lei e não por outro motivo. A obediência ao imperativo constitui a essência da moral. "O essencial de qualquer determinação da vontade por meio da lei moral é: que ela, como vontade livre e, por isso, não só sem o concurso dos impulsos sensíveis, mas também com a exclusão de todos esses impulsos, e com dano de todas as inclinações, à medida que podem ser contrárias àquela lei, seja determinada somente pela lei".[19]

Como se vê, a separação entre a ética kantiana e as outras é claríssima. Enquanto todas as outras concepções morais — com exceção da estoica — especialmente o hedonismo, o utilitarismo e o eudemonismo, se fundam num imperativo hipotético (p. ex., se queres ser feliz, bem-sucedido etc., observa esta lei), a moral de Kant funda-se num imperativo absoluto, categórico: deves obedecer sempre à lei, prescindindo de qualquer preocupação com o útil ou o prejudicial.

Por isso, enquanto as outras concepções éticas são chamadas *teleológicas*, porque têm o bem como fim supremo, a moral de Kant é chamada *deontológica*, porque seu fundamento único é o dever.

Mas, cônscio de que a norma do imperativo categórico é muito abstrata e indeterminada para constituir uma orientação válida e eficaz para a vida moral, Kant apresentou algumas fórmulas que permitem a quem age distinguir se a sua ação se conforma ao imperativo categórico ou não.

— *Fórmula baseada na universalidade da lei:* "Age de tal modo que a máxima da tua ação possa sempre valer também como princípio universal de conduta".

— *Fórmula baseada na humanidade como fim:* "Age de modo que trates a humanidade, tanto na tua pessoa como na dos outros, como fim e nunca como meio".

— *Fórmula baseada na vontade legisladora universal:* "Age de tal modo que a tua vontade possa considerar a si mesma como instituidora de uma legislação universal", isto é, age segundo máximas tais que a vontade de qualquer homem, enquanto vontade legisladora universal, posta aprová-las.

Determinadas a natureza da lei moral e a sua norma suprema, Kant verifica as condições que tornam possível a sua atuação. Para isso ele demonstra que a moral do imperativo categórico supõe três verdades,

---

[19] *Id.*, *"Crítica da razão prática"*, Bari, 1924, 87.

os chamados *postulados da razão prática:* liberdade da vontade, imortalidade da alma, a existência de Deus. Estas três grandes verdades que a *Crítica da razão pura* tinha posto em dúvida são, portanto, recuperadas pela *Crítica da razão prática,* a qual as reconhece como exigências inarredáveis da moral.

— *Liberdade.* A liberdade é a *ratio essendi,* a razão de ser, de todo o mundo moral. Já que a moral consiste em agir segundo o imperativo categórico, independentemente de motivos contingentes, é necessário que o homem seja livre e subtraído à lei da causalidade que rege 0 mundo da natureza.

— *Imortalidade.* "A vontade determinável pela lei moral tem como objetivo necessário a realização do sumo bem no mundo. Mas a condição suprema para isto é a adequação completa da intenção à lei. (...) E a adequação completa da vontade à lei moral é a santidade, perfeição esta da qual não é capaz nenhum ser racional do mundo sensível; e, no entanto, o homem não só pode, como também deve tender para este aperfeiçoamento ilimitado, para este esforço incessante pela observância exata e contínua de uma lei racional inflexível e, não obstante isso, real, como vimos; se não fosse assim, a lei moral seria negada. Mas este progresso infinito só é possível se se postula uma duração indefinida para a existência e para a personalidade do ser racional, o que se chama imortalidade da alma".[20]

— *Existência de Deus.* "Na análise precedente, a lei moral conduziu à necessidade de que o elemento primeiro do sumo bem — a moralidade — seja completo e, com isso, levou ao postulado da imortalidade. Precisamente esta lei conduz à possibilidade também do segundo elemento do sumo bem, isto é, ao pressuposto da existência de uma das causas adequadas deste efeito, à existência de Deus, como elemento necessário da possibilidade do sumo bem. (...) De fato, a felicidade é a situação de um ser racional na qual tudo corre segundo os seus desejos e a sua vontade, e se funda, por isso, na condição de que o complexo dos seus fins e o motivo determinante da sua vontade coincidam com a natureza. Ora, a lei moral ordena por motivos que devem ser totalmente independentes da natureza. (...) Não existe, portanto, na lei moral o menor fundamento de uma conexão necessária entre moralidade e felicidade

[20] *Id., ibid.,* 146-148.

proporcional a ela. Entretanto, no problema prático da razão, semelhante conexão é postulada como necessária. (...) Logo, o sumo bem é possível no mundo somente se se admite uma natureza suprema capaz de uma causalidade adequada à sua intenção moral. Mas um ser que seja capaz de agir segundo a representação da lei é uma inteligência, e a causalidade que tal ser determina mediante a representação da lei é a sua vontade. A causa suprema da natureza é, portanto, um ser que, em virtude do seu intelecto e da sua vontade, é a causa e, por isso, o autor da natureza, isto é, Deus. Logo, postular a possibilidade do sumo bem derivado (isto é, da máxima bondade do homem) significa postular ao mesmo tempo a realidade de um sumo bem originário, isto é, de Deus".[21]

Kant estabelece uma distinção precisa entre ação moral e ação legal: a conformidade com a lei constitui a legalidade das ações; a vontade de conformar-se à lei pela lei, porque é dever, constitui a sua moralidade. Só a legalidade das ações é perceptível exteriormente; somente ela pode, portanto, ser disciplinada na ordem externa. As disposições que disciplinam a legalidade das ações constituem o direito.

Este, à diferença da ética, não se interessa pelo motivo que induz a praticar a ação — se é a ideia do dever ou um impulso egoísta — e considera apenas a ação praticada.

O direito diz respeito, "em primeiro lugar, somente à ação externa, e especificamente prática, de uma pessoa em relação à outra" e considera apenas aquelas ações nas quais às obrigações de uma pessoa para com outra corresponde a faculdade de exigir o cumprimento das obrigações.[22]

O princípio do direito universal é o seguinte: "É justa toda ação que esteja de acordo com a máxima: a liberdade de cada um é compatível com a liberdade de qualquer outro, segundo uma lei universal.[23]

Como garantia do direito de cada um contra qualquer eventual violação surge naturalmente o *Estado*.

9. A Crítica do juízo

A Crítica do juízo é talvez a obra que exerceu maior influência no mundo da cultura imediatamente posterior a Kant.

---

[21] *Id., ibid.*, 149-150
[22] *Id.*, "*Fundamenti della metafisica dei costumi*", introdução.
[23] *Id., ibid.*

O seu escopo principal é estudar como são possíveis juízos estéticos universalmente válidos, mas ela tem também outro escopo, e muito importante: estabelecer uma ligação entre a razão pura e a razão prática. Vimos que a *Crítica da razão pura* concluiu que verdadeira ciência só é possível no mundo sensível, fenomênico; a *Crítica da razão prática* revelou-nos, por outro lado, a existência do mundo numênico, de um reino de liberdade, subtraído ao determinismo dos fenômenos físicos; logo, não fenomênico. Mas há uma separação entre os dois mundos, e não existe passagem de um lado para o outro.

"O conceito de natureza pode, sem dúvida, representar os seus objetos na intuição, não como coisa em si, mas como fenômeno; o conceito de liberdade pode representar o seu objeto como coisa em si, mas não na intuição; consequentemente nenhum dos dois pode oferecer um conhecimento teorético do seu objeto (nem do sujeito pensante) como coisa em si".[24]

Ao fim das duas primeiras *Críticas*, entra-se em contato, mas em contato cego, com o inteligível por meio da lei moral. O inteligível não é intuído nem visto; por outro lado, aquilo que se intui, aquilo de que se tem ciência, é apenas sensível, apenas fenômeno, não realidade em si. E, no entanto, afirma Kant, apesar da separação, o mundo inteligível deve exercer influência sobre o sensível, porque a liberdade deve poder atuar no mundo sensível. Como é isto possível?

O intermediário entre a razão, que tem apenas função prática, e o intelecto, que tem função teorética limitada ao fenômeno, é o *sentimento*, a terceira faculdade espiritual do homem, cuja atividade consiste em emitir juízos estéticos.

Que é juízo estético? É uma intuição do inteligível (do reino dos fins do Absoluto, de Deus) no sensível, não uma intuição objetiva, mas subjetiva.

O juízo estético (que Kant define como juízo reflexo) neo tem valor cognitivo, não proporciona nenhum conhecimento, nem claro nem confuso, do objeto que o provoca; não consiste num juízo sobre a perfeição do objeto e é válido independentemente dos conceitos e das sensações produzidos pelo objeto.

---

[24] *Id.*, "*Crítica do juízo*", XVIII.

O juízo estético brota do sujeito: ele se funda no sentimento, a sentimento do prazer e do belo, "daquilo que é reconhecido sem conceito como objeto de um prazer necessário (desinteressado)".

O que distingue o prazer estético do prazer sensível é a necessidade que acompanha o primeiro. Pois enquanto o prazer sensível é individual e empírico. condicionado pela constituição fisiológica do sujeito e pela existência singular do objeto, o prazer estético aspira a um caráter de necessidade e universalidade. O problema central da *Crítica do juízo* consiste precisamente em avaliar como é possível um juízo de gosto que seja objetivamente válido e *a priori* e, por isso, necessário.

A razão da diferença entre o prazer sensível e o prazer estético deve ser procurada no modo pelo qual as atividades cognitivas da imaginação e do intelecto se acham empenhadas na experiência estética. No juízo estético há unificação dos dados sensíveis, mas não conhecimento, porque tal unificação não é determinada por nenhuma categoria. Se assim fosse, se se verificasse a presença das categorias, a síntese estética não se distinguiria da síntese cognitiva, mas elas se distinguem, porque é o tempo da livre produtividade da imaginação. O intelecto exerce função de freio da imaginação para que a liberdade não descambe em arbítrio.

Não é o conteúdo da imaginação que é submetido às categorias do intelecto (o que daria uma síntese lógica), mas a própria faculdade da imaginação, de modo que a forma da representação não é envolvida. Ela permanece estranha ao acordo do intelecto com a imaginação. A unidade da forma não é referida ao objeto, mas ao sujeito. Desta relação interna com as faculdades cognitivas nasce o seu acordo e o sentimento do prazer, o qual tem o caráter da universalidade e da necessidade.

10. A crítica da religião

Para o pensamento antigo e o medieval a religião fazia parte integrante da visão da realidade. Esta compreendia, além da esfera sensível, imediatamente perceptível aos sentidos e à razão, também uma esfera superior, sobrenatural, espiritual, que servia de apoio à primeira e era considerada facilmente acessível às faculdades espirituais da alma.

Na Época Moderna, em consequência da secularização (afirmação, por parte do homem, de sua autonomia em relação ao sagrado e ao sobrenatural) e da atitude crítica assumida pela filosofia em relação à autoridade e à tradição (especialmente no iluminismo), a religião deixou de ser um elemento essencial da visão global da realidade e começou a tornar-se algo de supérfluo ou, pelo menos, de problemático. É neste contexto que Kant amadurece seu pensamento em relação à religião. Ele recebera uma rígida formação religiosa na seita evangélica dos pietistas, seita na qual permaneceu por toda a vida, observando com zelo suas severas prescrições. Mas, no plano especulativo, aplicou com extrema coerência também ao campo religioso os limites prescritos na *Crítica da razão para* ao poder da razão teorética. Esta, segundo Kant, permanece inexoravelmente presa dentro do mundo fenomênico: ela nada pode diante do mundo *numênico* (alma, mundo e Deus). A esfera religiosa permanece, portanto, inacessível à razão pura, que não pode nem negá-la nem afirmá-la. Mas o que é subtraído à razão pura torna-se, segundo Kant, objeto da razão prática e do sentimento estético. Ele mostra tanto na *Crítica da razão prática* como na *Crítica do juízo*, que a existência de um "sumo bem" (Deus) é exigida pela observância da lei moral: "Apenas começaram os homens a refletir sobre o justo e o injusto... este juízo teve de intervir: jamais se poderá ser indiferente com um homem que se tenha conduzido reta ou falsamente, ou tenha sido justo ou prepotente, pois até o fim de sua vida não ficará sem receber, pelo menos visivelmente, recompensa pelas suas virtudes ou castigo pelas suas faltas".[25] Deve, pois, existir um justo Remunerador para tudo o que o homem fez na vida presente. É a célebre *prova moral*, que, já presente em alguns autores medievais, é retomada e desenvolvida por Kant em conformidade com as exigências do seu sistema filosófico.

O tema religioso, que já aparecera nas três *Críticas*, é retomado em uma de suas últimas obras, A *religião dentro dos limites da para razão* (1793), na qual estuda as relações do homem (da sociedade, do mundo) com Deus.

O problema religioso tanto em Kant como em Pascal surge em decorrência do mal que se observa na sociedade (injustiças, egoísmo, ódio, vingança, orgulho etc.). O mal, porém, levanta o problema religioso não porque, para explicá-lo, seja necessário postular um supremo princípio mau fora do mundo, como pensavam os maniqueus, mas porque, segundo Kant, o mal tem sua origem no próprio homem e não

---

[25] *Id., ibid.*, 83.

fora dele. Em sua opinião, o mal põe o problema religioso porque é somente com a intervenção de Deus que o homem pode superar o *mal original* que o aflige.

Segundo Kant, "o homem tem em si originariamente um estímulo para todos os vícios", isto é, tem "a tendência radical para o mal", mas a razão o impele na direção oposta, que ele, todavia, por causa de sua finitude, não está em condições de seguir. É somente com o auxílio de Deus que o homem pode sair do mal em que se encontra, em decorrência de sua natureza finita e egoísta. "O estado de natureza é um estado de incessante hostilidade ao princípio bom, que se encontra em cada homem, por parte do princípio mau, que se encontra também em todos os homens, os quais corrompem reciprocamente as suas disposições morais e — não obstante a boa-vontade de cada um, na falta de um princípio que os una —, precisamente como se fossem instrumentos do mal, se afastam, por causa de sua discórdia, do bem, seu fim comum, e se colocam mutuamente no perigo de recaírem sob o domínio do princípio mau... O estado de natureza é um estado de mútua hostilidade pública aos princípios da virtude e um estado de desregramento interior, do qual o homem natural deve procurar sair o mais depressa possível. Ora, este é um dever de uma espécie particular, isto é, não dos homens para com os homens, mas do gênero humano para consigo mesmo. Toda espécie de seres racionais é, de fato, destinada objetivamente, na ideia da razão, a um fim comum, isto é, à promoção do bem supremo como bem comum a todos. Contudo, considerando-se que o sumo bem ético não pode ser produzido pelo esforço de uma só pessoa para o seu exclusivo aperfeiçoamento moral, mas que exige a reunião de todos no Todo para tenderem precisamente para o mesmo fim e formarem um sistema de homens bem-intencionados, em que, com a sua unidade somente, pode ser atuado o bem supremo; considerando-se, por outro lado, que a ideia deste Todo, como uma república universal regida pelas leis da virtude, é uma ideia completamente diferente de todas as leis morais (as quais se referem a coisas que sabemos estarem em nosso poder), em outras palavras, que ela é a ideia do que deve ser feito para se obter um todo do qual não nos é possível saber se ele, como tal, está também em nosso poder: considerando-se tudo isso, temos aqui um dever que, pela sua natureza e pelo seu princípio, se distingue de todos os outros. Já se prevê que este dever exigirá a suposição de outra ideia, isto é, da ideia de um ser moral superior, em cuja ação geral as forças dos indivíduos, em si insuficientes, são reunidas para um efeito comum.[26] De fato, "só pode ser concebido como legislador de uma comunidade ética aquele a respeito do qual é necessário que todos os verdadeiros deveres e, por isso, também os deveres morais sejam representados como mandamentos seus; em consequência disso, é necessário que haja um perscrutados dos corações que descubra também as intenções Intimas de cada um e que, como deve ser em toda comunidade, faça com que a cada um seja retribuído de acordo com o mérito de suas obras. Este é o conceito de Deus como senhor moral do mundo. Uma comunidade ética só é concebível, portanto, como um povo submisso aos mandamentos divinos, isto é, como um *povo de Deus,* regido verdadeiramente pelas leis virtuosas".[27]

Fundar um povo moral, uma comunidade ética, é, portanto, uma obra cuja execução não se pode esperar dos homens, mas só de Deus. A comunidade ética identifica-se com aquela comunidade espiritual que se chama *igreja. A* comunidade visível é a reunião efetiva dos homens em um todo que tem como seu supremo legislador o próprio Deus. *A* Verdadeira igreja visível é aquela que representa o reino moral de Deus na Terra à medida que ele possa ser constituído pelos homens".[28] As propriedades essenciais e características da verdadeira igreja, segundo Kant, são: *universalidade* (união de todos os homens numa só comunidade, sem divisões em seitas), *pureza* (das motivações), *liberdade* (de iniciativa de seus membros), *imutabilidade* (de sua constituição).

Historicamente, segundo Kant, a fundação da igreja é obra de Jesus Cristo, mas a verdadeira igreja não pode ser identificada com nenhuma sociedade jurídica e clerical. Os seus membros são todos os que vivem segundo os ditames da lei moral.

Na última parte de A *religião dentro dos limites da razão para,* Kant desenvolve algumas considerações importantes sobre a oração e o culto.

Defende a importância da oração, não como pedido de graças terrenas (pedido que, para ele, é imoral), mas como invocação para que

---

[26] *Id., "La religione entro i limiti della sola ragione,* Parma, 1967, 187-188.
[27] *Id., ibid.,* 189-190.
[28] *Id., ibid.,* 192.

"se faça a vontade de Deus" e para se obter que o agir seja conforme à sua lei.

Idêntica é a sua posição no que se refere ao culto. Não corresponde à verdade — como afirmou um ou outro estudioso — que ele rejeita toda forma de culto; o que ele sustenta é que, dada a fraqueza humana, se se der muita importância ao culto externo, o homem poderá facilmente ser induzido a contentar-se com este meio "mais fácil" e deixar de preocupar-se com tornar melhor o seu comportamento, obra "mais difícil", a fim de tornar-se agradável a Deus. Insiste por isso em dizer que é necessário mostrar e repetir que o culto é somente o veículo da intenção e que é puramente farisaico quando não exprime aquela conversão interior, aquela moralidade de vida que não pode separar-se da *verdadeira religião*.

Como dissemos no começo do capítulo, a interpretação puramente racionalista do fenômeno religioso, inclusive dos aspectos de origem cristã, elaborada por Kant em A *religião nos limites da ratão pura*, provocou ásperas polêmicas e fez chover sobre o autor duras críticas, acompanhadas da ameaça de severas sanções da parte do rei da Prússia. Mas isto não impediu que as doutrinas de Kant, especialmente a transferência da religião da esfera da razão para a da vontade e do sentimento e a eliminação de todos os aspectos sobrenaturais do cristianismo, se tornassem a base de toda a especulação religiosa do século XIX. Entre os teólogos, poucos resistirão à tentação de submeter o Evangelho ao crivo da razão; entre os filósofos, muitos tentarão salvar a religião pelas vias do sentimento e da vontade.

11. A filosofia da história

A filosofia da História teve um primeiro grande mestre em Vico, cujos ensinamentos tiveram, contudo, pouquíssima ressonância. No tempo de Kant, este ramo do saber ainda era terreno inexplorado, ou melhor, intencionalmente ignorado, em especial pelo iluminismo, que não nutria nenhuma simpatia pela História. Kant trouxe novamente esta disciplina para o centro de interesse dos filósofos.

O seu apreço pela História é uma consequência do criticismo. Negada à experiência humana a capacidade de atingir os valores metafísicos absolutos, negada ao homem a medida do ser, tornava-se natural chegar gradativamente a repropor o homem como medida de todas as coisas e a não admitir nenhum problema mais radical do que o da História humana.

Em duas obras, *Pela paz perpétua* e *O fim de todas as coisas*, Kant distingue na História, como na realidade, dois aspectos, o numênico e o fenomênico, e diz que somente o segundo é acessível à inteligência humana.

O princípio propulsor da História, segundo o filósofo de Konigsberg, é o ideal de liberdade, de acordo com o que foi demonstrado na *Crítica da razão prática:* o valor supremo do homem é a autonomia da vontade.

A liberdade não é algo de originário, mas é conquistada mediante uma luta contínua contra o determinismo da natureza, e nunca é totalmente atingida. O progressivo desenvolvimento em direção ao ideal de liberdade não pode ser separado do complexo dos impulsos ligados ao determinismo natural do mundo fenomênico. É somente na sociedade, isto é, na unidade dos homens que governam a própria liberdade em conformidade com a lei, que os impulsos inferiores podem ser subordinados ao pleno desenvolvimento da liberdade e, com isso, da verdadeira humanidade

O desenvolvimento da civilização implica duas condições essenciais: uma *negativa,* a disciplina das tendências animais por meio de diversas habilidades; a outra *positiva,* a sociedade civil, estabelecida pela natureza para opor uma ordem legal às infrações recíprocas da liberdade e oferecer a possibilidade do máximo desenvolvimento às disposições naturais. Isto implica uma autoridade disciplinar. E aqui Kant põe em relevo a antinomia fundamental implícita no conceito de uma vontade que é autônoma porque é livre, mas que, para conviver na sociedade, exige a autoridade; a antinomia é insolúvel. Mas isto não o impede de acreditar no progresso, um progresso cuja meta é a afirmação ilimitada da liberdade e a superação de todos os conflitos. "Agora eu afirmo que, mesmo não tendo o espírito de vidente, posso predizer progresso em direção ao melhor, excluindo que este progresso possa conhecer substanciais perigos de involução. (...) Aos poucos diminuirá a violência da parte dos poderosos e aumentará a obediência à lei. (...) No que se refere ao maior obstáculo à moralidade, isto é, à guerra, os homens se verão constrangidos primeiro a torná-la aos poucos mais humana, depois mais rara e, finalmente, enquanto guerra de opressão, a fazê-la desaparecer totalmente".

O instrumento indispensável para a "realização de uma sociedade universal que viva segundo o direito" é a organização política mundial. Como a insaciabilidade do homem exige para o controle dos impulsos egoístas, a existência do Estado, também a insaciabilidade dos Estados, que se exprime pelo antagonismo e que desemboca na guerra, exige a constituição de uma sociedade política internacional. Condição essencial para, a sua realização é que se passe de um estado de civilização externa para um estado de civilização fundado nos valores morais. Sem o fundamento moral, qualquer bem, mesmo o da civilização, não passa de aparência. É impossível, no entanto, notar quando há progresso histórico no plano moral, uma vez que a vida moral pertence ao mundo *numênico*, o qual, em si, é incognoscível; mas é possível verificar o progresso da legalidade, isto é, da organização política da vida social, a qual é formada por atos que pertencem ao mundo fenomênico e que formem o dado empírico do qual é constituída a História.

12. Algumas observações sobre a filosofia de Kant

Kant é um dos maiores pensadores de todos os tempos e o maior da Idade Moderna; com ele a filosofia dos séculos XIX e XX firmou-se decisivamente. A genialidade e a novidade do seu pensamento consistem, acima de tudo, na tentativa de sair da estagnação do racionalismo e do empirismo, negando a pura passividade do conhecimento (empirismo) e a única e exclusiva atividade do mesmo (racionalismo) e afirmando a sua composição sintética de atividade do sujeito e de dados empíricas. Consistem também no reconhecimento da importância da razão prática e das faculdades instintivas, revalorizadas assim depois do iluminismo, e ainda na tentativa de efetuar uma elaboração sistemática de uma teoria da arte e de constituir uma doutrina moral, baseando-a não em fatores extrínsecos, mas exclusivamente no valor absoluto da lei interior.

Mas, apesar de sua genialidade, algumas doutrinas de Kant suscitam perplexidade. As mais evidentes dizem respeito à *Crítica da razão para*.

a) O princípio fundamental da epistemologia kantiana, segundo o qual tudo o que vem da experiência tem valor puramente empírico, parece falso e contrário ao testemunho imediato de nossa consciência, que atribui aos conceitos tirados da experiência valor universal. Para explicar a universalidade do conhecer, Kant elaborou a doutrina dos juízos sintéticos *a priori*, sendo que a doutrina aristotélica da abstração está em condições de explicar como os conceitos abstraídos da experiência têm valor não só empírico, mas também universal. Ignorando a doutrina da abstração, em vez de entender a universalização dos conceitos como eliminação dos elementos particulares, ele a entendeu como imposição de uma forma universal aos elementos empíricos, particulares.

As consequências são graves; de fato, enquanto a doutrina de Aristóteles preserva a objetividade do conhecimento, a de Kant conduz à subjetividade do conhecer, por causa da sobreposição do sujeito ao objeto e do redimensionamento deste em conformidade com aquele. Esta concepção da atividade cognitiva leva à absorção do ser no pensamento, à resolução da metafísica na gnosiologia, abrindo o caminho para o idealismo.

b) A distinção entre fenômeno e número como distinção entre aparência e coisa é, em si, insustentável. Ela se funda na aplicação da categoria da causalidade também à coisa em si. Ora, esta aplicação está em aberta contradição com o princípio fundamental da gnosiologia kantiana, segundo o qual as categorias se aplicam só aos fenômenos. Para evitar a contradição, o próprio Kant (na segunda edição da *Crítica da razão pura*) e, depois dele, os idealistas negaram objetividade à coisa em si. Kant não conseguiu, porém, eliminar totalmente a contradição. De fato, excluindo toda afirmação sobre a realidade em si, sobre o número, a própria doutrina kantiana constitui um complexo de afirmações sobre a realidade em si, sobre o número.

c) Não é verdade, como sustenta Kant, que o homem seja dotado só de intuição sensitiva. Pelo menos em um caso somos dotados também de intuição intelectiva: quando conhecemos a nós mesmos. Além disso, quanto às possibilidades da intuição sensitiva, deve-se observar que pretender que o conhecimento da matemática e da geometria seja devido somente a tal intuição parece absurdo. Finalmente, a doutrina segundo a qual a matemática e a física são absolutamente válidas é considerada hoje cientificamente discutível. Não se pode usar o sucesso e o insucesso como critérios da verdade[29].

Também na *Crítica da razão prática* não faltam pontos discutíveis.

Reconhecemos a Kant o mérito de ter sabido valorizar as faculdades práticas do homem. Devemos observar, todavia, que neste ponto ele não

---

[29] Cf. Boutroux, C., *L'idea di legge naturale nella scienza e nelld filosofia contemporanea*, Florença, 1967.

conseguiu evitar certo exagero. De fato, ele não se contenta com mostrar a importância das faculdades práticas, mas transfere para ela uma parte, ou melhor, a parte mais preciosa do patrimônio especulativo, diminuindo assim a razão especulativa na sua função mais nobre. A posição kantiana encontrará, no século XIX, numerosos seguidores entre os pragmatistas e os voluntaristas românticos.

Outra observação diz respeito ao formalismo moral (expresso pelo imperativo categórico). Ele se funda na doutrina segundo a qual a lei moral não poderia ter caráter universal se fosse determinada pelo objeto e não pelo sujeito. Isto seria verdade se somente um objeto sensível, um bem empírico, um bem particular, pudesse ser matéria da vontade; mas, negada a identificação kantiana de matéria da vontade com o objeto sensível, cai por terra também a doutrina do formalismo moral.

Convém, além disso, observar que nós agimos sempre por um motivo e não por causa do imperativo categórico, como bem mostra Bergson.[30]

Por outro lado, o próprio Kant é obrigado a reconhecer que a sua moral exige ações tais que "até hoje o mundo talvez não ofereceu delas nenhum exemplo".[31]

Finalmente uma moral formal como a de Kant é totalmente insuficiente porque não abrange aquelas ações que constituem a aristocracia da moralidade; muitas ações, a maior parte, aliás, daquelas que por todos são reconhecidas como boas e até ótimas, não podem ser tomadas como norma de comportamento universal e não podem ser expressas como imperativos universais, por exemplo, a pobreza voluntária, a virgindade, o martírio etc.

Concluindo, muito teríamos para dizer a respeito da autonomia como caráter essencial da lei moral. Contentemo-nos com observar que ela conduz ao desdobramento do sujeito em legislador e súdito, desdobramento que compromete inexoravelmente a obrigatoriedade da lei. De fato, que caráter de absolutismo pode apresentar a ordem que eu dou a mim mesmo?

Por todas estas razões (e também por outras), mesmo diante de um sistema tão vasto, tão genial e tão estimulante como o de Kant é possível nutrir dúvidas.

---

[30] Cf. Bergson, H., *Le due fonti della morale e della religione*, Milão, 1966.
[31] Kant, E., *Fundamenti della metafisica dei costumi*, Florença, 1925, 59.

BIBLIOGRAFIA

Guzzo, A., *Kant precritico,* Turim, 1924; Carabellese, P., *La filosofia di Kant,* Florença, 1927; Banfi, A., *La filosofia Crítica di Kanti* Milão, 1955; Pellegrino, U., *L'ultimo Kant,* Milão, 1957; Lamanna, P., *Kant,* Milão, 1965, 2ª ed.; Santinello, G., *Metafisica e Crítica in Kant,* Bolonha, 1965; Vanni Rovighi, S., *Introduzione alio studio di Kant,* Bréscia, 1968; Lamanna, P., *Studi sul pensieró morale e politico di Kant,* Florença, 1968; Pareyson L., *L'estetica di Kant,* Milão, 1968; Lugarini, C., *La Logica transcendentale di Kánt,* Milão, 1950; Delbos, V., *La phdosethie pratique de Kant,* Paris, 1905; Caird, E., *The criitcal philosophy of I. Kant,* Londres, 1909; 2 v.; Cohen, H., *Kommentar ou Kants Kritik der reinen Vernunft* Leipzig, 1917, 2ª ed.; Cassirer, E., *Kansas Leben und Lebre,* Berlim, 1918; England, F. S., *Kant's conception of God,* Londres, 1929; Heidegger, M., *Kant und das Problem der Metaphysik,* Bonn, 1929; Smith, N. K., *A commentary te Kant's critique of pare reason,* Londres, 1953; 3ª ed.; Ross, D., *Kant's ethical theory,* Oxford, 1954; Vuillemin, J., *Physique et métapLysique kantiennes* Paris 1955; Lacroix, J., *Kant et le kantismé,* Paris, 1966; Locastro, A., *El criticismó kantiano,* Nápoles, 1969; Lamacchia, A., *La filosofia deita religione in Kant,* Bari, 1969; Lambertino, A., *Il rigorismo ético in Kant,* Parma, 1970, 2ª ed.; Travaglia, S., *Metafisica ei ática in Kant. Dagli scritti preaitici alia Crítica deita ragion para,* Pádua, 1972; Goldmann, L., *Introduzione Kant,* Milão, 1972.

TEMAS PARA PESQUISAS E EXERCÍCIOS

1. A época moderna registra uma reviravolta da filosofia em sentido humanístico e naturalístico. Quais foram as razões sociais, políticas, econômicas, culturais, religiosas que determinaram esta mudança?

2. A Reforma protestante e a Contrarreforma católica, além de acontecimentos políticos e religiosos, são também importantes acontecimentos culturais. Por quê? Quais são as respectivas doutrinas sobre Deus, o homem, o pecado, a salvação, a Igreja, os sacramentos? Quais são os motivos pelos quais a Reforma protestante, embora representando uma concepção pessimista do homem (inegavelmente muito mais pessimista do que a católica), figura na História como um movimento de libertação?

3. O progresso científico, que constitui uma das maiores glórias da Idade Moderna, andou sempre ao lado do estudo do método mais apropriado. Deste se ocuparam Galileu, Bacon, Descartes, Spinoza, Pascal, Vico, Hume, Leibniz e Kant. Em que pontos se assemelham e diferem os métodos destes autores?

4. Para o desenvolvimento da ciência é necessário, além de um bom método, também um critério seguro da verdade. Quais são os critérios da verdade propostas por Descartes, Leibniz e Vico?

5. Descartes marca o inicio de uma nova posição filosófica: posição gnosiológica e neo metafísica. Que coisa o levou a pôr como fundamento da pesquisa filosófica o conhecimento e não o ser (como vinha sendo feito desde Parmênides, Platão, Aristóteles até Avicena, santo Tomás e Duns Scot)? Que consequências comporta uma colocação gnosiológica da filosofia? Por que ela levou logicamente primeiro ao idealismo subjetivo (Berkeley), depois ao idealismo transcendental (Kant) e, finalmente, ao idealismo absoluto (Hegel)?

6. Quais são as teses fundamentais do racionalismo e do empirismo? Que valor dão ao conhecimento sensitivo e ao conhecimento racional, de um lado, os dois maiores representantes do racionalismo, Descartes e Spinoza, e do outro, os dois maiores representantes do empirismo, Locke e Hume?

7. Que valor dão ao principio de causalidade Descartes, Hume, Leibniz e Kant? Qual a diferença entre o principio de causalidade e o principio de razão suficiente?

8. Para a maior parte dos filósofos modernos o homem continua a ser o que era para os filósofos gregos e medievais, isto é, essencialmente alma. Esta concepção põe o problema das relações entre alma e corpo. Que solução deram a este problema Descartes, Spinoza, Malebranche, Leibniz e Kant?

9. Inicia-se com Hobbes, na Idade Moderna, a discussão do problema da origem do Estado. Em que consiste este problema? Como foi de resolvido por Hobbes, Spinoza, Locke, Rousseau e Kant? Qual é a melhor constituição política, segundo estes autores?

10. O objetivo principal da filosofia de Spinoza é a libertação do homem da escravidão das paixões. Que coisa entende Spinoza por "paixão"? Quais são as paixões mais importantes? Segundo Spinoza, a libertação das paixões é obtida mediante o amor intelectual a Deus. Por quê? Qual é a situação do homem perante Deus, segundo Spinoza? Que diferença existe, neste ponto, entre a concepção de Spinoza e, p. ex., a de Pascal?

11. Na Idade Moderna o problema religioso está constantemente presente. Como o colocaram e o resolveram Descartes, Spinoza, Pascal, Leibniz e Kant? Quais são suas respectivas provas da existência de Deus? Que valor atribuem eles à prova ontológica?

12. Dois importantes aspectos do problema religioso referem-se às relações entre política e religião. Como foi estudado e resolvido o problema das relações entre ciência D fé respectivamente por Lutero, Galileu, Descartes, Pascal e Kant? Como foram entendidas as relações entre política e religião por Lutero, Hobbes, Lucke, Rousseau e Kant?

13. O problema do mal que tanto preocupara alguns pensadores medievais (Agostinho, Boécio, Anselmo, Tomás), é menos sentido na Idade Moderna, mas neo omitido. Interessam-se por ele especialmente Pascal, Spinoza, Leibniz, Volteire e Kant. Como o resolvem estes autores?

14. Na Idade Moderna, paralelamente com o progresso econômico e social, cresce também o número de escolas (em todos os níveis, do elementar ao acadêmico), e assim adquire sempre maior importância o problema pedagógico. Quais são os autores que se interessaram mais por este problema? Quais são as soluções apresentadas por Rousseau?

15. Vico propõe-se fornecer uma explicação científica da História. Quais são os princípios fundamentais de sua teoria?

16. O iluminismo representa uma etapa decisiva no processo de secularização, (isto é, de proclamação da autonomia do homem em relação a Deus, ao sobrenatural, à religião, à Igreja). Quais são os setores aos quais o iluminismo aplicou o principio da secularização?

17. Kant escreveu três *Críticas*. Qual é seu objetivo em cada uma delas?

18. Por que, com a teoria dos *juízos sintéticos a priori*, Kant pensa ter resolvido o problema da ciência?

19. O problema religioso está presente nas obras mais importantes de Kant sendo resolvido de modo negativo na *Crítica da razão pura* e de modo positivo nas outras obras. Por quê? Em que coisa fundamenta Kant sua prova da existência de Deus?

20. Quais são os fundamentos da moral segundo Descartes, Spinoza, Hume e Kant?

Índice analítico sistemático dos termos mais importantes

(Os números remetem às páginas do texto)

Alma:

Zabarella: mortal 11; Bernardino Telésio: a. *superaddita:* forma criada por Deus no momento da concepção. Não é sujeito da vida psíquica, mas da graça sobrenatural 21; Giordano Bruno: a. do mundo: princípio ativo do mundo, imanente, imutável e infinita 23; T. Campanela: a a. é ativa 49, Lutero: a a. tem necessidade só da palavra de Deus 32; Descartes: a a. é constituída pela *res cogitans* 71, a natureza da a. é imortal 71, faculdades da a.: sensação, imaginação ou fantasia, razão 72; Hobbes: a a. é imaterial 98; Leibniz: a a. é formada por mônadas (q. v.) 133, relações entre a. e corpo 132, a a. e o corpo são imortais 133, distinção entre a. e espírito 133; Kant: os argumentos com os quais a razão prova a existência da. a. são silogismos errôneos 184, a a. não é uma substancia pensante: isto é uma ilusão 184.

Analítica transcendental:

Kant: a segunda parte da *Crítica da razão pura* que tem por escopo estudar as condições supremas do juízo isto é, as categorias (q. v.) 177, distinção entre sensação e juízo 179.

Analogia:

Caetano: caráter analógico da linguagem religiosa 45, mediante a a. fica salvaguardada a capacidade da razão humana de falar de Deus e também a transcendência divina 45, a. de proporcionalidade 45.

Antinomia:

Kant: argumento contrastante e inconcludente no qual se cai quando se quer considerar o mundo como objeto de conhecimento, as a. são quatro e compõem-se de tese e antítese 184.

Aristotelismo:

corrente filosófica renascentista que segue a doutrina de Aristóteles; Campanella: crítica do a. 49.

Atributo:

Spinoza: aquilo que a mente percebe na substancia como constitutivo da sua essência 86.

Categorias:

Kant: as condições *a priori* mediante as quais o intelecto reflete e julga. São doze e dividem-se em quatro esquemas: quantidade (unidade, multiplicidade, totalidade); qualidade (ser, não ser limitação) relação (substância-inerência, causalidade-dependência, comunhão-reciprocidade); modalidade (possibilidade-impossibilidade, realidade-irrealidade, necessidade-contingência) 181, as c. aplicam-se somente aos fenômenos 181.

Causa e efeito:

Hume: a redação entre c. e e. não pode ser conhecida *a priori* 116, a relação de causalidade nasce da experiência 116, natureza e valor da relação entre c. e e. 117-118, definição de c. 118.

Ciência:

as descobertas científicas do século XV determinam uma mudança de interesses no homem da Renascença 10, progresso da c. 11, autonomia da c. em relação à filosofia e à teologia na Idade Moderna 52, o mérito desta autonomia deve ser atribuído a Bacon e Galileu 52; BACON: natureza da pesquisa científica 54, divisão da c. em três grupos 54, o fim da c. é prático 54 o objeto da c. é a causa das coisas naturais; GALILEU GALILEI: afirmação da autonomia da c. 58, especificação do objeto e do fim da c. 58, distinção entre filosofia, c. e religião por causa dos respectivos objetos e métodos 58, o instrumento da c. é a experiência, não o raciocínio, a lógica ou a dilática 58, limites da c.: da pode apreender só algumas qualidades das coisas, não a essência 59; BERKELEY: a c. estuda as leis da natureza, isto é, as regras fixas mediante as quais Deus produz em nós as ideias dos sentidos 110; KANT: a concepção racionalista e empirista da c. é errônea 174, a c. é constituída de juízos sintéticos *a priori* 174.

Cogito ergo sum:

DESCARTES: é o fundamento da filosofia e o principia absolutamente verdadeiro e inegável sobre o qual se funda o conhecimento 69, o *c. e. s.* não é uma demonstração, mas uma intuição 69, não critério de verdade, mas ilustração do critério da verdade 70, o *c. e. s.* e o *si fallor* de Agostinho 70.

Conhecimento:

BERNARDINO TELÉSIO: o c. é apenas sensação (v. sensimo) 22; GIORDANO BRUNO: c. de Deus: c. filosófico e religião 24; TOMMASO CAMPANELLA: o c. de si mesmo é imediato (v. *sensus innatus* e *inditus*) 49, o c. é *abstrato* 49; DESCARTES: verificação do valor do c. humano 62, a pesquisa filosófica deve começar não pelo estudo das coisas, mas pelo da mente humana 64, o estudo do c. não é o primeiro, existe outro o do método para este estudo 65, clareza e distinção como critério supremo na verdade 67, a dúvida é o método para se descobrir a verdade 69, *cogito ergo sum* (v.); Spinoza: o c. só pode ser adequado ou inadequado 91, o c. da razão e da intuição é sempre verdadeiro 91; HOBBES:

o c. tem como fundamento a sensação 99; LOCKE: o c. humano começa pela experiência sensível e é condicionado por da 103; as fases do processo cognitivo: intuição, síntese, análise e comparação 103-104, o c. humano não atinge a essência das coisas, mas somente a sua existência 105, é possível o c. de Deus e do mundo 105; BERKELEY: o c. dos outros espíritos e de Deus é mediato e indireto 109, é possível o c. da existência dos espíritos (eu outros e Deus), mas não o de sua natureza 109, *noção:* c. do espírito 109; HUME: a única fonte de c. é a experiência 112 distinção entre impressões e ideias, dados últimos do c., e suas redações 113; LEIBNIZ: as faculdades cognitivas do homem são: sentido, memória e razão 134, principia de razão suficiente (v.) 134; VICO: princípio fundamental do c.: *verum est factum* (v.) 141, distinção entre certeza e verdade 142, os três aspectos do c.: teologia, matemática e física 142, crítica ao *cogito ergo sum* de Descartes 142; KANT: o c. não é fruto nem do sujeito nem do objeto, mas síntese da ação combinada do sujeito e do objeto: os juízos que o exprimem são sintéticos *a priori* 174, o c. situa-se entre dois termos desconhecidos e incognoscíveis: o sujeito em si e o objeto em si 178.

Contrarreforma (Reforma católica):

precursores e motivos inspiradores 43, os pensadores da C.: Caetano 44, Vitória 45 Suarez 47, Campanella 48; Concílio de Trento 43.

Determinismo:

SPINOZA: negação do livre-arbítrio e afirmação de que todas as coisas são determinadas por Deus, que é a sua causa imanente 95.

Deus:

DESCARTES: provas da existência de D.: método indutivo e ontológico 73, D. é perfeitíssimo, livre, criador das verdades eternas 74; PASCAL: provas da existência de Deus segundo o cálculo das probabilidades 82; SPINOZA: D., ser absolutamente infinito, isto é, substância constituída de infinitos atributos 86 natureza de D. 87, D. e a natureza identificam-se 88 D. é infinito, único, livre inegável, eterno 88, os atributos de D. são infinitos, mas dois deles são acessíveis ao intelecto humano: pensamento e extensão 89; BERKELEY: a existência de D. é mais evidente do que a dos homens 109; HUME: a existência de D. não é demonstrável porque excede o dado sensível 122; LEIBNIZ: D. é o único ser que tem o privilégio de existir, se é possível 135, D. dá origem ao mundo mediante fulguração 135; VICO: a ação de D. na História e constante 149; KANT: as provas ontológica, cosmológica e teleológica da existência de D. não são válidas 185; D., senhor moral do mundo 193.

Dialética transcendental:

KANT: a terceira parte da *Crítica da razão pura*, que tem por escopo estudar as condições supremas do raciocínio, isto é, as ideias 177, 183, o raciocínio pode ser categórico, hipotético e disjuntivo 183, impossibilidade da metafísica 161.

Direito:

F. DE VITÓRIA: fundador do d. internacional 46, d. fundamentais das nações 46; Suarez: d. natural 48, d. civil 48, d. das gentes 48.

Dúvida metódica:

DESCARTES: momento essencial da análise: método para se descobrir a verdade 69.

Empirismo:

tendência filosófica moderna que afirma que o conhecimento procede da experiência. O método cognitivo dos empiristas é o indutivo que consiste em subir de alguns particulares para o universal; BACON: *pars destruens* e *pars costruens* 55, fases do método indutivo

56; HUME: transformação do e. em fenomenalismo 112.

Estética:

descoberta do belo na Renascença 13, o culto do belo influência toda a vida civil 15; Vico: recuperação da dimensão e. 145, Vico, primeiro, filósofo que reconhece o valor autônomo da arte e a sua função gnosiológica e metafísica 145, características da obra-de-arte: fantasticidade, alogicidade, infantilidade, metafisicidade 145.

Estética transcendental:

KANT: a primeira parte da *Crítica da razão pura*, a qual tem o escopo de estudar as condições supremas da sensação, isto é, o espaço e o tempo 177-178.

Eu-penso ou apercepção transcendental:

KANT: a consciência que o eu tem de si mesmo como ponto de referência de todas as sensações 182.

Fé:

LUTERO: sé a f. dá a salvação, a justiça, a liberdade 32; MELANCHTHON: para a salvação não basta a fé, são necessárias também as boas obras 40.

Fé e razão:

BERNARDINO TELÉSIO: distinção nítida entre f. e r. 21.

Fenômeno:

KANT: O resultado da síntese dos dados sensoriais (matéria) sob a forma de espaço e tempo 177, o f. é cognoscível 177.

Filosofia:

harmonia substancial entre a f. medieval e a fé 14 no século XIV a f. é plenamente autônoma em relação à teologia 14; Thomas Morus: a f. é associada à atividade política 17; BERNARDINO TELÉSIO: autonomia da f. da natureza com relação à teologia 21; DESCARTES: a f. assume uma colocação claramente crítica e gnosiológica 62; BERKELEY: a f. estuda as ideias e a linguagem por meio das quais Deus nos descobre os seus atributos 110.

Furor heroico:

GIORDANO BRUNO: o ímpeto racional pelo qual o homem que conhece o bem tende só para Deus 24.

Harmonia preestabelecida:

LEIBNIZ: teoria que explica a aparente influência exercida entre as várias mônadas (q. v.), afirmando que, no momento da criação Deus fez as mônadas de modo tal que houvesse entre elas correspondência, mas não influência 133.

História:

VICO: interesse particular pela H. 141 aplicação da teoria platônica das ideias aos fatos históricos 141, racionalidade da H, 141, a H. é verdadeira ciência 146, elementos universais da H.: atores, unidade histórica e lei histórica 147, épocas do curso histórico 147, lei universal da H. 149, a ação de Deus na H. é constante 149; KANT: a atenção dada à H. é consequência do criticismo 195, os dois aspectos da H.: *numênico* e fenomênico 195 o princípio propulsor da H. é o ideal de liberdade 167.

Homem:

nova dimensão do homem na Renascença 5, o h., centro de todo o interesse 5; Spinoza: o h. não é uma substância, mas um modo 65, negação da liberdade da vontade humana 66.

Idade dos deuses, dos heróis, dos homens:

VICO: 05 três momentos (sensitivo, fantástico e racional) nos quais se desenvolve a História da humanidade 144.

Ideia:

DESCARTES: i. adventícias (as que dependem dos sentidos), fictícias (as que dependem da fantasia) e inatas (as que dependem da razão) 72; PASCAL: i. emocionantes 82; LOCKE: crítica da doutrina cartesiana das i. inatas 102, i. simples: as que se formam na fase da experiência imediata por intuição 103, i. complexas: as que se formam por síntese das i. simples 103, i. abstratas: as que se formam por análise 103, a i. abstrata mais importante é a de substância 103; BERKELEY: todas as i. são representações de alguma coisa particular 110, a universalidade não é uma propriedade das i. 111; HUME: as i. são percepções fracas e apagadas 113, não existem ideias universais 115; LEIBNIZ: réplica à crítica de Locke às ideias inatas 134, as ideias inatas são os primeiros princípios 134.

Ídola tribus, specus, fori, theatri:

BACON: os preconceitos da mente humana devem-se às falhas dos sentidos, ao nosso estado psíquico, à linguagem, à autoridade de algumas teorias errôneas 56.

Iluminismo:

movimento espiritual e filosófico do século XVIII, caracterizado por uma ilimitada confiança na razão humana 153, caracteres fundamentais do i.: veneração pela ciência 154 empirismo 154, racionalismo 155, antitradicionalismo 155, otimismo utopístico 155.

Imperativo categórico:

KANT. forma a *priori*, primeira lei que manda obedecer à lei pela lei e não por outro motivo 187; os três postulados da moral do i. c.: liberdade da vontade, imortalidade da alma, existência de Deus 187-188.

Imperativo hipotético:

ordena uma ação em vista de um fim particular. Sobre de fundam-se as outras éticas 187.

Impressões:

HUME: são percepções fortes e vivazes, baseadas nas sensações 113.

Inatismo:

MALEBRANCHE: O único i. possível é o ontológico 76.

Juízo analítico:

KANT: é aquele no qual o predicado é parte constitutiva do sujeito; é universal e necessário, mas não acrescenta nada ao nosso conhecimento, uma vez que só explica o que já está contido no sujeito 174.

Juízo estético:

KANT: é uma intuição do inteligível no sensível, fundada no sentimento estético; é subjetiva enquanto se baseia num acordo da atividade subjetiva; é universal enquanto se funda no sentimento estético, que é universal 190, o j. e. não tem valor cognitivo 190.

Juízo sintético *a posteriori*:

KANT: aquele no qual o predicado acrescenta alguma coisa nova ao sujeito e é unido a ele mediante a experiência; não é universal, nem necessário 174.

Justificação (doutrina da J.): 29, 32. Cf. também *Fé*.

Lei:

LUTERO: valor negativo da l. 32; ZUÍNGLIO: valor positivo da l. 37.

Linguagem:

HOBBES: a l. é o instrumento das operações mentais, entendido somente nominalisticamente 99; LOCKE: estudo da natureza e valor da l. 104, valor prático da l.: simplifica o processo cognitivo 105; Vico: a l. é o documento mais precioso para o estudo da História 148, l. fantástica e racional 148.

Livre-arbítrio:

ERASMO DE ROTERDÃ: ao homem competem a pesquisa e o esforço para seguir o caminho do bem 17, contra Lutero 17.

Matéria:

HOBBES: a m. é a única substancia 98, todo ser se reporta à m. como ao primeiro e transcendental princípio do seu existir 98; BERKELEY: dois argumentos para demolir o materialismo: 1) a natureza das coisas consiste em serem conhecidas (*esse est percipi*, ser é ser conhecido) 107, 2) distinção entre qualidades primárias e secundárias 107.

Metafísica:

DESCARTES: problema da substancialidade dos seres finitos 75, problema da relação entre alma e corpo 75, problema do conhecimento do mundo físico 75; HOBBES: a matéria extensa e o movimento são os conceitos primordiais de m. de Hobbes 99; KANT: m. como conhecimento da coisa em si é impossível 184-186, a m. como estudo da coisa em si não é ciência 186.

Método:

BACON: m. indutivo 55, tem três fases: análise da experiência, hipótese verificação 55-56; GALILEU: m. indutivo-dedutivo 58, tem quatro fases: análise, experiência, hipótese, confirmação da hipótese 59, dedução de novas leis da lei que acaba de ser estabelecida 59, uso da matemática nas ciências experimentais 59; DESCARTES: importância do m. para a aquisição da ciência 65 os m. possíveis são dois: indutivo e dedutivo 66, o m. dedutivo é o único que pode conduzir-nos ao progresso do saber e à descoberta da verdade 66, as quatro regras fundamentais do m. dedutivo: intuição, análise, síntese, enumeração 66, na regra da intuição está o critério da verdade de Descartes: o critério da clareza e da distinção 67; PASCAL: crítica ao m. geométrico de Descartes 81 contraposição do m. afetivo (*esprit de finesse)* 82; Vico: m. da verificação histórica 141, Hume: m. associativo 113.

Modo:

Spinoza: as afecções da substância, isto é, aquilo que subsiste em outra coisa e que é pensado por meio dela 86.

Mônada:

Leibniz: elemento último, fechado, sem janelas, que compõe tanto o mundo do espírito como o mundo da extensão 130, definição de m. 130, existência da m. 130 propriedades da m.: simplicidade, incorruptibilidade, auto suficiência 130 qualidades da m.: apetição, percepção 131, relações com as outras m. e com o corpo 131-132.

Moral:

Spinoza: O homem está sujeito ao dano das paixões 82, a m. funda-se no princípio da autoconservação. O bem identifica-se, portanto, com o útil 92, o processo m. encerra-se com o conhecimento de Deus 93; Hobbes: o bem é aquilo que causa prazer, o mal aquilo que causa dor 100, hedonismo e egoísmo são os princípios sobre os quais se funda a m. de Hobbes 100; Hume: as virtude são paixões que suscitam prazer 124, a virtude não é uma atividade segundo a razão 124, a m. de Hume 6 um utilitarismo altruísta 124, a m. funda-se no sentimento e na simpatia 124; Leibniz: O mal procede da imperfeição dos seres 136, justificação do mal metafísico mediante o princípio do melhor 186; Kant: a lei m. não pode proceder da experiência (prazer, utilidade e felicidade) ela é condição a *priori* da vontade 187, á essência da m. é obedecer ao imperativo categórico (q. v.) 187, m. deontológica 187, distinção entre ação m. e ação legal 189, a observância da lei moral exige a existência de um à "sumo bem" (Deus) 191.

Naturalismo ou filosofia da natureza:

corrente filosófica que se aplica a explorar os princípios da natureza em polêmica cora. a tradição 20-21.

Númeno:

Kant: a coisa em si, aquilo que existe fora de toda experiência, o transcendente 177 o n. não é cognoscível 178-183, o n. é causa do fenômeno 183.

Ocasionalismo:

Malebranche: o o. é a teoria que, para resolver o dualismo cartesiana entre *res cogitans* e *res extensa*, ensina que Deus age em todas as coisas 76-77.

Panteísmo:

Giordano Bruno: inspiração fundamental que lhe dá um sentido místico do todo 24; Spinoza: o mundo é idêntico a Deus não são duas realidades, mas uma só, á realidade universal a natureza *(natura sive Deus,* natureza, isto é, Deus) 88.

Política:

Maquiavel: nova concepção do Estado 9, Estado não como organismo ético, mas como força 10, criadores do Estado 10; Thomas Morus: o Estado ideal: a Utopia 18, atividades do Estado 18, religião do Estado 18; Tommaso Campanella: o Estado ideal 51, o chefe do Estado é o príncipe-sacerdote 51; Spinoza: é um dos primeiros que afirmaram a origem contratual do Estado 94, diferença entre estado político e estado de natureza 94, direitos do Estado 94; Hobbes: dois estados da humanidade: natural e social-político 100, *homo homini lupus* no estado natural 100, o contrato social é uma renúncia aos direitos próprios 100, absolutismo rigoroso, o Estado é como o Leviatã 101, concepção formada a partir do momento político histórico 101; Locke: concepção do estado de natureza e do estado social diferente da de Hobbes 105, o direito do homem e limitado à própria pessoa (direito à vida, à liberdade, à propriedade) 105, o Estado surge quando os homens delegam à comunidade o poder de estabelecer leis e o uso da força 106, o contrato social é uma delegação dos direitos próprios à autoridade 106, autoridade legítima e autoridade tirânica 106; MONTESQUIEU: pai do constitucionalismo moderno 161 estudo dos diversos tipos de associação 161 teoria da separação dos poderes 161; ROUSSEAU: a humanidade deve ser organizada em um Estado conforme à natureza 164, efeito do contrato social 164, o povo é o único verdadeiro soberano 164 necessidade de uma nova educação para á juventude 165-166; KANT: o Estado garante o direito de cada um contra qualquer violação 189.

Predestinação:

CALVINO: a salvação é concedido por Deus a alguns e negada a outros, prescindindo do comportamento do homem 38, a interpretação ética do princípio da predestinação teve um papel importante no aparecimento do capitalismo 39.

Providência:

VICO: princípio íntimo natural e divino que rege o mundo 151.

Racionalismo:

corrente da filosofia moderna fundada na superestima do poder da razão 78.

Razão suficiente:

LEIBNIZ: princípio sobre o qual se fundam as verdades de fato. Com base neste princípio, "julgamos que nenhum fato pode ser verdadeiro ou real e que nenhuma proposição pode ser verdadeira sem que exista uma razão suficiente para que seja deste modo e não de outro" 134-135.

Reforma protestante:

causas da R. 27-28, protagonistas da R. 28-33 intenções da R. 41, consequências da R. 41-42, influência da R. no desenvolvimento do pensamento filosófico moderno 42.

Religião:

rígida hierarquia religiosa da Idade Média 15, reforma luterana: liberdade de consciência e separação da esfera espiritual da esfera temporal 15, 27-42; GIORDANO BRUNO: Deus imanente ou alma do mundo 23 Deus transcendente, objeto da fé, inacessível à razão 24, r. interior e r. positiva 24; TOMMASO CAMPANELLA: três formas de r.: *religio indita, religio addita, religio addita a Deo* 50; SPINOZA: dois tipos de religião: r. do povo e r. do filósofo 93, diferença entre r. e filosofia 93; LESSING: distinção entre elemento eterno e elemento histórico 158; MONTESQUIEU: indagação em torno da incidência dos dogmas religiosos na sociedade 161; VOLTAIRE: princípios fundamentais da religião natural 162, crítica da Igreja 162; ROUSSEAU: a educação religiosa deve ser adiada até que a razão esteja em condições de entender Deus sozinha 169; KANT: a r. revelada consolida as bases da moralidade 193 interpretação racionalista dos dogmas dó cristianismo 194, transferência da r. da esfera da razão para a da vontade e do sentimento 194, propriedades da verdadeira igreja: universalidade, pureza, liberdade, imutabilidade 194.

Res cogitans:

DESCARTES: a substância espiritual-pensamento 71.

Res extensa:

DESCARTES: a matéria ou substância corpórea 71.

Semelhança, contiguidade espacial e temporal, causalidade:

HUMES: as três leis da associação que levam à união das ideias 115.

Sensismo:

BERNARDINO TELÉSIO: tendência para

tornar toda a atividade cognitiva dependente da experiência sensível 21, justificação do s. pelas exigências mesmas do estudo concreto da natureza 21.

Senso comum:

REID: fator que nos faz distinguir o verdadeiro do falso e que nos dá a faculdade de emitir juízos primitivos 157.

Sensus abditus:

CAMPANELLA: O conhecimento de si mesmo obscurecido por causa do conhecimento das coisas. O homem perde a consciência da própria superioridade 49.

Sensus innatus ou inditus:

CAMPANELLA: conhecimento imediato que o homem tem de si e que é inato. É obscurecido sob a influência das modificações sensoriais.

Ser:

CAMPANELLA: qualidades fundamentais do s.: poder, sabedoria, amor, propriedades do não ser: impotência, insipiência, ódio 50.

Síntese *a priori*:

KANT: união da matéria e forma operada pelo sujeito e independente da experiência 174.

Substância:

DESCARTES: *res quae ita existit ut nulla alia re indigeat ad existendum* (coisa que existe de tal modo que não necessita de nenhuma outra coisa para existir) 75; SPINOZA: aquilo que existe em si e que é concebido por si mesmo 87; LOCKE: a ideia abstrata mais importante 104; o conhecimento da substância não é possível 104; HUME: a s. não existe: o que existe é uma coleção de ideias simples 115; LEIBNIZ: crítica da concepção cartesiana da s. material 129, o universo é somente s. espiritual 130.

Verum est factum:

VICO: intuição fundamental do ponto de vista filosófico. Critério segundo o qual se admite a possibilidade de conhecer somente aquilo que se sabe e que se pode fazer 141.

Vindemiatio prima:

BACON: a primeira hipótese que pode ser formulada em torno da natureza do fenômeno estudado 56.

SUMÁRIO

5	Introdução
9	I. OS FILÓSOFOS DA RENASCENÇA
9	1. Origem e características do pensamento moderno
18	2. Erasmo de Roterdã
19	3. Thomas Morus
21	4. Michel Montaigne
22	5. Os filósofos renascentistas da natureza
30	II. OS ARTÍFICES DA REFORMA PROTESTANTE E SEUS IDEAIS
30	1. As causas da Reforma protestante
31	2. Martinho Lutero
39	3. Ulrich Zuínglio
42	4. João Calvino
44	5. Philipp Melanchton
46	6. Síntese crítica da Reforma protestante
49	III. OS FILÓSOFOS DA REFORMA CATÓLICA OU DA CONTRARREFORMA
49	1. Os motivos inspiradores da Reforma católica
51	2. Caetano (Tomás de Vio)
52	3. Francisco de Vitória
53	4. Francisco Suarez
55	5. Tommaso Campanella
60	IV. FRANCISCO BACON E GALILEU GALILEI
60	1. A autonomia da ciência e o método científico
61	2. Francisco Bacon
66	3. Galileu Galilei
71	V. DESCARTES
72	1. A vida e as obras
74	2. Colocação gnosiológica da investigação científica
75	3. O método
78	4. O fundamento da filosofia cartesiana: o "cogito"
81	5. A metafísica: A alma, o mundo, Deus
86	6. A herança de Descartes
87	7. Os seguidores de Descartes: Nicolau de Malebranche
89	8. Exame crítico do pensamento cartesiano
91	VI. BLAISE PASCAL
91	1. A vida e as obras
94	2. Crítica a Descartes
95	3. Ponto de partida da apologética de Pascal

97	VII.	BARUCH SPINOZA
97		1. A vida e as obras
98		2. Caráter ético-matemático da filosofia de Spinoza
100		3. Deus ou substância
104		4. O homem
108		5. Religião e política
109		6. Aspectos positivos e negativos do sistema fisolófico de Spinoza
111	VIII	OS EMPIRISTAS INGLESES
111		1. O ambiente político e cultural da Inglaterra no século XVII
113		2. Thomas Hobbes
117		3. John Locke
123		4. George Berkeley
128		5. David Hume
147	IX.	GOTTFRIED WILHELM LEIBNIZ
147		1. A vida e as obras
148		2. A metafísica da mônada
154		3. O inatismo
156		4. Deus e o melhor dos mundos possíveis
157		5. Críticas à filosofia leibniziana
160	X.	GIAMBATTISTA VICO
161		1. A vida e as obras
162		2. As fontes do seu pensamento
163		3. "Verum est factum"
165		4. A "Scienza Nuova"
174		5. Os principais méritos da obra de Vico
177	XI.	OS ILUMINISTAS
178		1. Caracteres fundamentais do iluminismo
180		2. Os principais expoentes do iluminismo na Inglaterra, na Itália e na Alemanha
184		3. Os iluministas franceses
197	XII.	EMANUEL KANT
198		1. A vida e as obras
199		2. A conjuntura filosófica no tempo de Kant
201		3. As descobertas de Kant
202		4. O criticismo
203		5. A estética transcendental: o espaço e o tempo
206		6. A analítica transcendental: as categorias
211		7. A dialética transcendental: as ideias de alma, de mundo, de Deus
215		8. A crítica da razão prática
218		9. A crítica do juízo
220		10. A crítica da religião
224		11. A filosofia na história
226		12. Algumas observações sobre a filosofia de Kant
229		TEMAS PARA PESQUISAS E EXERCÍCIOS
231		Índice analítico sistemático dos termos mais importantes